Erläuterungen und Dokumente

Johann Nestroy
Der Talisman

HERAUSGEGEBEN VON
JÜRGEN HEIN

PHILIPP RECLAM JUN. STUTTGART

»Der Talisman« von Nestroy liegt unter Nr. 3374 in Reclams Universal-Bibliothek vor. Die Seiten- und Zeilenangaben in den Erläuterungen beziehen sich auf diese Ausgabe

Universal-Bibliothek Nr. 8128

Gesetzt in Petit Garamond-Antiqua. Printed in Germany 1975
Herstellung: Reclam Stuttgart
ISBN 3-15-008128-9

I. Wort- und Sacherklärungen

Vorbemerkung

Für die Erläuterungen wurden der Text des Erstdrucks (Johann Nestroy: »Der Talisman«. Wien 1843) und der von Helmut Herles nach den Handschriften und dem Erstdruck neu herausgegebene Text verglichen (Johann Nestroy: »Der Talisman. Text und Materialien zur Interpretation«. Besorgt von H. Herles. Berlin 1971 [Komedia 17]).
Auffällige Eigentümlichkeiten des bairisch-österreichischen Dialekts (z. B. vor/vur, wenig/weni, spät/spat, drehen/drahen, sind/san oder sein) werden nicht erläutert; vgl. hierzu Julius Jakob: »Wörterbuch des Wiener Dialektes. Mit einer kurzgefaßten Grammatik«. Wien und Leipzig 1929, Neuauflage 1969.

Talisman: unheilbannender, glückbringender Gegenstand. Im 17. Jh. aus dem roman. Sprachraum übernommen (span. talisman aus arab. tílasm, Pl. tīlismān, ›Zauberbild‹, und mgriech. télesma, ›geweihter Gegenstand‹).

Personen

2,2 *Titus:* lat., der Geehrte; hier nach dem Tituskopf, einer aus Frankreich kommenden Mode, das Haar (nach der Büste des röm. Kaisers Titus) kurz und in Löckchen zu tragen. Vgl. Anm. zu 7,34 *Kakadu.*
Feuerfuchs: (pleonastische) Bezeichnung für einen Rothaarigen (und sein Temperament). Vgl. Anm. zu 5,4 *rotkopfete* und 9,27 *Florianiköpfel.*
vazierender: lat., freier, arbeitsloser.

2,2 f. *Barbiergeselle:* Der Barbier ist eine traditionelle Lustspielfigur; ›Geselle‹ Kollektivbildung, ahd. gisello, eigtl. ›der *Saal*genosse, Hausgenosse‹, dann ›Gefährte, Freund‹, im Handwerk Gehilfe nach Abschluß der Lehrzeit.

2,6 *Constantia:* lat., die Beständige.
Kammerfrau: Mhd. kamer (urspr. lat. Lehnwort) bedeutet ›Schlafgemach, Vorratskammer usw.‹; in eingeschränkter Bedeutung als Bezeichnung fürstlicher Wohnräume, für deren Ordnung Kammerfrau bzw. Kammerherr zuständig waren.

2,8 *Flora:* lat., Göttin der Blumen.
Baumscheer: sprechender Name für die Gärtnerin, vgl. die folgenden Namen.
2,10 *Plutzerkern:* Kürbiskern(-same).
2,12 *Monsieur Marquis:* übersetzt etwa ›Herr Markgraf‹.
2,13 *Spund:* ital., Faßverschluß.
Bierversilberer: Versilberer = Verkäufer, Händler; einer, der etwas in Silber, d. h. in Geld umsetzt.
2,15 *Bauernbursche:* alter Plural (Sing. Bursch). Bursche bezeichnete zunächst Studenten, die in einem gemeinschaftlichen Wohn- und Kosthaus lebten (mlat. bursa), dann Ausdehnung auf Gemeinschaften von Handwerkern, Soldaten usw. Weiter bezeichnet dann Bursche jeden jungen Mann bzw. Handwerksgesellen.
2,16 *Seppel:* Kurzform von Josef, auch appellativ für ›Bauernbursche‹ verwendet.
2,19 *Bediente:* Pl. von Bedienter, dem lat. minister nachgebildet; die mit dem Amt des Dienens und Bedienens Beauftragten.
2,22 *Notarius:* lat., Schreiber, Sekretär; später ein durch Gesetz bestellter öffentlicher Schreiber, im juristischen Sprachgebrauch einer, der die Beurkundung von Rechtsgeschäften besorgt.
2,23 *Salome:* hebr., die Friedensreiche.
Pockerl: Truthahn (ung. pujka); vgl. den roten Kamm des Truthahns. Pockerl, österr. für ›Tannenzapfen‹, scheidet hier aus.

Erster Akt. Erste Szene

3,2 *stellt ... vor:* stellt dar.
3,5 f. *Herrschaftsgarten:* Herrschaft eigtl. von mhd. hêrschaft, ›Hoheit‹ (hehr), ›Obrigkeit‹, dann durch die Nähe zu ›Herr‹ (ahd. heriro, mhd. hêrre) auf ›Herrschaft‹ übertragen.
3,9 *Ritornell:* wiederkehrendes Vor-, Zwischen- und Nachspiel bei Liedern durch die instrumentale Begleitung.
3,12 *Chor:* Übernahme aus dem Formenschatz des Singspiels; der Chor hat einleitende, charakterisierende, stimmungerzeugende und (an Akt- bzw. Stückschluß) abschließende Funktion.
3,14 *Nachkirtag:* Nachkirchtag, meist Montag bis Mittwoch

nach dem Sonntag des Kirchweihfestes (Jahresfeier der Einweihung der Kirche mit Jahrmarkt und Volksfest [Kirmes = Messe zur Kirchenweihe]).

3,19 *Tanzboden:* Boden hier in der Bedeutung ›auf Stützen erhöhte Bretterlage‹.

3,22 *Gegenteil:* hier ›Partner beim Tanz‹.

3,32 *baßgeig'nfarbnen:* rötlichbraunen.

3,34 *anbrandeln:* anbrennen, in Brand stecken.

Zweite Szene

4,8 *Ös:* Ihr.

4,13 *Wachter:* Gemeindediener, -polizist.

4,15 *Stadl:* Scheune (tschech. stodola).

4,22 *Wildeste:* wild hier in der Bedeutung ›häßlich, ungepflegt‹.

4,33 *Brodelt's:* brodeln = säumen, langsam sein (– arbeiten).

Dritte Szene

5,4 *rotkopfete:* Zu den Vorurteilen gegenüber Rothaarigen vgl. Kap. II, 1.

Vierte Szene

5,23 *arg:* mhd. arc, ›(moralisch) schlecht, böse, übel‹.

5,27 *Stellwagen:* österr. Ausdruck für Omnibus (Gesellschaftswagen).

6,1 f. *... lassen S' Ihre Gall' aus an mir!:* ... lassen Sie Ihren Zorn an mir aus! Die Galle galt seit alters als Sitz des Zorns. Zornigen Menschen ›lief die Galle über‹ (in Herz und Blut), von sanftmütigen Menschen sagte man, sie seien ›ohne Galle‹.

6,3 f. *gnädigen Frau:* mhd. gnædec, ›wohlwollend, huldvoll, mildtätig‹; dient zur Bezeichnung der Frau von höherem Stande. ›Frau‹ wird im 17. Jh. als Standesbezeichnung von ›Dame‹ verdrängt; den Titel ›gnädige Frau‹ verwendete man synonym mit ›Madame‹, vgl. Anm. zu 28,23 *Madame.*

6,6 *Sekkatur:* ital., Belästigung, Quälerei.

6,10 *getreu:* mhd. getriuwe; die Form ›treu‹ entwickelte sich selbständig aus got. triggws (vgl. engl. true).

6,13 *hätt' Ihn:* damals gebräuchliche Anredeform für Personen »niederen« Standes; Standespersonen gebührte das ›Sie‹, vor dessen Aufkommen ›Er‹ zunächst als vornehmere Anrede galt.

6,17 *ob Er nicht bald springt!:* ob er nicht bald ausgespielt hat.

6,21 *Winterradi:* ahd. ratih, Rettich.

6,23 *G'vatter:* mhd. gevater, ›Taufpate, Onkel‹; Lehnübersetzung von lat. compater (Mitvater).

6,24 *rekommandieren:* frz., empfehlen.

6,29 *g'spür:* österr. gspürn, mit verstärkendem, intensivierendem Präfix ›ge-‹.

6,36 *rüstigen:* Ableitung von ›rüsten, Rüstung‹ im Sinne von ›gerüstet, bereit (zum Kampf)‹, dann in der Bedeutung ›(noch) kraftvoll‹.

Fünfte Szene

7,4 *Lied:* hier in der Form des zweiteiligen Couplets, eines komisch-satirischen Liedes, dessen parallelgebaute Strophen (Couplet = Reimpaar) stets mit dem gleichen Refrain schließen. Zur ›Posse mit Gesang‹ gehören in der Regel zwei bis drei Couplets, die von der(n) Hauptfigur(en) gesungen werden.

7,8 *Spitzbub':* seit Anfang des 16. Jh.s ›Betrüger‹, später ›Dieb‹, wobei die Vorstellung von besonderem Geschick (spitz = scharfsinnig) vorliegt. ›Bube‹ bis zu Luther (›böse Buben‹) in der Bedeutung ›gemeiner, verächtlicher Mensch‹. Die oberdt. Form ›Bub‹ bewahrt die urspr. Bedeutung ›Junge‹.

7,17 *G'schwufen:* G'schwuf = Liebhaber (von ›umherschweifen‹).

7,19 *ang'schmiert:* ›anschmieren‹ urspr. ›einfetten‹ (Schmer = Fett); im 16. Jh. umgangssprachl. ›einen (einem etwas) anschmieren‹ in übertragener Bedeutung für ›betrügen‹.

7,21 *lumpt:* Ableitung von Lump, ›schlechter Mensch‹, von spätmhd. lumpe, ›Mensch in zerlumpter Kleidung‹. Lumpen = liederlich leben.

7,33 *beutl':* beutele, schüttele, ziehe an den Haaren.

7,34 *Kakadu:* Haarschopf. Vgl. Josef Richter, »Briefe eines Eipeldauers über d' Wienstadt«, Wien 1785 ff.: »Aber, Herr Vetter, die Titusköpf haben jetzt einen neuen Taufnamen kriegt; denn sie heißen jetzt durch die Bank Kakadu, weil s' ihre Haar so in d' Höh strobeln, wie der indianische Vogel.«

8,5 *Couleur:* frz., Farbe, in übertragener Bedeutung auch ›Art‹.

8,8 *fadeste:* fad (frz. fade), ›geschmacklos, läppisch‹; galloromanisches Lehnwort.

Nocken: Schimpfname für eine dumme oder ungeschickte weibliche Person; urspr. österr. Mehlspeise (Knödel, ital. gnocco).

8,24 f. *Chiappa-via-Stiefeln:* ital. scappavia, ›Durchgehen‹.

8,25 *Adje:* von frz. Adieu, ›Gott empfohlen, Lebewohl‹ (Abschiedsformel).

Kappel: Diminutiv von ›Kappe, Mütze mit Schirm‹ (Kopfbedeckung der unteren Bevölkerungsschicht); aus spätlat. cappa, ›Mantel mit Kapuze‹.

8,29 *sähet:* Konjunktiv (spezifisch österr. Form).

Sechste Szene

9,14 *Lektion:* lat., (Vor-)Lesung, Unterricht, Lernabschnitt.

9,19 *qualifiziere:* lat., befähige, eigne mich; mit dem folgenden *Gehilfe der Witwe* (9,23) eine erotische Anspielung.

9,27 *Florianiköpfel:* Der hl. Florian (8. Mai), einer der ›vierzehn Nothelfer‹, galt als Schutzheiliger bei Feuersgefahr. Hier Erneuerung des Vorurteils, daß von roten Haaren Böses ausgeht (vgl. I, 2: die Scheune, an der die rothaarige Salome die Gänse vorbeitrieb, ist abgebrannt).

9,30 *Rub'n:* Wortspiel mit ›rote Rübe‹ und Rübe als ›Kopf‹.

Siebente Szene

9,35 *Dezidiertes:* dezidieren (lat.) = entscheiden; dezidiert = österr. für ›bestimmt, kurz entschlossen, entschieden‹.

10,1 *Misanthropisches:* Misanthrop (griech.), ›Menschenhasser, -feind‹. Die Figur des Misanthropen regte seit der Antike zu immer neuen Gestaltungen in der europäischen Literatur an; dabei wurde sowohl das psychische wie das soziale Phänomen der Misanthropie entfaltet (Shakespeares »Timon of Athens«, Molières »Le Misanthrope«,

Raimunds »Alpenkönig und Menschenfeind«). Auch im Wiener Volkstheater ist das Motiv des Menschenhasses beliebt; vor Raimund vor allem in Meisls »Der Esel des Timon«. Auf diesen »Esel« spielt Titus Feuerfuchs offenbar in seinem *eseliert* an. – Vgl. Gerhard Hay: »Darstellung des Menschenhasses in der deutschen Literatur des 18. und 19. Jahrhunderts«. Frankfurt a. M. 1970.

10,2 f. *Einöde:* Einsamkeit, einsamer Ort.

10,3 *eseliert:* Wortspiel mit ›isoliert‹ und dem in *Misanthropisches* erläuterten Motivkomplex.

10,14 *Zwangsdarlehen:* Begriff aus dem Wirtschaftsrecht, ähnlich wie Zwangsenteignung, ›staatlich angeordnete Abgabe‹.

Achte Szene

10,17 *Laib:* bezeichnete vermutlich das ungesäuerte Brot im Gegensatz zum gesäuerten Brot, später: einzelnes, geformtes Brot.

10,37 *Martini:* Martinstag (11. November). »Oftmals wird der hl. Martin mit einer Gans dargestellt, und, wie man weiß, herrscht der Brauch, zu Martini eine Gans zu verspeisen. Das geht auf folgende Legende zurück: Als man Martin zum Nachfolger des Bischofs von Tours gewählt hatte, wollte er dieser Würde entgehen und versteckte sich in einem Gänsestall. Da man nun aber nach ihm suchte, verrieten die Tiere durch ihr Geschnatter, daß Martin sich bei ihnen verborgen hielt. Und man führte ihn hinweg in die Stadt, wo er geweiht wurde« (»Das Jahr der Heiligen. Geschichten und Legenden«. Hrsg. von E. Melchers. München 1965. S. 734).

11,13 *Taufnamen:* Rufnamen (den man bei der Taufe erhält) im Unterschied zum Familiennamen.

11,24 *Stammbaum:* Stamm bezeichnet zunächst den Baumstamm, wird aber schon früh in übertragener Bedeutung gebraucht (vgl. ›abstammen‹, nach dem Bild des Äste und Zweige treibenden Baumes). Der *Stammbaum* ist die im Bild des Baums gezeichnete Stammtafel der Nachkommen eines Stammvaters; im 17. Jh. als Lehnübertragung von mlat. arbor consanguinitatis, wohl im Anschluß an das biblische Bild von der ›Wurzel Jesse‹.

11,27 *frevele:* Ableitung von ›Frevel‹, mhd. vrevil, ›Kühnheit, Frechheit‹; Versündigung gegen göttliche oder menschliche Gesetze, Verbrechen.

11,30 *Kassa:* in Österreich gebrauchte ital. Form von ›Kasse‹.

11,34 *heiklichste:* heikelste, ›schwierigste, empfindlichste‹; Herkunft umstritten.

11,37 *garstige:* urspr. ›ranzig, verdorben, schmutzig‹, dann nur noch im Sinne von ›widerwärtig, unfreundlich, ekelhaft‹ verwendet.

Ding: Bezeichnung einer Sache oder Person, deren Benennung oder Name einem nicht einfällt, hier in übertragenem Sinne ›Mensch‹ (geringschätzig); in dieser Bedeutung volkssprachl. neben Neutrum auch Maskulinum und Femininum.

12,16 *Grazien:* personifizierter Pl. von lat. gratia, ›Gunst, Anmut, Lieblichkeit‹, als Name der drei Huldgöttinnen.

12,19 *Bonmots:* frz., treffende, geistreiche Wendungen, Witzworte.

12,23 *wattierten:* niederl., (mit Watte) gefütterten.

12,23 f. *Kaput:* langer Oberrock, von spätlat. cappa, ›Mantel mit Kapuze‹.

12,31 *Jodel:* spöttische Bezeichnung für einen Bäckergesellen (vom Personennamen Jodokus).

Bäck: oberdt. Nebenform (mhd. beck / bekker).

12,34 *Subjekt:* hier ›Gehilfe (des Barbiers)‹, sonst umgangssprachl. für Person (verächtlich); vgl. 12,38 *schlechtes Subjekt.*

12,36 *Schub:* Ausdruck aus der Rechtssprache, z. B. ›Abschieben der Schuld auf andere‹, dann in polizeisprachl. Bedeutung ›zwangsweise entfernen‹ (auf den Schub bringen).

13,2 *verfaßt:* urspr. ›bereitet, hergestellt‹, hier schon in scherzhafter Bedeutung.

13,25 *Protektion:* lat., Gönnerschaft, Förderung.

13,29 *Pirutsch:* Kutsche mit zurückklappbarem Verdeck.

Neunte Szene

13,37 f. *Teuxelsmensch:* österr., Teufelskerl.

Zehnte Szene

15,18 *affiziert:* lat., gereizt.
15,22 *schundiger:* schlechter; vgl. Schund = schlechte Literatur; von ›schinden‹ (übertr. ›quälen, mißhandeln‹, urspr. ›enthäuten‹).
15,27 *Euer Gnaden:* Anredeformel adliger Personen.

Dreizehnte Szene

16,21 *Perücke:* frz. perruque, ›unechter Haarschopf‹; daneben dt. Parucke von ital. parrucca, besonders im Oberdt. gebräuchlich, hat sich aber nicht durchgesetzt.
16,24 *Perückenstock:* Perückenständer.
16,28 *Tour:* frz., hier ›Haarteil, Perücke‹.
16,30 *Adonis:* schöner Jüngling der griech. Sage, Geliebter der Aphrodite.
16,31 *Rastelbinderbub'n:* Rastelbinder = wandernde Händler (Zigeuner) mit Rosten / Drahtgeflechten (Rastl); dann auch in der Bedeutung von ›Kesselflicker‹.
Narziß: in sein Spiegelbild verliebter Jüngling der griech. Sage.
16,32 *Mythologie:* Lehre von den Götter-, Helden- und Dämonensagen. Zur Kenntnis der Mythologie im Wiener Volkstheater vgl. Margret Dietrich: »Jupiter in Wien oder Götter und Helden der Antike im Altwiener Volkstheater«. Graz, Wien u. Köln 1967.
Karriere: frz., urspr. ›schnellste Gangart des Pferdes‹, übertr. ›(erfolgreiche) Laufbahn‹.
17,1 *reskier's:* riskieren, wagen (frz.).

Vierzehnte Szene

17,5 *Mussi:* von frz. Monsieur, Musj(o)e, ›junger Mann‹, in der Bedeutung unter der Anrede ›Herr‹ stehend.
17,17 *Konkurs:* hier nicht in der gebräuchlichen Bedeutung von ›Zahlungsunfähigkeit‹, sondern von ›Stellenausschreibung‹; aus lat. concursus, ›Zusammenlauf, Bewerbung mehrerer um ein Amt, Zusammenkunft der Gläubiger‹.
17,26 *kecker:* mhd. kec, quec, ›lebendig, lebhaft, mutig‹; keck ist oberdt. Nebenform, die sich im Nhd. durchgesetzt hat.

17,30 ... *Hoffnung in' Brunn' g'fallen:* Sprichwort, vgl. »Deutsches Sprichwörterlexikon«, Neudruck Darmstadt 1964, Bd. 2, Sp. 722.
18,1 *Nolens-volens-Leidenschaft:* lat. nolens volens, ›nicht wollend wollend; wohl oder übel‹.
18,8 *Gedanken sind zollfrei:* häufig belegtes Sprichwort, vgl. »Deutsches Sprichwörterlexikon«, Bd. 1, Sp. 1395.
18,13 *ades:* von frz. adieu, vgl. Anm. zu 8,25.
18,17 *Pfürt dich Gott:* Gott behüte dich; Abschiedsformel.
18,25 *nämlichen:* derselben.
18,33 *Apportel:* frz., Gegenstand, den der Hund herbeibringen soll; wörtl. ›das Herbeigebrachte‹ (mit Diminutivendung).

Fünfzehnte Szene

19,3 *Mannsbild:* mhd. mannes bilde, ›Gestalt eines Mannes‹, heute meist verächtlich gebraucht.
19,13 *desperat:* lat., verzweifelt.
19,19 *wana:* weinen.
19,23 *Heurigen:* noch nicht jähriger ›heutiger‹ Wein aus dem Eigenbauausschank des Winzers.
19,25 *Hamgehn:* Heimgehen.
19,29 *Amour:* frz., Liebschaft.
19,30 *verschandelt:* entstellt, verdorben.
... *is zur:* ist (es) aus.
19,34 *Halodri:* österr. für ›leichtfertiger, ausgelassener Mensch‹.
Schneid: Mut, Lust; Schneid haben = scharf sein auf (in diesem Kontext).

Sechzehnte Szene

20,12 *seliger:* verstorbener; vgl. die verschiedenen Bezeichnungen für Tod/Sterben im »Talisman«: überstanden (35,7), hinüberchangieren (36,16), Verweser seiner selbst (48,1), verewigt (49,22), hinwern (55,14), abstehen (62,39) und aufschnappen (63,1).
20,13 *Wittib:* veralt. für ›Witwe‹.

Siebzehnte Szene

20,25 *kirren:* durchdringend schreien, kreischend lachen.

21,26 *Artig:* mhd. art, ›angestammte gute Beschaffenheit, anständig‹.

21,31 *exotisches:* griech., fremdländisches, fremdartiges, überseeisches.

21,33 *Gartengeschirr:* Geschirr, Kollektivbildung zu ›schirren‹, bezeichnet Geräte und Vorrichtungen, später nur noch Haushaltsgegenstände.

22,2 *Vegetabilien:* lat., pflanzliche Nahrungsmittel.

22,3 *vegetieren:* lat., kümmerlich, kärglich (dahin)leben.

22,4 *Kanzlei:* lat., Schreibstube, Büro.

22,5 *präferanzeln:* Karten spielen, von frz. préférence (Trumpffarbe beim Kartenspiel).

22,6 *G'wölb:* Gewürz- bzw. Kolonialwarenladen.

22,7 *Maut:* veralt. für ›Zoll(-amt)‹.

22,9 *... a Roll' durchgeht:* eine Bühnenrolle einstudiert.

22,16 f. *millionärrischer Gewinnvermehrungspassion:* »aristophanische« Wortbildung Nestroys; vgl. parallele Bildungen bei Heinrich Heine: Millionarr, Millionärrin, famillionär (»Reisebilder« II/III, »Sämtliche Werke«, hrsg. von E. Elster, Bd. 3, S. 178 und 323) und in der Aristophanes-Übersetzung von L. Seeger: millionärschig (»Die Wespen«, V. 1169; »Sämtliche Komödien«, hrsg. von O. Weinreich, Bd. 1, S. 247). Zu den Bildungen Heines vgl. Sigmund Freud, »Der Witz und seine Beziehung zum Unbewußten«, Frankfurt a. M. 1965, S. 13–16.

22,19 *»Vegetation«:* Pflanzenwuchs.

22,26 f. *... am besten laßt:* am besten paßt, steht.

22,33 *Gartenpersonale:* lat., Belegschaft, Angestellte (eines Betriebs), hier mit alter Flexionsendung.

23,4 *... brennt sich die Locken:* behandelt die Haare (Locken) mit der Brennschere, damit sie sich schöner kräuseln.

23,21 *Paraplü:* frz., veralt. für ›Regenschirm‹.

23,23 *versetzt:* Wortspiel, ›versetzen‹ in eigentlicher und übertragener Bedeutung ›ins Pfandhaus bringen‹.

23,26 *Zwiefel:* Zwiebel, auch mask., bes. im Oberdt. Hier wohl die geläufige scherzhafte Bezeichnung für eine große Taschenuhr.

Achtzehnte Szene

23,35 *scharmanter:* frz., eingedeutschte Form im Unterschied zum Erstdruck, der *charmanter* aufweist.
24,15 *... ich kann's Bad ausgießen:* redensartliche Wendung.

Neunzehnte Szene

25,2 *Bengel:* urspr. ›derber Stock, Knüppel‹, dann übertr. ›(ungezogener) ungehobelter Junge‹.

Zwanzigste Szene

25,16 *Bünkel:* mhd. büngel, ›Bündel, kleines Bund‹.
25,25 *Kasten:* auch oberdt. Form für Schrank.
25,29 *... Ader lasset:* häufig angewandter medizinischer Eingriff bei hohem Blutdruck und zur Entgiftung.
25,35 *Reverenz:* lat., Ehrerbietung.
26,20 *fixiert:* fest, unverwandt ansieht (lat.).
26,24 *Antichambre:* frz., Vorzimmer.
postieren: frz., aufstellen.

Einundzwanzigste Szene

27,2 *rekommandier'n:* Vgl. Anm. zu 6,24.

Zweiundzwanzigste Szene

28,1 *saubere:* ironisch, etwa ›schöne‹.
Manier: frz., Art und Weise, Eigenart.
28,6 *schicklichste:* Vgl. frz. chic, ›(modische) Feinheit‹, urspr. aber von frühnhd. schick, ›Art und Weise‹. Schicklich in der Bedeutung ›geziemend, angemessen‹ ist seit dem 14. Jh. bezeugt.
28,23 *Madame:* frz., Anrede für eine Frau im Sinne von ›gnädige Frau‹, vgl. Anm. zu 6,3 f. *gnädigen Frau.*
29,8 *Etikette:* frz., Sitte, Brauch, Förmlichkeit.
29,18 *Atlasband:* Atlas, arab., ein Seidengewebe.

Dreiundzwanzigste Szene

29,28 *Kompliment:* frz., Höflichkeitsbezeigung, Gruß.

30,2 *Börse:* ndl. Geldbeutel, zurückgehend auf spätlat. bursa, ›Ledersack‹.
30,12 *rangieren:* frz., ordnen.
30,17 *traktiert:* österr. für ›bewirtet‹.

Zweiter Akt. Erste Szene

31,3 *praktikablem:* zweckmäßigem, benutzbarem, von mlat. practicabilis, ›ausführbar‹. Meint hier wirklich benutzbare Fenster und Türen (durch die eine Variation der Auf- und Abtritte möglich ist), keine bloß »gemalten« Kulissenfenster und -türen.
31,11 *Krügeln:* bair., Seidelkrüegel, Halbekrüegel für eine halbe Maß Bier.
31,18 *pressant:* frz., dringlich, eilig.
31,20 *zeitlicher:* österr. umgangssprachl. zeitiger, früher.
31,26 *welkt ... ab:* Nebenform zu ›verwelkt‹.
31,27 *rarer:* hier ›vortrefflicher‹.
31,33 *Ding:* Vgl. Anm. zu 11,37.
31,34 *Sack:* (Hosen-)Tasche.
31,35 *Tagdieb:* ›wer dem lieben Gott den Tag stiehlt‹, seit 17. Jh. für ›Nichtstuer, Faulenzer‹ gebräuchlich.

Zweite Szene

32,13 *engere:* euere; eng/enk für ›euch‹ ist bair.-österr. Sonderform (vgl. Theodor Frings: »Grundlegung einer Geschichte der deutschen Sprache«. Halle [3]1957. Karten Nr. 10, 40 und 42).

Dritte Szene

32,30 *schaffen:* österr. für ›befehlen, bestellen‹.
33,5 *Kostgeld:* Ausgaben für Nahrung, zusätzlich zum Arbeitslohn.
33,7 *pikiert:* frz., (leicht) beleidigt, verstimmt.
33,9 *Räsonier:* räsonieren (frz.) umgangssprachl. für ›schimpfen‹.
33,20 *Blumasch':* viell. parallel zu frz. plumage (Gefieder) gebildet (Vermutung Otto Rommels); ein Hinweis dafür im Erstdruck, der *Blumag* aufweist.

Vierte Szene

33,29 *Fasanbiegel:* Biegel, ein (Bein-)Stück von gebratenem Geflügel, dann auch allgem. ›ein Stück vom Geflügel‹.
33,35 f. *letzte Ehr':* ›letzte Ehre‹, die man jemand erweist, wenn man zu dessen Begräbnis geht.
34,1 f. *schmarotzt:* schmarotzen urspr. ›betteln‹, dann ›auf Kosten anderer leben‹.
34,5 *Kondition:* lat., veralt. für ›Stelle, Dienst‹.
34,12 *Witwenstückl:* Stückl = Streich.

Fünfte Szene

34,22 *Anpumpt!:* Angeschmiert!; von anpummen, ›übel ankommen‹.
34,23 *Pack Er sich zum Guckguck!:* Kuckuck ist seit dem 16. Jh. verhüllender Ausdruck für ›Teufel‹ (Tabu-Wort), vgl. z. B. ›Hol dich der Kuckuck!‹.
34,25 f. *Wer da nicht den Appetit ... zu verlieren:* Parodie der Worte der Orsina in Lessings »Emilia Galotti«: »Wer über gewisse Dinge den Verstand nicht verliert, der hat keinen zu verlieren« (IV, 7).
34,27 *pikant:* frz., anzüglich.
34,30 *Schlingel:* von mnddt. slingen, ›schleichen, schlendern‹; den Müßiggänger bezeichnend, später einen übermütigen Menschen.
35,2 *Saal:* mhd. sal, ›Halle, Wohnung, Gebäude‹; fürstliches Eß- bzw. Wohnzimmer.

Sechste Szene

35,5 *Jägerlivree:* Livrée (frz.), ›Dienerkleidung‹; Jäger hier ›Bedienter, der hinten auf dem (Jagd-)Wagen sitzt‹.
35,6 *offeriert:* lat., bietet an.
35,7 *Garderobe:* frz., aber germ. Ursprungs aus garde, ›warten‹, und rob, ›Raub‹, im Ahd. die Rüstung bezeichnend, die man dem besiegten Feind abnimmt, später die Kleiderkammer (wo die Kleider ›gewartet‹ werden), dann die Kleidung selbst bezeichnend.
überstandenen: verstorbenen (der es ›überstanden‹ hat).
35,15 *Tokayer:* ung. Süßwein (nach der Stadt Tokaj).

Siebente Szene

35,20 *Exterieur:* frz., Äußeres.
Jagdkostüm: Vgl. Anm. zu 35,5 *Jägerlivree.*

35,24 *Hirschfänger:* urspr. Seitengewehr des Jägers, mit dem er dem Hirsch den ›Fang‹ gibt, d. h. ihn absticht; Symbol des höheren Standes.

35,25 *Krampen:* Spitzhacke, Pickel, formelhafte Verbindung mit *Schaufel,* »Symbole« des Arbeiterstandes.

36,16 *hinüberchangiert:* frz. veralt. für ›hinübergewechselt‹.

36,28 *metaphysischen:* griech., hier ›übernatürlich, über die körperlichen Dinge hinausgehend‹.

36,29 *Galanterien:* frz., Höflichkeiten.

Achte Szene

37,40 *wild:* Vgl. Anm. zu 4,22 *Wildeste.*

38,40 *dalkets:* läppisches, dummes, ungeschicktes.

Neunte Szene

39,17 *ausg'macht:* ausmachen = schelten.

Zehnte Szene

40,9 *plauscht:* plauschen = reden, schwätzen, lügen.

40,14 f. *antichambrischen:* antichambrierend, ›im Vorzimmer wartend, katzbuckelnd‹; vgl. Anm. zu 26,24 *Antichambre.*

40,20 *emsig:* ahd. emiz, ›beständig, beharrlich‹.

41,35 f. *Domestiken:* lat., Dienstboten.

42,7 f. *À-l'enfant-Perücke:* à l'enfant = kurze, wirre Locken (nach Art der Kinder); vgl. Heinrich Heine: »Und ein klimperklein Frisörchen kräuselt à l'enfant die Borsten« (»Werke«, hrsg. von E. Elster, Bd. 2, S. 55).

42,8 *Kabinett:* österr. für ›kleineres Zimmer, Nebenraum‹.

42,15 *Perruquier:* frz., Perückenmacher.

42,16 *Ja, das ist ein anderes Korn!:* Sprichwort; vgl. »Deutsches Sprichwörterlexikon«, Bd. 2, Sp. 1540: »Aha, das ist ein ander Korn, sagt der Müller, hat in ein Mausbemmerl (Mäusedreck) bissen.«

42,31 *Kammeralistin:* wortschöpferische Variation zu ›Kammerfrau‹.

Elfte Szene

43,8 *Nebenbuhlers:* Buhle, Buhler, veralt. für ›Liebhaber‹, später nur noch in der Zusammensetzung ›Nebenbuhler‹ gebraucht.

Zwölfte Szene

43,29 *Jungfer:* aus mhd. juncfrouwe, ›junge Herrin, Edelfräulein‹, bezeichnete dann wie ›Fräulein‹ eine noch unverheiratete adelige Frau, im 18. Jh. dann auch auf Bürgertöchter ausgedehnt.

Dreizehnte Szene

44,9 f. *Spalettladen:* ital./österr., hölzerner Fensterladen, meist innen angebracht.

44,26 *Bussi:* Verkleinerungsform zu ›Buß‹, Kinderwort (Schallwort) für ›Kuß‹.

Vierzehnte Szene

45,11 *derangiert:* frz., zerzaust, verwirrt.
Krawattel: frz., Halsbinde, Vorläufer der Krawatte (nach dem frz. Ausdruck für die Kroaten).
verschloffen: versteckt; von veralt. ›verschliefen‹, ›sich verkriechen, verstecken‹.

45,12 *Kulisse:* frz., Seiten- und Hintergrund der Bühne.

45,17 f. *Othellischer:* Anspielung auf die Eifersucht von Shakespeares »Othello«, auf dem Wiener Volkstheater bekannt durch Ferdinand Kringsteiners Posse »Othello, der Mohr von Wien« (1806). Vgl. auch Kap. II, 2 (»Bonaventure« II, 2. Bild, Szene 6).

45,18 *Pomadiges:* Pomade, frz., ›wohlriechendes (Haar-) Fett‹.

45,19 *Perückenraub:* evtl. literarische Anspielung auf »Der Lockenraub« (1712–14), ein komisch-heroisches Epos von Alexander Pope (1688–1744).

45,21 *Windlicht:* Licht, das gegen den Wind geschützt ist.
Totenbahr': Bahre = längliches Traggestell; von ahd. beran, ›tragen‹.

45,25 *Kampelritter:* Kampl, neben der Bedeutung ›Kerl,

Gesell, Kumpan‹ auch ›Kamm‹; Kampelritter, scherzhafte Bezeichnung für ›Friseur‹.

Fünfzehnte Szene

45,34 *autorisiert:* lat., (vom Urheber, einzig) berechtigt.
46,3 *altfränkischen:* veralt. für ›altmodischen, biederen‹.
46,6 *martialischer:* lat., kriegerischer, grimmiger, verwegener; vom Kriegsgott Mars abgeleitet.
46,16 *und damit Punktum!:* Redensart: Schluß! (einen Schlußpunkt setzen).

Sechzehnte Szene

46,26 *artiger:* hier ›hübscher‹.
Blondin: männliche Form (blonder Mann) zu Blondine (blonde Frau).
46,37 *lichte:* helle, hier Wortspiel mit *Dunkelheit.*

Siebzehnte Szene

47,25 *Tournüre:* frz., Körperhaltung, Gestalt.
47,26 *agreable:* frz., angenehm.
48,1 *Verweser:* Stellvertreter, Verwalter eines Amtes oder Landes; Wortspiel mit ›verwesen‹, ›jemandes Stelle vertreten‹ und ›verfallen, vergehen‹.
48,8 *Meister:* geht zurück auf lat. magister, ›Lehrer, Leiter‹.
48,9 *Patzenferl:* Stock des Lehrers; Patzen = Schläge; lat. ferula, ›Rute‹.
48,13 *Mille-fleurs-Bildung:* vom frz. Eau de Mille fleurs (Tausendblumenbouquet), ein Parfüm, für dessen Herstellung viele Bestandteile nötig sind. Dieser Art ist die Bildung Titus'. Zu der folgenden Wortreihe vgl. Kap. II, 3.
48,24 *apollverwandtes:* Apollon, griech. Gott des Lichtes, der Dichtkunst und der Musik; er wird als blonder Jüngling dargestellt.
48,35 *Kopist:* (Ab-)Schreiber.
Konsulent: veralt. für ›Berater‹.
49,5 *Horreur:* frz., Abscheu, Entsetzen, Schrecken.
49,8 *Obacht:* im 19. Jh. für ›Aufmerksamkeit‹, nachher nur

noch in der Wendung ›Obacht geben‹ und in ›beobachten‹.
Da darf . . .: da muß.
49,22 *verewigten:* verstorbenen.
49,27 *Tandelmarkt:* Trödelmarkt, auf dem alte, gebrauchte Sachen verkauft werden. Der Tändler war urspr. Schätzer bzw. Versteigerer abgelegter Sachen (Tand = wertloses Zeug).

Achtzehnte Szene

50,9 *reprimandieren:* frz., tadeln.
50,11 *Posten:* ital., ›(militärischer) Standort‹, übertr. ›Stelle, Anstellung, Amt‹.
50,26 *eigenen Augen: eigen* hier: seltsam, eigenartig.

Neunzehnte Szene

51,22 *Toilette:* frz., veralt. für ›Kleidung‹.

Zwanzigste Szene

51,31 *Insolente:* lat., anmaßende, unverschämte.
51,36 *Frauenzimmer:* von got. timr, ahd. zimpar, ›Wohnung‹; zunächst Bezeichnung für Frauengemach, Wohnraum, in dem sich Frauen, meist weibliche Dienerschaft, aufhielten. Dann kollektiv die in diesem Raum wohnenden Frauen selbst bezeichnend, schließlich übertragen auf Frauen allgem., und zwar in der Regel Bezeichnung für vornehme Frauen. Im 18. Jh. meist als Bezeichnung für eine feine, gebildete Frau gebräuchlich, in der 2. Hälfte des 18. Jh.s dann Ausdehnung des Begriffs auf bürgerliche Frauen. Im weiteren Verlauf trat die kollektive Bedeutung ganz in den Hintergrund und die abschätzige Bezeichnung für eine bestimmte Frau in den Vordergrund.
52,10 *Dero:* formelhafte, höfliche Anrede, ›Ihr‹.
52,11 *fermes:* frz., hier ›vollkommenes, förmliches, festes‹.
Liaisonverhältnis: Tautologie, da frz. liaison = (Liebes-) Verhältnis, Verbindung, Bekanntschaft.
52,14 *Den dank ich ab:* jmd. abdanken = entlassen, eigtl. ›ihn mit Dank entlassen‹, dann nur noch ironisch verwendet.

Sentiment: frz., Gefühl, Empfindung, Meinung.
52,27 *Impertinent!:* frz., ungezogen, frech, grob.
52,28 *förmlichen:* formellen.

Einundzwanzigste Szene

53,7 *vorzurupfen:* vorrupfen = vorwerfen, beschuldigen; hier zusätzlich mit *Gans* ein Wortspiel.
53,22 *weitschichtige:* oberdt. Nebenform zu ›weitläufig, entfernt‹; im Österr. meist in der Bedeutung ›weitläufig verwandt‹.
53,28 *konserviert:* lat., haltbar gemacht; gut gehalten.
53,30 *Konservatorium:* ital., Musikhochschule.
53,32 *Toilette:* hier ›Ankleiden‹.

Zweiundzwanzigste Szene

54,19 *Gefrornen:* oberdt. für ›Eis‹.
54,21 *Karriere:* frz., hier ›schneller Lauf‹, vgl. Anm. zu 16,32.
54,24 *hektisch:* griech., fieberhaft, aufgeregt.
homöopathisch: griech., Homöopathie, ein von Samuel Hahnemann (1755–1843) entwickeltes und in seinem »Organon der rationellen Heilkunde« (1810) dargelegtes Heilverfahren, das die naturgegebenen Heilmittel nach dem Prinzip des Ähnlichkeitsgesetzes »Similia similibus curentur« anwendet. Das Gesetz besagt, daß Krankheiten durch solche Arzneistoffe geheilt werden können, die am Gesunden der zu heilenden Krankheit ähnliche (›homöo ...‹) Symptome hervorrufen.
54,26 *flanellene:* Flanell = aufgerauhter Stoff; das zugrundeliegende Wort keltischen Ursprungs ist verwandt mit ›Wolle‹.
Nachtleib'ln: Leibl = Jacke, Hemd.
54,27 *wattierten Kaput:* Vgl. Anm. zu 12,23 f.
55,7 *Brühl:* urspr. zwei Dörfer (Vorder- und Hinterbrühl bei Mödling) in einem Erholungsgebiet in der Umgebung Wiens (Wienerwald), dann überhaupt die Umgebung bezeichnend.
55,10 *Sphärenharmonie:* griech., Harmonie der Himmelskugel, übertr. auf ›Sphärenmusik, -harmonie‹, Ausdruck höchster ästhetischer Wirkung.
55,11 *Schnackerl:* Schluckauf, Schluchzen.

55,14 *hin wor'n:* hinwern = sterben (hin sein); Nestroy übernimmt hier eine alte Vorstellung, daß die Nachtigall, die im Gesang besiegt wird, vor Kummer stirbt. Otto Rommel (SW X, 650) bringt dafür Belege.
55,15 *Häfen:* oberdt. Hafen = Topf (aus Steingut).
55,16 *Schneid:* hier ›Schärfe, Sauerkeit‹.
55,17 *Plutzerbier:* Bier in einer (kürbisförmigen) Steingutflasche. Bier galt damals als Luxusgetränk.
55,18 *frett't:* fretten = plagen, mühen, sich kümmerlich am Leben erhalten.
55,23 *adrett:* frz., nett, hübsch, sauber.
55,25 *hebt ... a Ehr' ... auf:* legt Ehre ein, gewinnt Ansehen.
55,27 *Spektakl:* lat., umgangssprachl. für ›Krach, Lärm‹; veralt. für ›Schauspiel‹.
Lackl: Schimpfwort für einen groben Menschen (vermutl. von ›Lakai‹).
Löllaps: Laffe, Narr, einfältiger Mensch.
55,35 *Schanzel:* ehemaliger Obstmarkt am Donaukanal (an der Stelle einer alten Schanze).
55,32 *Partien:* frz., Heiratsmöglichkeiten.
56,1 *Dritten Kaffeehaus:* befand sich in der Hauptallee des Wiener Praters.
56,8 *Pumsti:* pardautz; dem Geräusch eines Schlages oder Falles nachgebildet.
eiserne: vermutl. von der Redensart ›das is Eisen‹ (= fest, unübertrefflich) abgeleitet.
erfragt: erhalten.
56,9 *Nach der Klafter:* Redensart: ›ausgiebig, im großen‹.

Dreiundzwanzigste Szene

56,22 *Soiree:* frz., Abendgesellschaft.
56,23 *Musen ... Tee:* Man huldigt den Musen, den Göttinnen der Künste und Wissenschaften (Klio, Kaliope, Melpomene, Thalia, Urania, Terpsichore, Erato, Euterpe und Polyhymnia) wie in Heinrich Heines Gedicht (1. Strophe):

Sie saßen und tranken am Theetisch,
Und sprachen von Liebe viel.
Die Herren, die waren ästhetisch,
Die Damen von zartem Gefühl.

(»Werke«, hrsg. von E. Elster, Bd. 1, S. 84.)

Vierundzwanzigste Szene

57,13 *Memoiren:* frz., Denkwürdigkeiten, Lebenserinnerungen, aus frz. mémoire (= Erinnerung) entlehnt.

57,23 *Posse:* spätmhd. possen, ›derber Streich, Unfug‹; ›Posse‹ aus ›Possenspiel‹ verkürzt, meist im Sinne von ›derbkomisches Bühnenspiel, Schwank‹ (18. Jh.). – Vgl. Kap. IV, 2.

57,23 f. *Auf einem düsteren Stoff ... Witz:* Vgl. Edelschein in Nestroys Stück »Die Anverwandten« (1848): »Der Ernst hat eine feierliche Seite, eine schauerliche Seite, überhaupt sehr viele ernsthafte Seiten, aber ein elektrisches Fleckerl hat er doch immer, und da fahren bei der gehörigen Reibung die Funken der Heiterkeit heraus« (SW V, 92). – Lessing schreibt im 29. Stück der »Hamburgischen Dramaturgie« zum Verhältnis von Komik und Ernst in der Komödie: »Ihr [der Komödie] wahrer allgemeiner Nutzen liegt in dem Lachen selbst; in der Übung unserer Fähigkeit, das Lächerliche zu bemerken; es unter allen Bemäntelungen der Leidenschaft und der Mode, es in allen Vermischungen mit noch schlimmeren oder guten Eigenschaften, sogar in den Runzeln des feierlichen Ernstes, leicht und geschwind zu bemerken.«

57,31 *effektuiert:* lat./frz., wirkt.

57,34 *G'spaß:* Kollektivbildung zu Spaß, ›Witz, komischer Einfall‹.

57,37 *Lebensbild:* eine neue, zum erstenmal von Friedrich Kaiser auf das Wiener Volkstheater gebrachte dramatische Gattung. Vgl. Kap. II, 2 (Beispiele für von der Zensur gestrichene Stellen).

58,6 f. *Ordinariseelerln:* gewöhnliche (ordinäre) Seelen.

58,7 *Fazinetteln:* ital., Schnupf-, Taschentücher.

Siebenundzwanzigste Szene

59,21 *Fi donc!:* frz., Pfui!

59,27 f. *verleumdete:* mhd. verliumden, ›in schlechten Ruf bringen‹ (Leumund = Ruf).

59,32 *Das ist Ottokars Glück und Ende!:* Anspielung auf Grillparzers »König Ottokars Glück und Ende« (Uraufführung am 19. Februar 1825 im Wiener Burgtheater).

59,36 *affektiert:* frz., hier ›erkünstelt, spielt vor‹.

Dritter Akt. Erste Szene

60,2 *Dekoration:* frz., hier ›Bühnengestaltung, -ausschmükkung‹.
60,5 *melancholisch:* aus der Heilswissenschaft des Altertums ins Mittelalter überlieferter griech. Ausdruck, der die Schwarz- und Dickblütigkeit bezeichnet als Ursache für die Schwermut; Melancholie ist eine der vier Gemütsbeschaffenheiten des Menschen, der je nach seiner Blutzusammensetzung (worin man den Grund der Temperamente sah) Melancholiker, Sanguiniker, Phlegmatiker oder Choleriker genannt wird.
60,7 f. *assekuranzlos:* lat., veralt. für ›ohne Versicherung‹.
60,10 *Aktivstand:* Stand der Einnahmen eines Unternehmens im Gegensatz zu den Schulden, Verbindlichkeiten (Passivstand).
60,13 *Kreuzer:* eine (urspr. im 13. Jh.) geprägte Münzart, die nach dem aufgeprägten Kreuz benannt ist; übertr. auch für ›Pfennig‹.
60,15 *profitiert:* lat., Nutzen gezogen, gewonnen.
60,17 *aushienzendes:* aushienzen = spotten, verhöhnen, einen zum besten haben.

Zweite Szene

60,25 *Beinkleid:* veralt. für ›Hose‹.
60,31 *heidipritsch:* flugs, fort, auf und davon (tschech. pryč = fort).
60,32 *Vagabunden:* spätlat. vagabundus, ›umherschweifend, unstet‹, seit 1700 ›Landstreicher, Herumtreiber‹.
61,1 *Völkerrecht:* die Rechtsnormen, die die Beziehungen der Staaten untereinander regeln.
61,11 *honetten:* frz., ehrenhaften, anständigen.

Dritte Szene

61,23 *Visit':* frz., veralt. für ›Besuch‹.

Vierte Szene

62,11 *gengen S':* gehen Sie.
leiblichen: blutsverwandten.

Vettern: bedeutete urspr. ›Vatersbruder‹, dann übertr. auf alle männlichen Verwandten. Heute bezeichnet Vetter nur noch den Sohn des Onkels oder der Tante.

62,16 *fuchsigen:* zornigen (fuchsen = ärgern), oft Zusammenfall mit ›fuchtig‹ = zornig. – Vgl. das wiederholte Vorurteil Rothaarigen gegenüber.

62,17 *Gemüt:* die Gesamtheit der seelischen Empfindungen und Gedanken bezeichnend, auch Sitz der Seelenkräfte.

62,61 *lichter:* Wortspiel mit ›licht‹ = hell im Sinne von ›blond‹ bzw. ›klug‹.

62,25 *darben:* brauchen, nötig haben (verwandt mit ›dürfen‹).

62,31 *kuriose Beschränkung:* im Zusammenhang mit *Verstand* auch Wortspiel im Sinne von ›Beschränktheit‹.

62,34 *Godl:* Tauf- oder Firmpate (mhd. gote); Diminutivendung.

62,35 *Gulden:* aus mhd. guldîn pfenninc, ›goldene Münze‹, verselbständigt, seit dem 16. Jh. eine Silbermünze, bis ins 19. Jh. Währungseinheit in Österreich, Deutschland und angrenzenden Ländern; heute noch in Holland.

62,39 *steht ... ab:* abstehen = umgangssprachl. für ›sterben‹.

kalten Fieber: veralt. für Malaria (Sumpffieber); ›Fieber‹ konnte auch allgem. für ›Krankheit‹ verwendet werden, vgl. 63,1 *hitzigen Fieber.*

63,1 *schnappt ... auf:* umgangssprachl. für ›stirbt‹.

63,3 *Mahm:* Muhme, Tante, (alte) Frau; bedeutete urspr. ›Schwester der Mutter‹, dann ›Tante‹, schließlich allgem. ›weibliche Verwandte‹.

63,12 *Mussi:* Vgl. Anm. zu 17,5.

63,19 *Gusto:* ital., Geschmack.

63,25 *Offizin:* lat., österr. für ›Barbierladen‹, sonst ›Apotheke‹.

63,38 f. *bordiert ... Borten:* von mhd. borte, ›Rand, Besatz‹; Zierbesatz auf Kleidern; im 16. Jh. neu aus frz. border, ›umranden, einfassen‹, entlehnt; urspr. altgerm. Wort, bedeutete ›(Schiffs)rand‹.

64,1 *Neveu:* frz., Neffe, Sohn des Bruders oder der Schwester.

64,2 *parier:* frz., wetten.

64,3 *Skandal:* Ärgernis; im 18. Jh. über das Frz. aus dem kirchenlat. scandalum entlehnt.

64,10 *Leuchter, voran!:* boshafte, formelhafte Anspielung auf Salomes rote Haare.

Fünfte Szene

64,20 *tummeln:* lebhaft bewegen, beeilen (verwandt mit ›taumeln‹).
64,22 *Abschiedssouper:* Souper (frz.) = (anspruchsvolles) Abendessen.

Sechste Szene

65,9 *Haar g'funden:* ein Haar finden = etwas an jemandem aussetzen (vgl. ›ein Haar in der Suppe finden‹), hier aber durchaus wörtlich zu nehmen.
65,17 *Haariger:* haarig = widerspenstig.

Siebente Szene

65,23 *Faden:* hier bildlich für ›Geld‹.
65,30 *Okzident:* lat., Abendland, veralt. für ›Westen‹ (vgl. Orient = Osten).
65,33 *okzidentalische Frage:* Anspielung auf das damals aufkommende Schlagwort ›Frage‹.
66,1 *frappiert:* frz., überrascht, befremdet.
66,16 f. *promeniere:* frz., spazierengehe.
66,20 *tentiereten:* frz.; tentieren: österr., ›versuchen, beabsichtigen‹.

Achte Szene

66,28 *Finale:* frz., Schluß(-teil eines Musikstücks).
66,29 *Wegzehrung:* mhd. zern, ›sich nähren‹; Zehrung, veralt. für ›Nahrung, Zehrgeld‹, seit dem 16. Jh. ›Wegzehrung‹ in der Bedeutung von ›Reiseproviant‹.
66,34 *Sack:* Vgl. Anm. zu 31,34.
66,37 *changieren:* frz., veralt. für ›wechseln‹.

Neunte Szene

67,15 *Schaben:* mhd. schabe, ›Motte‹ (von schaben, ›abkratzen, nagen‹), später auch für andere schädliche Insekten gebraucht.

67,17 *Groschen:* urspr. eine vom 14. bis 19. Jh. geprägte Silbermünze (›Dickpfennig‹ zu lat. grossus, ›dick‹), später volkstümliche Bezeichnung für ›Zehnpfennigstück‹.

Zehnte Szene

67,31 *Filou:* frz., Betrüger, Spitzbube.
68,1 *Balbierer:* umgangssprachl. für ›Barbier‹; balbieren kann in übertr. Bedeutung auch ›betrügen‹ heißen.

Elfte Szene

68,13 *umstecken:* nachgeben, umlenken, anders reden als früher.
68,19 *Quodlibet:* lat. (›was beliebt‹), Zusammenstellung beliebter Musikstücke, Potpourri. Das Quodlibet, von Nestroy in den Komödien oft verwendet, dient der Opernparodie, ermöglicht musikalisch-mimisches Geschehen und bietet einen Ruhe- und Sammelpunkt in der Handlung. In ihm präsentiert sich die Komödienhandlung für eine kurze Szene mit Arien, Duetten und Chorgesang im tableauartigen Opernstil, zugleich wendet es sich an das Publikum, das aufgerufen ist, die Szene zu »entschlüsseln«, hinter der Komödienszene die parodierten Opernszenen zu entdecken (s. u.). – Vgl. Kap. II, 3.
Terzett: ital., dreistimmiges Gesangstück.
68,20 *Titus! Titus!:* Melodie nach der Oper »Titus« (1791) von Mozart.
68,29 *schmafu:* von frz. ›je m'en foute‹, ›schuftig, schmählich‹.
69,7 *Tun Sie nicht von mir sich wenden:* Melodie nach der Oper »Norma« (1831) von Bellini.
69,15 *magerlt:* magerln = ärgern, kränken.
69,16 *Wird man von solchen Leuten:* Melodie nach der Oper »Tell« (1829) von Rossini.
69,22 *Gall':* Vgl. Anm. zu 6,1 f.
Meiner Gall' war ich früher nicht Meister: Volksliedmelodie.
69,26 *Es tobet in mir Rache:* Melodie nach der Oper »Die Hugenotten« (1836) von Meyerbeer, ebenso 69,31 *Ach, du kannst nicht begreifen ...* und 70,1 *Daß ich so g'schwind Lieb' ...* (in der Originalpartitur ein Duett

Flora/Titus, vgl. Kap. II, 3).

70,12 *Ich hab wahrlich keinen Grund:* Melodie nach dem Lachlied aus Adolf Müllers Singspiel »Kirchweih in der Brigittenau« (1832).

70,19 *dasi:* dasig = kleinlaut, unterwürfig; hier ›schwindlig, nicht richtig im Kopf‹.

70,22 *Was is das?:* Melodie nach der Oper »Die Nachtwandlerin« (1831) von Bellini.

70,23 *Malheur:* frz., veralt. für ›Unglück, Pech‹.

70,25 *Flegel:* ungehobelter Mensch, Lümmel (von lat. flagellum, ›Geißel, Peitsche‹, über die Bedeutung ›Dreschflegel‹ zur übertragenen).

71,7 *Ach, sie im Netz zu sehen:* Melodie nach »Die Hugenotten«.

71,21 *Man schmeichelt sich mit Hoffnung oft:* Mazurka, vermutlich von Adolf Müller (Herles).

71,26 *foppt:* foppen, aus der Gaunersprache stammend, bedeutete zunächst ›lügen‹, später dann ›anführen, necken‹.

71,37 *Mein Bruder, der Jodl, singt so:* Lied aus Nestroys »Der gefühlvolle Kerkermeister« (1832), Musik von Adolf Müller:

Mit d' Frauenzimmer da gibt's richtig,
Wenn sie spröd sein, recht viel Spaß,
's G'sicht verziehn sie unnachsichtlich,
Doch wer g'scheit ist, kennt schon das.
Und ich bin ein hübscher Kerl,
Schlank als wie ein Pfeifenröhrl,
Unter Männern schon die Perl',
Darüber läßt sich gar nichts sag'n,
Ich bin g'scheit, flink wie ein Radl,
Drum wär' ein jedes Madl
Sicher gern mit mir ein Paarl,
Ich hab' da gar nichts zu wag'n. (SW III, 64.)

72,3 *Pfeifenröhrl:* Rohr der Tabakspfeife.

72,6 *Rosomi:* Verstand (von tschech. rozumíš?, ›verstehst du?‹).

72,8 *doni:* da(n)hin, ›hinweg, fort‹.

72,11 *Bald wird's anders werden:* Tambour-Galopp, vermutlich von Adolf Müller (Herles).

72,12 *Kuraschiert:* couragiert (frz.), ›beherzt, mutig‹.

Dreizehnte Szene

73,28 *etablieren:* frz., festsetzen, selbständig machen.
73,30 *fatal:* verhängnisvoll, peinlich (von lat. fatalis, ›vom Schicksal bestimmt, verderbenbringend‹).

Fünfzehnte Szene

74,30 *Bremsler:* nervöses Zucken.
74,32 *verlaß:* verlasse, hier ›vermiete‹.
75,2 *diskuriert:* diskurrieren (lat.), veralt. für ›plaudern, sich unterhalten‹.

Sechzehnte Szene

75,22 *Spital:* lat., veralt. für ›Krankenhaus‹, in Österreich heute noch gebräuchlich.
76,1 *Burnus:* arab., (weißer) Mantel mit Kapuze.
Quasten: mhd. quast(e), ›Büschel‹.
76,2 *parier:* Vgl. Anm. zu 64,2.
battistene: Batist (frz.), feiner, leichter Stoff.
76,3 *Asphalt:* Bedeutung konnte nicht ausfindig gemacht werden.
76,4 *Lackerl:* kleine Lache, Pfütze (ital. lacuma).
76,10 *rare:* Vgl. Anm. zu 31,27.
76,14 *G'schwistert:* österr. Dialektform von ›Geschwister‹.
76,18 *Fräul'n:* Fräulein von mhd. vrouwelîn, ›vornehmes, edles Mädchen‹; Standestitel für die Töchter des Adels, im 18. Jh. dann auch auf Bürgertöchter ausgedehnt. – Vgl. auch Gretchen in »Faust« I, nachdem Faust sie mit dem Titel ›Fräulein‹ anredet: »Bin weder Fräulein, weder schön ...«.
76,19 *Oui ... Peut-être:* Ja ... Vielleicht.
76,21 *Allez vous ...:* Gehen Sie heute ins Theater, Marie?
76,22 f. *Nous allons ... au théâtre toujours:* Wir sitzen (gehen) ... auf dem vierten Rang, ich bin immer mit Mama ins Theater gegangen.
76,30 *Debut:* frz., erstes Auftreten.
76,31 *Burg:* Burgtheater in Wien; seit 1741 in der Hofburg, ab 1888 im neuen Bau am Ring.

Siebzehnte Szene

77,14 *Katherl:* Käthchen, hier ›Perücke‹.

Achtzehnte Szene

78,5 *honettere:* Vgl. Anm. zu 61,11.
Durchgehen: ganz und gar weggehen, vgl. ›durchgehendes Pferd‹.
78,9 *Makel:* Schandfleck, Fehler, aus lat. macula, ›Fleck, Mal‹, entlehnt.
78,32 *Untertuchet:* Tuchent (österr.) = mit Federn gefüllte Decke.
78,34 *disputieren:* lat., Streitgespräch führen.
78,35 *Desperation:* Vgl. Anm. zu 19,13 *desperat.*
78,39 f. *Milliweiberg'schnatter:* Milliweib = Milchfrau.
79,1 *Linigraben:* Die vierunddreißig Vorstädte Wiens waren durch die sog. ›Linie‹ (heute: der Gürtel) eingeschlossen, die aus Wall und Graben bestand. Sie wurde 1703 gegen die Überfälle ungarischer Rebellen gebaut.
79,3 *Rastelbinder:* Vgl. Anm. zu 16,31 *Rastelbinderbub'n.*
79,10 *Belisar:* Feldherr des byzantinischen Kaisers Justinian I. (505–565); die Sage von seiner Blendung ist historisch nicht bezeugt. Sie ist hauptsächlich durch ein Trauerspiel »Belisar« (1826) von Eduard von Schenk und durch die Oper Donizettis (1835) bekannt geworden.
79,14 *Senat:* Rat (der Alten) im alten Rom.
79,16 *Kodex:* lat., Gesetzbuch.
79,27 *schußweis:* unerwartet und wiederholt.
79,36 f. *Haarzopfen:* Zopfperücke, Teil der Männermode im 18. Jh.
80,19 *tölpischer:* Tölpel = plumper, ungeschickter Mensch, aus mhd. dörpel, ›Dorfbewohner‹. Es benannte abschätzig den dummen Bauern gegenüber dem edlen, gebildeten Ritter (bzw. Städter).
Schalkhaftigkeit: mhd. schalc, ›Knecht, Dienstmann‹, dann in der Bedeutung ›Mensch von knechtischer Sinnesart, Bösewicht‹; mhd. schalchaft bedeutete schon ›arglistig‹, später zu ›schelmisch‹ abgeschwächt.
81,10 f. *Es muß blitzen!:* Anspielung auf eine Szene (V, 4) in Kotzebues »Johanna von Montfaucon« (im Burgtheater von 1799 bis 1833 neunzigmal aufgeführt): »Fürchte

nichts, mein Sohn! – Hörst du nicht? – es donnert ... es wird blitzen! – es muß blitzen!« (Rommel).

81,15 f. *englische Scher':* Schere aus England (damals führend in Stahlwaren), hier auch Wortspiel zu *Himmlische.*

81,22 *Lichten:* etwa ›Erleuchtung, Erkenntnis, Rettung‹.

81,35 *Amputation:* lat., (Glied-)Abtrennung.

82,4 *Universalerb':* Gesamterbe.

Neunzehnte Szene

82,16 *detailliert:* frz., detaillieren = auseinanderlegen, im einzelnen erklären.

Einundzwanzigste Szene

83,31 *g'schafft:* Vgl. Anm. zu 32,30 *schaffen.*

84,27 *äffen:* nachahmen, hier ›täuschen‹.

85,17 *pauvre diable:* frz., armer Teufel.

85,18 *Schneid:* Vgl. Anm. zu 19,34.

85,40 *... fällt der Vorhang:* Der Erstdruck weist zusätzlich noch »Ende« auf.

II. Stoff- und Entstehungsgeschichte

1. Motiv und Stoff

Das in der Dummheit und Voreingenommenheit der Menschen begründete Vorurteil gegenüber Personen mit rotem Haar ist ein an vielen Stellen des »Talisman« thematisiertes und variiertes Motiv des Stücks. Der seit dem Altertum immer wiederkehrende Aberglaube von der moralischen Minderwertigkeit der Rothaarigen dient Nestroy zum Vorwand seiner Satire, die sich allgemein gegen jegliche Entstehung von Vorurteilen und ihre Auswirkungen auf den einzelnen und die Gesellschaft richtet.
Das »Handwörterbuch des deutschen Aberglaubens« verzeichnet eine Vielzahl von Belegen der einen Menschen charakterisierenden Rothaarigkeit in volkstümlicher und literarischer Überlieferung. So werden Verräter in den germanischen Mythen und Sagen mit roten Haaren geschildert, ebenso der biblische Verräter Judas, dessen Name Iskariot volksetymologisch als »is gar rot« gedeutet wird.

Im »Ruodlieb-Lied« (um 1000) heißt es:

Rothaar'gem Manne gar zu sehr
Vertrauen, frommt dir nimmermehr.
Ihm ist im Zorne nicht zu trauen
Noch auf gegebnes Wort zu bauen.

Im »Wigalois« (um 1200) des Wirnt von Grafenberg wird von einem Mann erzählt:

im was der bart und das hâr
beidiu rot und viurvar.
von denselben höre ich sagen
daz si valschiu herze tragen.
des glouben hân ich niht.

Konrad von Würzburg schreibt über Kaiser Otto II., »der Rote« genannt:

er hete roetelehtes hâr
und was mit alle ein übel man,
sin herze in argem muote bran.

Rote Haare, so interpretiert der Volksglaube, sind die Folge eines Fluchs, der auf dem einzelnen oder seiner Familie lastet:

> Rotes Haar und roter Bart stehen selten auf einem guten Ort.
>
> (Steierischer Volksspruch)

> Roti Haar und spitzig Chin,
> wohnt der Tüfel mitte drin.
>
> (Berner Redensart)

> Was schwarz is, is liabli,
> Was rot is, is g'fuchst;
> I schau mi um a Schwarzi,
> Die Rot'n san nichts nutz.
>
> (Bayerischer Spruch)

Die Verbreitung des Aberglaubens führte zur unberechtigten Ächtung und Isolation der Rothaarigen durch die Gesellschaft. Da der Rothaarige, weil irgendwie auf die Anerkennung durch die Gesellschaft angewiesen, dieses Ausgeschlossensein auf die Dauer nicht mit Menschenfeindschaft beantworten konnte, griff er nach mehr oder weniger zweifelhaften Heilmitteln, die seinem angeblichen Makel Abhilfe zu schaffen versprachen:

»Remede contre les cheveux roux et pour les rendre blonde.
Mittel rothe Haare blond zu machen.
Rothe Haare werden gewöhnlich für eine Häßlichkeit gehalten, und solchen sogar noch überdieß eine schlimme Charakterbedeutung gegeben, obwohl die damit behafteten Personen keine Schuld an diesem verhaßten Übel haben. Es ist eigentlich ein Naturfehler. Daher muß da die Kunst helfen, um diesen Mißstand aufzuheben. Wer rothe Haare hat, dem stehen schwarze nicht gut an, desto besser aber blonde. Das hier angezeigte Mittel verändert die häßlichsten rothen Haare nach kurzem Zeitraum in schöne blonde.
Die Flasche kostet 1 fl. 15 kr. Das halbe Dutz. 7 fl. Das ganze Dutzend 14 fl.«

(Anzeige im Wochenblatt der Stadt Donauwörth v. 25. 1. 1834)

Entweder antwortet man auf die gesellschaftliche Isolierung seinerseits mit Haß und entspricht damit vielleicht dem

Vorurteil, oder man begegnet der Forderung der anderen durch »unauffällige« Angleichung an die »Norm«.
Titus Feuerfuchs ist durch seinen »Talisman« in der Lage, vom Außenseiter zum gesellschaftlich Anerkannten zu werden, erkennt aber zum Schluß, daß eine nur äußerliche Anpassung nichts ändert, vor allem das bestehende Vorurteil nicht aufhebt. Der heitere Lustspielschluß verheißt durch Titus und die rothaarige Salome eine andere Lösung des Problems.
Den Stoff vom Rothaarigen, der eine Rothaarige heiratet, nachdem er die gesellschaftliche Stufenleiter auf- und wieder abgestiegen ist, übernimmt Nestroy mit dem Handlungsgerüst aus dem Vaudeville »Bonaventure« (1840) von Dupeuty und de Courcy.
Fast zur gleichen Zeit wie Nestroy unternahm Josef Kupelwieser eine Bearbeitung (»treu nach dem Französischen«) unter dem Titel »Roth, braun und blond oder Die drei Wittfrauen« (Uraufführung 16. Januar 1841; Text verschollen). Kupelwieser wandelte auch später auf Nestroys Spuren (z. B. nahm er dessen Stücke »Die Papiere des Teufels« [1842] und »Höllenangst« [1849] zu Vorlagen), erreichte aber niemals seine Wirkung.

»Titus Feuerfuchs« (1945), Ballett von Franz Salmhofer.
»Les trois perruques. Inspiré par la Comédie de Johann Nestroy« (1953), Pantomime von Marcel Marceau.
»Titus Feuerfuchs oder Liebe, Tücke und Perücke. Burleske Oper nach Nestroy« (1958) von Heinrich Sutermeister.

2. *Nestroy und seine Vorlage*

Für fast alle Stücke Nestroys hat man fremde Vorlagen ausfindig gemacht. Nestroy fand sie in der zeitgenössischen epischen wie dramatischen Literatur, meist der Unterhaltungsliteratur. Zwischen 1840 und 1850 beeinflußte besonders das französische Vaudeville (Singspiel) die Wiener Theater und damit auch Nestroys Werk. Nestroy stieß durch eigene Lektüre, Rezensionen in den Zeitungen oder Hinweise von Freunden auf für ihn interessante Vorlagen. Darüber hinaus reisten Wiener Theaterdirektoren nach

Paris, um geeignete Vaudevilles aus dem neuesten Spielplan nach Wien zu holen.
Im Falle der Vorlage zum »Talisman« – des dreiaktigen Comédie-Vaudeville »Bonaventure« (1840) von Dupeuty und de Courcy – konnte Nestroy sowohl durch einen Bericht der »Allgemeinen Wiener Theaterzeitung« vom 19. August 1840 als durch den gedruckten Text des Singspiels selbst zum Schreiben seiner Posse angeregt worden sein. Helmut Herles, der als erster durch einen umfassenden Vergleich mit der Vorlage Nestroys Bearbeitungskunst untersucht hat, vermutet, daß Theaterdirektor Carl den Text des »Bonaventure« von einer Erkundungsreise direkt aus Paris mitgebracht hat.

Über die Pariser Aufführung des »Bonaventure« (23. Juni 1840) berichtet die »Allgemeine Wiener Theaterzeitung« ihren Lesern u. a.:

»Das Vaudevilletheater, nach ein paar jammer- und thränenreichen Rührspielen [...] also lacht und tollt wieder und wählte dazu den heiteren Rahmen einer vieractigen [richtig: dreiaktigen] Posse betitelt ›Bonaventure ou trois perruques‹. Die Scherze darin sind so handgreiflich, wie der Bauch eines Münchner Bockbrauers, die Intrigue ist unwahrscheinlich, der Dialog nichts weniger als geistreich, das Alles aber verhinderte keineswegs einen glänzenden Erfolg des Stückes. Um ein solches Räthsel zu lösen, brauche ich nur hinzufügen, daß die Krone aller Pariser Komiker, Arnal, den Perückenmann darstellt [...] Der Held unseres Stückes hat das Unglück, mit rothen Haaren zur Welt gekommen zu seyn. Aus diesem mißlichen Umstande entspringen [...] Widerwärtigkeiten, die mit seinem Namen in schneidenstem Widerspruche stehen. Glücklicher Weise sendet ihm der Himmel eines Tages einen Engel in der Gestalt eines Haarkünstlers, und dieser verkauft [richtig: verschenkt] großmüthig eine schwarze [richtig: braune] Perücke. Das ganze weibliche Geschlecht verliebt sich nun in den holden Bonaventure, den man von da an nur: ›le beau brun‹ nennt [...].«

(Wiener Allgemeine Theaterzeitung, 19. August 1840, Nr. 199)

Eine Inhaltsangabe der französischen Vorlage, ein synoptischer Szenenvergleich und einige besonders charakteristische

Textausschnitte der Vorlage in deutscher Übersetzung sollen im folgenden einen Eindruck von Art und Grad der Bearbeitung Nestroys vermitteln. Ausführliche Analysen enthalten die Arbeiten von Helmut Herles, der die Beobachtungen von Otto Rommel und Leo Tönz entscheidend korrigiert und ergänzt.

Inhalt des »Bonaventure«

Die Handlung spielt 1806 auf dem Gut von Schloß Gaillard, nicht weit von Paris. Bonaventure (etwa ›Abenteuerfroh, Waghals‹), auf Grund seiner Rothaarigkeit sowohl von der eigenen Familie als von der übrigen Gesellschaft seines Heimatortes geächtet, hat, in der Schule mißhandelt, zu keiner Lehrstelle zugelassen und von den Frauen verabscheut, seine Heimat verlassen, um in der Fremde sein Glück zu suchen. Er gelangt vor das Schloß Gaillard, das gleich von drei Witwen, der Schloßherrin, ihrer Kammerfrau und der Gärtnerin, bewohnt wird. Obwohl die Schloßgärtnerin, Madame Larose (›Rose‹), durch ihren alten Gehilfen L'Écloppé (›Krüppel‹) einen neuen Gärtnerburschen suchen läßt, weist dieser den stellungssuchenden Bonaventure wegen seiner roten Haare als ungeeignet zurück. Einzig die Truthahnhüterin Jeanne la Rousse (›Johanna Rotschopf‹) findet Gefallen an ihrem Leidensgenossen und trachtet, da selber von allen und allem ausgestoßen, sich ihm zu verbinden und ihm eine Anstellung bei ihrem eigenen Brotherrn zu verschaffen. Auf ihr Angebot geht Bonaventure in seiner mißlichen Lage auch ein.
Als er aber Gelegenheit hat, den Friseur Leduc (›Herzog‹), den er des Namens wegen für adelig hält, und sein scheuendes, dem nahen Fluß entgegenrasendes Pferd zu retten, und dieser ihm als Dank diskret eine braungelockte Perücke schenkt, begreift Bonaventure, daß er auf die gutmütige Hilfe einer Rothaarigen nicht länger angewiesen ist und mit dem Talisman seiner Karriere nichts mehr im Wege steht.
Im neuen Haarschmuck findet er sofort günstige Aufnahme im Schloß. Als erste nimmt ihn die Gärtnerswitwe verliebt in ihre Dienste und kleidet ihn mit dem Gewand ihres verstorbenen Mannes neu und standesgemäß ein. Kaum wird die Kammerfrau, Madame Justine (juste = richtig, genau), seiner ansichtig, richtet sie es ein, ihn ihrerseits für sich

zu engagieren und überantwortet ihm zugleich mit der Uniform ihres verstorbenen Gatten sein Amt eines gräflichen Hofjägers. Gleichzeitig läßt sie durchblicken, daß auch ihr Herz nicht abgeneigt ist, sich von dem braungelockten Jäger erjagen zu lassen. Dem Friseur Leduc, dem bisherigen Herzensauserwählten der Justine, bleibt ihre Sinnesänderung gleichfalls nicht verborgen. Da er in dem Nebenbuhler seinen rothaarigen Retter wiedererkennt, dünkt es ihm ein leichtes, sich des Rivalen durch den Raub der Perücke zu entledigen. Der um seinen Talisman und Glücksbringer Betrogene vermag sich, gerade bevor er bei der Schloßherrin, Madame Château-Gaillard, eingeführt werden soll, einer anderen, aus Versehen einer blonden Perücke aus dem Vorrat des Friseurs zu bemächtigen.
Die Perücke verfehlt auch hier nicht ihre Wirkung. Die schriftstellerisch ehrgeizige Dame befördert den »Jäger« ihrerseits sofort zu ihrem Privatsekretär und schenkt ihm einen Galaanzug ihres toten Gemahls. Bonaventure ist nun, um sein neuerliches Glück zu erhalten, daran gelegen, sich der Zeugenschaft von Gärtnerin, Kammerfrau und Friseur, die ihn mit anderer Haarfarbe kennen, zu entledigen, und bestimmt seine neue Herrin, diese umgehend zu entlassen. Seine Finte nützt ihm aber nichts mehr, als Kammerfrau und Gärtnerin sich wegen seines plötzlichen Haarfarbenwechsels verwirrt zeigen und vollends der Friseur ihn als Rothaarigen entlarvt. Ihm bleibt nur die Flucht aus dem Schloßfenster.
Während der ganzen Zeit seines vermeintlichen Aufstiegs hat Jeanne la Rousse vor der Gartenmauer treu auf Bonaventure, den sie liebt, gewartet. Der Treulose muß nun, beschämt und gerührt zugleich, wieder zu ihr über die Mauer herabsteigen. Als er vernimmt, daß man ihn gerichtlich sucht, flieht er und will sich aus Furcht, man wolle ihn wegen seines Perückenbetruges belangen, in den Fluß stürzen. Die Gärtnerin, ihr Gehilfe, der Friseur und die Kammerfrau aber lassen ihn suchen, und der Friseur rettet diesmal ihn, weil Bonaventure das Erbe eines reichen Onkels zugefallen ist und sie nun bei 20 Millionen Francs leicht gewillt sind, über den Makel seiner Rothaarigkeit hinwegzublicken.
Bonaventure jedoch, vom Tode gerettet, vor falscher Gunsteinschätzung fortan gefeit, bittet die bescheidene Jeanne,

seine Frau zu werden, und verspricht dem Publikum, daß es pünktlich in neun Monaten als Taufpate dienen könne.

Text:
»Bonaventure. Comédie-Vaudeville en trois actes et quatre tableaux«. Par M. M. Dupeuty et F. de Courcy. Musique de M. Doche. Paris: Marchant, Editeur [1840] (»Magasin Théatral. Choix de pièces nouvelles jouées sur tous les théatres de Paris«). Textabdruck auch bei Herles (1974).

Synoptischer Szenenvergleich

(x) markiert die Zahl und Verteilung der musikalischen Einlagen, so daß sich auch die Umgestaltung der französischen Singspielform in die »Posse mit Gesang« ablesen läßt.

Bonaventure	*Talisman*
ERSTER AKT Dorf	ERSTER AKT Dorf
Keine Entsprechung.	*Szene 1–3:* Bauernburschen und -mädchen; Schicksal der roten Salome (S). (x)
Szene 1–2: Larose (L), L'Écloppé (E); L trauert um verstorbenen Mann; Suche nach neuem Gärtner. (x, x)	*Szene 4:* Flora (F), Plutzerkern (P); Auftrag, einen neuen Gärtnergehilfen einzustellen.
Keine Entsprechung.	*Szene 5:* Auftrittslied Titus' (T); rote Haare und Vorurteil. (x)
Szene 3–10: E lehnt Bonaventure (B) als Gärtner ab; Spott über rote Haare. Jeanne (J) will B Stelle verschaffen. B rettet Leduc (Le), erhält Perücke, beschließt, im Schloß Karriere zu machen. J wartet weinend vor der Mauer. (x, x)	*Szene 6–15:* in Grundzügen wie bei »Bonaventure«; ohne Entsprechung ist Lied Salomes I, 15. (x)
ZWEITER AKT I. BILD Garten	Wohnung der Gärtnerin
Szene 1–2: B mit Perücke erhält von L die Gärtnerstelle. (x, x)	*Szene 16–17:* T mit schwarzer Perücke erhält von F Kleidung und Stellung des verstorbenen Mannes.
Szene 3: J fragt L nach einem Rothaarigen. – L gibt B Kleidung ihres verstorbenen Mannes. (x)	Szene J/L ohne Entsprechung.

Szene 4–6: Kammerfrau (K) findet bei L Gefallen an B; B geht mit ihr auf das Schloß. (x)	*Szene 18–22:* in Grundzügen wie bei »Bonaventure«.
Keine Entsprechung.	*Szene 23:* T, P, Gartenknechte; T erhält von F und C (Constantia) Geld zur Bewirtung der Knechte. (x)
	ZWEITER AKT Garten
Keine Entsprechung.	*Szene 1–2:* Knechte trinken auf das Wohl von T. (x) *Szene 3–5:* in Grundzügen wie bei »Bonaventure«.
Szene 7–8: Bei L wird Mittagstisch gedeckt; B ißt auf dem Schloß. (x)	
II. BILD 24 Stunden später Vorzimmer	Der gleiche Tag Saal im Schloß
Szene 1: B in der Jägerlivree des verstorbenen Mannes von K. (x)	*Szene 6:* T wie B.
Szene 2: L möchte B wiederhaben, K will ihn bei der Comtesse (C) einführen.	*Szene 7:* C will T in den Dienst der Frau von Cypressenburg (Cy) einführen.
Keine Entsprechung (vgl. II, 1. Bild, Szene 3).	*Szene 8:* S fragt nach einem Rothaarigen, für den Leute aus der Stadt angekommen sind. T erkennt S; S fällt in Ohnmacht, verrät aber rothaarigen T nicht. *Szene 9:* T lenkt C ab; Gespräch über Cy.
Szene 3–7: Le trifft B bei seiner Geliebten K, erkennt seinen Retter und Nebenbuhler. B erfährt, daß Le nur Friseur ist. Le raubt B im Schlaf die Perücke. B findet rechtzeitig blonde Perücke. C, der er gefällt, engagiert B. B führt Intrige gegen L, K, Le, die entlassen werden sollen. B erhält Garderobe des Mannes von C. (x, x)	*Szene 10–17:* in Grundzügen wie bei »Bonaventure«. Bei Nestroy hat Cy eine Tochter (E).
Szene 8–9: Streit K – C über Haarfarbe von B. Auftritt B.	*Szene 18–19:* C beklagt sich über E; Streit über Haarfarbe von T. Auftritt T.

Vgl. Szene 7.	*Szene 20:* T nützt Verwirrung, beklagt sich über F, M (Marquis), C. Cy will diese entlassen.
Keine Entsprechung.	*Szene 21–24:* E beschwert sich über C; Cy bereitet Soiree vor. Eintreffen der Gäste. Cy stellt T vor. ›Literarische Szene‹. (x, x)
Szene 10–11: L entdeckt blonden B, ist verwirrt wie K; Le enthüllt Täuschung, entlarvt B als rot. B rettet sich durch Sprung aus dem Fenster. (x, x)	*Szene 25–27:* F und C, die Entlassungsschreiben erhielten, kommen weinend und behaupten, T sei in Wahrheit schwarz; M entlarvt ihn als rot. T geht ab; Cy fällt in Ohnmacht. (x)
DRITTER AKT Dorf	DRITTER AKT Garten

Bis auf einige Übereinstimmungen in den Motiven kann der III. Akt zur Gänze als Eigenschöpfung Nestroys gelten (vgl. Spiel mit der grauen Perücke, Einführung des Vetters Spund, Quodlibet-Terzett).

B trifft J, die auf ihn gewartet hat. Gerichtliche Suche nach B. E, L, K, Le suchen ihn. Le »rettet« B. Erbschaft wird bekannt (reicher Onkel gestorben). L und K interessieren sich wieder für B; B aber hält zu J. (x, x, x, x, x)	T gibt vor Schloß Anzug zurück, reflektiert über sein Schicksal. Auftritt Spunds (Sp), der T in die Stadt holen möchte. S führt ihn zum Schloß. – T wird von F und P spöttisch verabschiedet. Ein Diener bittet ihn aufs Schloß. T zieht Zopfperücke an. Cy will Sp dazu bringen, T zum Universalerben zu machen, für den sich C heftig interessiert. Fast gelingt der Betrug mit den grauen Haaren, da fordert S im Auftrag von F und P die Perücke zurück. Cy beschwichtigt Sp; T verzichtet auf Erbschaft, begnügt sich mit Geschäft in der Stadt und will mit S zur »Vervielfältigung« der Rothaarigen beitragen. (x, x)

Textausschnitte der französischen Vorlage

Zu »Talisman« I, 10 vgl. »Bonaventure« I, 1. Bild, Szene 7:

B: Haben Sie sich auch nichts ausgerenkt? Erlauben Sie! *(Er dreht ihm den Arm nach beiden Seiten.)*

Le: Nein, nein, lieber Freund, und Sie?

B: Ich auch nicht. Dann auf Wiedersehen. *(Er wendet sich zum Gehen.)*

Le: Wie, Sie wollen mich schon verlassen?

B: Sehen Sie, ich bin eigentlich ein Menschenfeind . . . ich habe wenig für die menschliche Gesellschaft übrig. *(Ihn von oben bis unten betrachtend.)* Und ich fühle mich geradezu dadurch gedemütigt, daß ich Ihnen einen Dienst erwiesen habe. *(Er macht erneut eine Bewegung wie um sich zu entfernen.)*

Le *(hält ihn zurück):* Gehen Sie doch nicht einfach fort . . . bei solcher Hilfsbereitschaft . . . Sie hätten unter den Rädern meines Wagens zermalmt werden können . . . ich, ich bin ja auch zu unvorsichtig . . . Die Spaziergänger auf dem Wege freilich ließen es dabei bewenden, mir zuzurufen: Nicht so schnell, nicht so schnell, passen Sie auf sich auf, Herr Graf [Herzog]!

B *(beiseite):* Er! . . . Herr Graf . . . zum Teufel! vielleicht ein Ratsherr . . . das ändert natürlich meine Pläne.

Le: Was kann ich für Sie tun, mein Herr, um Ihnen meine Dankbarkeit zu zeigen?

B: Was Sie mögen, mein Herr.

Le: Ich werde Sie auf jeden Fall nicht beleidigen und Ihnen Gold anbieten . . .

B: Er wird mir Geld anbieten, das kommt aufs gleiche heraus.

Le: Aus Ihnen kann noch alles werden, mein Herr.

B: Das habe ich mir auch schon seit langem vorgenommen, mein Herr.

Le: Aber Sie haben einen Kopf . . . verzeihen Sie mir die Bemerkung.

B: Schon wieder mein Kopf! Sagen Sie nur auch »rote Rübe« zu mir, damit ein Ende gemacht wird. *(Leduc macht eine verneinende Gebärde [schüttelt den Kopf].)* Doch, doch, sagen Sie's ruhig zu mir: »rote Rübe«.

Le: Einen Kopf haben Sie, mit dem werden Sie nie zu etwas kommen.

B: Leider kann ich ihn nicht ändern.

Le: Hm! Hm! aber vielleicht, mal seh'n . . ., warten Sie hier, warten Sie auf mich. *(Er geht schnell ab.)*

Zu »Talisman« I, 17 vgl. »Bonaventure« II, 1. Bild, Szene 2:

B: Wie die Pflanze, von flüchtiger Blüte,
Trauriges Spielzeug dem Nordwindgewüte . . .
Im Gewächshaus, Herrin, bei Euch,
Gastlich und nahrungsreich,
Gehe ich auf, dem Champignon gleich.
Zum Schluß ist es gut, daß man's beachte,
Wie Efeu bin ich am Waldessaum . . .
Wo Bindung mir fehlt, ich Hungers verschmachte,
Oh, seid Ihr mir mein Ulmenbaum!

Aus diesem Lied haben sich bei Nestroy einige Anspielungen im Dialog Titus – Flora erhalten.

Zu »Talisman« II, 14 vgl. »Bonaventure« II, 2. Bild, Szene 6:

B *(steht auf und reibt sich die Augen):* Die Gräfin! . . . Der Augenblick ist gekommen, mich dieser antiken Dame vorzustellen, ich muß mich noch schnell zurechtmachen . . . *(Er besieht sich im Spiegel und fährt, vor Schreck zusammenzuckend, zurück.)* Was seh' ich? . . . mein Talisman ist weg . . . rot! Rot wie eine Tomate. Aber wer war es? . . . Wie ist es geschehen? . . . Das ist der Friseur, dieser Graf von einem Pomadenschmierer . . . dieser Othello . . . mein Wohltäter, der aus dem Alptraum meiner Tage Kapital schlägt . . . *(entrüstet)* Elender Lump!

Zu »Talisman« II, 17 vgl. »Bonaventure« II, 2. Bild, Szene 7:
Mme de Chateau-Gaillard (C) – Bonaventure (B)

C: Haben Sie keine Furcht . . . Aus welchem edlen Hause stammen Sie?
B: Ich stamme von nirgendwoher. *(Er blickt auf das Zimmer rechts, [aus dem er gerade mit der blonden Perücke gekommen ist].)*
C: Sie sind also gänzlich neu?
B: Ich habe noch nicht gedient.
C *(beiseite):* Ein sehr schönes Blond!
B *(beiseite, an seiner Perücke zupfend):* Sie ist mir noch recht unbehaglich, diese neue da . . . ich muß unbedingt zusehen, wie ich sie plausibel machen kann . . .
C: Und . . was tut Ihr Vater?
B: Er tut nichts mehr, Frau Gräfin, er ist begraben.
C: Ich staune!
B: Aber früher, viel früher, war er Schulmeister.
C: Schulmeister . . . aber dann müssen Sie ja eine gewisse Erziehung genossen haben.
B: Ich schmeichle mir kein gänzlicher Ignorant zu sein . . . eine Ahnung von Grammatik, einen Anstrich von Geschichte und Geographie und ein paar Brocken von Cornelius Nepos. [. . .]
C: Herr von Lussan, mein Schloßnachbar, dem ich gerade einen Besuch gemacht habe, hat mir einen jungen Mann, für den er sich interessiert, vorgestellt . . . einen jungen Mann voller Talente und Bildung . . . aber leider hat er einen Fehler.
B: Er trinkt! . . . er raucht!
C: Er hat rote Haare!
B *(lebhaft):* Rot!
C: Flammend rot!
B *(beiseite):* Ich glaube, ich höre Schritte.
C: Und ich kann niemanden mit dieser Haarfarbe vor Augen haben . . . da besteht bei mir eine unüberwindliche Abneigung.

(Aus dem Französischen übersetzt von Ingrid Hein.)

Weitere Szenen zum Vergleich finden sich bei Otto Rommel (SW X, 625–631) und Helmut Herles (Text und Übersetzung der gesamten Vorlage; 1974).

Grundzüge der Bearbeitung; Zensur

Einen Blick in die »dichterische Werkstatt« gibt Helmut Herles, der die Entwürfe und ein vollständiges Szenarium zum »Talisman« in der Wiener Stadtbibliothek eingesehen hat. Andere Vorarbeiten Nestroys, wie z. B. die Übersetzung oder Inhaltsangaben des »Bonaventure«, sind nicht erhalten:

»Ein ›Originalgenie‹ war Nestroy nicht. Wie Shakespeare und Molière, ebenfalls Theater spielende Autoren, suchte er ständig nach Stoff, schrieb kaum eines seiner 83 Stücke ohne Vorlage. Dazu wurde er durch die Torturen des Theaterbetriebs genötigt, durch den Zwang, jährlich drei Stücke abzuliefern. Kühlen Kopfes ging er beim Stückeschreiben vor, disziplinierte die feurig sprudelnden Einfälle in sorgsamer Werkstattsarbeit. Der Leichtigkeit und Eleganz seiner Komödien merkt's der Zuschauer freilich nicht mehr an, wie mühsam manches entstand und wie vorsichtig mit Worten balanciert werden mußte, wie anderes freilich in erregter Eile wie aus einem Guß schon in der endgültigen Form niedergeschrieben wurde. Beim ›Talisman‹ können wir mit Hilfe bisher unveröffentlichter Handschriften Nestroy ein bißchen beim Schreiben zuschauen, einiges erklären. Vielleicht schärft sich dann Auge und Ohr fürs vollendete Spiel, lernt man dann erst recht zu staunen über die Qualität dieses Kunstwerks.
Der Stoff, aus dem der ›Talisman‹ gemacht worden ist, stammt aus Paris: das Vaudeville ›Bonaventure‹ von Dupeuty und Courcy. Ihm verdankt Nestroy die Hauptzüge der Handlung. Trotzdem ist es erstaunlich, wie in knapp fünf Monaten aus einem hübschen Stück das Kunstwerk ›Talisman‹ wurde. Am 23. Juni 1840 [Rommel gibt fälschlich 23. Januar an] wurde der ›Bonaventure‹ uraufgeführt, und am 16. Dezember schon hatte der ›Talisman‹ Première. Auf das Stück aufmerksam machten ihn sein Theaterdirektor Carl und der Kollege im Ensemble, Grois. Sie hatten den im Vaudeville-Theater umjubelten ›Bonaventure‹ in Paris gesehen. Auftragsarbeit also.
Der erste Schritt in die eigene Werkstatt war die Lektüre. Aus ihr resultierte eine Übersetzungsnotiz, freilich keine Karrnerarbeit, sondern eine großzügig und rasch zupackende Skizze. Sie beschreibt oder rafft in Begriffen die Essenz des

fremden Dialogs, findet aber auch schon Ansätze zum eigenen, vor allem für den zweiten Akt, die Karriere des Titus und seine Entlarvung, wo sich Nestroy stellenweise eng an Dupeutys Text anschmiegt.

Dem folgt das Szenarium. Dazu teilt er sich einen großen Bogen in zwei Teile, links inszeniert er sich sein Spiel, bewegt die Figuren, wie er es will, und präjudiziert so für das endgültige Spiel, das durch den Regisseur Nestroy schon hier Züge der unverwechselbaren Komödie ›Talisman‹ erhält – trotz aller Nähe zur Vorlage; beispielsweise in der Gestaltung der Aktanfänge, wo er in Ensembles im ersten Akt die Situation der von der Gesellschaft gequälten rothaarigen Salome inmitten von kirchweihseligen Bauernburschen und -mädchen zeigt, oder am Beginn des zweiten Aktes die trinkenden Knechte, die sich dem avancierenden Titus anbiedern möchten. Schon im Szenarium wird die köstliche ›literarische‹ Szene geplant, fallen die Würfel für das Spiel im dritten Akt, das in der Handlung am wenigsten der Vorlage folgt. Diese inszenierenden Kunstgriffe erfolgen auch im Hinblick auf das eigene Ensemble, auf die Spielmöglichkeiten für sich in der Hauptrolle, die Rohrbeck als Salome, Grois als Plutzerkern, für die Soubretten des Ensembles und die ›komische Alte‹, die Fehringer, als Frau von Cypressenburg. Diese Rollen fand er vor. Er baute sie aber aus, nahm Rücksicht auf seine Kollegen, verwandelte sie zu seinen Rollen mit eigener Sprache. Der Titus ist sprachbewußter, insgesamt überlegener als der Bonaventure, nuancierter in der Komik, das Derbe fehlt, aus dem ältlichen Gärtner L'Ecloppé macht Nestroy eine typische Grois-Rolle voll trockener Komik, verschlagener, kaum sichtbarer Aggressivität, der Rohrbeck zuliebe, die schon älter ist als die liebliche Pariserin Doche, fügt er, sehr zum Gewinn für das Stück, in die Salome-Rolle herbere Züge ein. Und da der Direktor Carl auch mitspielen wollte, schrieb Nestroy ihm schließlich die Rolle des dumm-reichen Spund auf den Leib, eine Rolle, die im ›Bonaventure‹ nur erwähnt wird. Darüber hinaus schafft er Rollen für die Episodisten, insgesamt zehn mehr als in der Vorlage.

Diese Figuren, mit denen der Autor im Szenarium zunächst stumm spielt, die er bewegt, abgehen, agieren läßt, drängen den Autor, daß er ihnen Sprache verleiht. Das ist zu vergleichen mit der Regiemethode Stanislawskis, der seine Spieler zunächst stumm handeln ließ, bis es sie aus der Logik dieses Tuns zur Sprache drängte. Dafür hält sich Nestroy die rechte Hälfte des Szenariums offen. Dort beginnt er mit der Arbeit, die unvermittelt in sprachliche Kunst umschlägt. Er notiert plötzliche Einfälle, Aphorismen, er notiert Dialogfragmente, die erst die Struktur und einen Teil des Wortschatzes eines Dialogs im vollendeten Stück ausmachen; oder aber die Erregung des Schaffens zittert in der fliegenden Handschrift nach, er schreibt plötzlich eine ganze Szene an den Rand, aus einem Zug, der zur Vollendung nur drei oder vier Worte fehlen, so die Begegnungsszene zwischen den beiden Rothaarigen im ersten Akt, so die Szene zwischen Salome und Spund im dritten Akt, die zu den schönsten Szenen des Spiels gehören. An anderen Stellen wird die Mühsal des Schaffens deutlich. Wortfelder werden tabellarisch festgehalten, daraus eine Rede des Titus an die Gärtnerin gemacht, die dann im endgültigen Spiel aus unerfindlichen Gründen fehlt, trotz der Mühe:

›*Blumengarten*	*Ziergarten*	*Lustgarten*	*Tiergarten*
Obstgarten	*Grasgarten*	*Wirtshausgarten*	

Die Weiber ziehn uns von einem Garten in den andern. Durch Liebe in einen Blumengarten. Durch Zärtlichkeit in einen Obstgarten. Durch ihre Putzsucht in ein' Ziergarten. Durch Gunstleistung qualifizieren sie uns für ein' Tiergarten, und durch ihre Bosheit treiben sie uns in den Wirtshausgarten.‹

Beides, die genialen Einfälle, die Szene aus einem Guß, wie das Handwerkliche, paaren sich also zu einem Kunstgebilde, das bis auf diesen Tag seine Frische beweist.«

(Helmut Herles: Ein Blick in die Werkstatt. In: Schauspielhaus Zürich. Programmheft 1967/1968, Nr. 4, S. 5 f.)

Den Schwerpunkt der Umgestaltung Nestroys bilden vor allem die Szenen I, 1–3 (Vorurteilsthematik); I, 5 (Titus' Reflexionen); I, 15 (Lied Salomes; Veränderung des Schauplatzes); I, 21; II, 1 und 2 (Titus und die Gärtner); II, 8 (Salome auf dem Schloß) und die ›literarischen Szenen‹ (II, 17. 23. 24) sowie der ganze III. Akt.

Schon an der Szenengegenüberstellung wird sichtbar, in welcher Weise Nestroy sich durch die Vaudeville-Vorlage

anregen ließ. Die logisch aufgebaute, spannende Handlung, die pointierten Situationen und Aktschlüsse sowie die Figurengestaltung konnte Nestroy zum Teil übernehmen (er änderte die Zeit- und Ortsgestaltung). Die vielen musikalischen Einlagen des Vaudeville ersetzte er durch kurze Chöre, das mimisch, sprachlich und musikalisch zündende Quodlibet sowie durch die die Handlung unterbrechenden aber zugleich deutenden Lieder (Couplets) aus dem Formenschatz der ›Posse mit Gesang‹. Während Otto Rommel Sprache und Dialog der Vorlage als für Nestroy unergiebig abtat, wies Helmut Herles nach, daß der »Talisman« dem »Bonaventure« mehr verdankt als bloß das Handlungsgerüst; auch der Dialog gab Anstöße für Nestroys pointenreiche Sprachgestaltung (vgl. auch den französischen Wortschatz bei Nestroy!). Nestroy erweitert durch Assoziationen, Reflexionen und Wortspiele den Umfang der Vorlage auf das Doppelte. Die sprachlichen und musikalischen Ruhepunkte (Lieder, Quodlibet, Monologe; ›literarische Szenen‹, z. B. Kritik am ›Lebensbild‹) wirken auf den Handlungsrhythmus als retardierende Elemente, die oft die Handlung unterbrechen. Darüber hinaus differenzieren sie die Figuren, die in Titus und Salome zu Charakteren werden.
»Der Talisman« sollte ursprünglich den Titel »Titus Feuerfuchs oder Die Schicksalsperücken« tragen. Die am 3. Dezember 1840 der Zensur eingereichte Handschrift nennt als Titel »Der Talisman. Posse mit Gesang in 3 Acten«. Abgesehen davon, daß Nestroy der Zensur schon eine von ihm selbst »gereinigte« Fassung (Vorzensur) eingereicht hat, weist das vom Zensor genehmigte Manuskript noch eine Reihe von Streichungen auf, die insbesondere Bemerkungen über Moral, Religion, Staat, Regierung und Gesellschaftsordnung enthalten bzw. vom Publikum als satirische Anspielungen verstanden werden konnten. Nestroy hat nach der Aufführungsgenehmigung meist die gestrichenen Stellen wieder in das Stück eingefügt; diese Verstöße, die Nestroy zuweilen Geldstrafen oder Arrest eintrugen, sind manchmal den allabendlich anwesenden Kontrollbeamten gar nicht aufgefallen.

Beispiele für von der Zensur gestrichene Stellen:

I, 5	(8,18–21)	Titus: Das Vorurteil ... (ganzer Satz)
II, 10	(40,24–26)	Marquis: Wie können Sie ... beurtei-

		len ... im Haus einer Dame (ganzer Satz)
II, 12	(43,29 f.)	Titus: ... Jungfer Braut (Ausdruck)
II, 17	(48,24–27)	Cypressenburg/Titus: War Sein Vater ... blond? ... Zufall, daß ich blond bin. (Ganze Passage)
II, 17	(49,2)	Cypressenburg: ... Stelle offen (»vakant«, um obszöne Bedeutung zu vermeiden)
II, 22	(54,3–56,16)	Ganze Szene
II, 24	(57,18–23)	Cypressenburg/Platt: Wer weiß ... Posse zu schreiben ... Lebensbild ... Haus- und Wirtschaftspoesie.

Die Zensur schützte die neue aus Lustspiel und Rührstück gemischte Form des ›Lebensbildes‹ wohl deshalb, weil sie weniger satirisch war als etwa die Possen Nestroys. Friedrich Kaiser schreibt über die von ihm erfundene Gattung:

»Ich hatte einem neuen Genre, dem des von mir also getauften ›Lebens- oder Charakterbildes‹, in welchem der Ernst immer gleichen Schritt mit dem Schmerze hielt, Bahn gebrochen, und bewegte mich auf dieser mit Glück, denn eben in Folge ihrer Verschiedenartigkeit gefielen meine Stücke beinahe ebensosehr, als die durchaus komischen Nestroys, – ja ich gab mich der Hoffnung hin, daß das Volksstück, wie ich es mir dachte, nämlich als ein treues Bild des Lebens, welches, wie Jean Paul sagt, an einem Fuße den Kothurn, am anderen den Soccus trägt, seine Bedeutsamkeit *für* und seinen Einfluß *auf* das Volk wieder gewinnen werde, und vielleicht wäre es auch so gekommen, wenn nicht schon zwei Jahre später Carl's lüsterne Augen von einer neuen Erscheinung gefesselt worden wären.«

(Kaiser, S. 128)

III, 16	Couplet
III, 21	Constantia: Verdammt! (ersetzt durch »O weh!«)
III, 21	Titus: Ich weiß, Herr Vetter ... (ganzer Schluß in »harmloser« Fassung).

3. Skizzen und Entwürfe

Ausschnitt aus dem Entwurf für II, 17 (Cypressenburg – Titus):

C y p. Wo hat er gedient?

T. Ist die erste Blüte meiner Jägerschaft, die ich zu Ihren Füßen niederlege, und die Livree, die ich jetzt bewohne, umschließt eine zwar dienstergebene, aber bis jetzt noch ungediente Individualität.

C. Und welche literarische Bildung hat er ihnen gegeben?

T. Eine Art Mille-Fleurbildung. Ein Wissenschaftler von höchstem Geist frißt so viel auf einmal hinein, daß er unmöglich alles verdauen kann. Ich besitze daher

Vorgeschmack Medizin	einen Anflug von Geographie,
Schimmer Geographie	einen Schimmer Geschichte,
Anflug Chirurgie	eine Ahndung von Philosophie,
Ahnung Philosophie	einen Schein Jurisprudenz, einen
Anstrich Geschichte	Anstrich von Chirurgie und einen
Schein Jurisprudenz	Vorgeschmack von Medizin.

C y p. Charmant. Sie haben sehr viel, aber nichts gründlich gelernt, darin besteht die Genialität..

T. *(f. sich)* Das is das erste, was ich hör, jetzt kann ich mir's erklären, warum's so viele Genies gibt.

C y p. Er hat keine Ursache sich zu fürchten, er hat eine gute Tournure, eine agreable Facon, wenn er sich gut anlaßt

C y p. Also jetzt zu Ihnen mein Freund . .

T. Das ist der Augenblick, den ich ingleichem Grad gewünscht und gefürchtet habe, ich habe ihm mit zaghafter Kühnheit, mit mutvollem Zittern entgegengesehen.

Also verstoßen, verschmettert, Vermalmt!

Es ist reiner Zufall, daß ich blond bin.

T. Glauben Sie, daß ich im Stande bin, einen intellektuellen Zurseitesteher abzugeben . . . . .

Entwurf für II, 24 (›literarische Szene‹):

Litterarisch
Haus- und Wirtschaftspoesie
Matter witz, Stickung auf düsterem Hintergrund-glänzend muß auffallen
Lauter Todte-Lebensbild
Thränen, Schweiß der Seele
Rührend is schön – nichts rührender als 50 Prinzipal – keine Provision
Wenn di Frau in Thränen nach Haus kommt – hat dich ein Frecher beleidigt? Nein, s Stück war so schön
Die große Seele wird meist der Rührung fähig sein, aber dadurch kommt die große Seele langmächtig mit einem Schnupftücherl aus, aber die gewöhnlichen guten Seelerln, die brauchen a Dutzend Facinetteln in einer Comödie.
Na ja, aber es is halt da die große Anwort, die unser Jahrhundert empfunden hat

(Zit. nach Johann Nestroy: Der Talisman. Hrsg. von Helmut Herles. Berlin: de Gruyter 1971. S. 94 f.)

Zu III, 11 (Quodlibet-Terzett) schreibt Helmut Herles:

»Die Edition des Quodlibet bleibt ohne die Partitur Stückwerk. Wir haben wenigstens anhand der Originalpartitur Adolf Müllers [...] und Nestroys eigener Quodlibet-Handschrift [...] Rommels Fehler korrigiert. Am schwerwiegendsten war, daß die bisherigen Druckanordnungen ein Duett von *Flora* und *Titus* nach Meyerbeers »Hugenotten« nicht als Duett erkennen ließen.«

(Ebd., S. 101)

Vgl. den wiederhergestellten Text in Herles' Ausgabe.

III. Dokumente zur Wirkungsgeschichte

»Der Talisman« – Nestroys 42. Stück von 83, darin seine 630. Rolle von 879 – wurde am 16. Dezember 1840 im Theater an der Wien uraufgeführt und eroberte schnell das deutschsprachige Theater. Berlin, Breslau, Brünn, Dresden, Frankfurt a. M., Hamburg, Mainz, Nürnberg, Wiesbaden u. a. hießen schon zu Lebzeiten Nestroys die Stationen seines Erfolgs, der noch größer wurde, wenn Nestroy bei seinen Gastspielen selbst die Rolle des Titus Feuerfuchs spielte. »Der Talisman« ist bis heute ein Publikumsmagnet des Komödientheaters geblieben. Thornton Wilder unterstrich mit seiner Einleitung zur amerikanischen Übersetzung (»The Talisman«, 1967) die über den deutschen Sprachraum hinausweisende Wirkung und Wirksamkeit des Stückes.
Die Rezeptions- und Wirkungsgeschichte Nestroys und seiner Komödien ist – bis auf die Hinweise in den Monographien Otto Rommels – noch nicht geschrieben. Dennoch können die wichtigsten Etappen der Aufnahme seines Werkes kurz skizziert werden; die im folgenden abgedruckten Texte – zum »Talisman« und zur Wirkung Nestroys – spiegeln ausschnittweise die Entwicklung.
Eine bis in unsere Tage erneuerte Auffassung, Nestroy sei der Parodist und Zerstörer Ferdinand Raimunds gewesen, leitet die erste Phase der Aufnahme Nestroys ein (um 1833 bis 1840). Die immer wieder betonte Polarität zwischen Raimund und Nestroy verhinderte einen vorurteilsfreien Blick; positiv wie negativ wurde das Werk des einen an dem des anderen gemessen (vgl. Schwarzenberg, Vischer). Ab 1840 mußte sich Nestroys Werk dann gegen die moralisierende Kritik der ›Jungdeutschen‹ behaupten (z. B. Gutzkow), insbesondere aber gegen jene, die seinen Possen den ›Volksstück‹-Charakter absprachen (z. B. die Zeitschrift »Der Humorist«), weil sie zu desillusionierend und zu kritisch seien. Daneben setzte sich mehr und mehr eine positive Bewertung durch, die Nestroys »moderne« Komik und seine »realistische« Darstellungsweise hervorhebt (z. B. Gutt). Interessant ist die wechselnde Haltung Hebbels Nestroy gegenüber.
Nestroys Tod (1862) setzte den nächsten Einschnitt; man glaubte, daß die Aufführung seiner Stücke ohne ihn als

Träger der Hauptrolle unmöglich und wirkungslos sei. Überdies hatte sich der Spielplan der Vorstadttheater schon vor 1862 durch fortschreitende Kommerzialisierung des Theaterbetriebs und andere Sozialstruktur des Publikums entscheidend verändert. Die kritischen Possen Nestroys wichen harmloser Unterhaltung. Eine zaghafte Wiederbelebung setzte um 1890 ein, eine erste Renaissance erlebte das Werk Nestroys dann durch Karl Kraus, der die »Nachwelt« auf den vergessenen Satiriker aufmerksam machte. Nestroys Modernität wird gerade zu der Zeit erkannt, in der das moderne deutsche Drama zu entstehen beginnt. Den Höhepunkt der Wiederentdeckungswelle markiert das Erscheinen der Historisch-kritischen Gesamtausgabe (1924–30). Eine erneute Nestroy-Renaissance ist seit 1945 zu beobachten. Mehr als die Hälfte seiner Stücke wurde seitdem wieder aufgeführt. Die Kritik sieht in Nestroy den Ahnherrn des modernen Theaters, einen Vorläufer Ödön von Horváths, Bertolt Brechts und Friedrich Dürrenmatts.

1. Zum »Talisman«

Zwei Tage nach der Erstaufführung schreibt die »Theaterzeitung« (18. Dezember 1840):

»Man sage nicht, daß der Stoff dieser Posse unwahrscheinliche Momente biete. Was liegt daran, bei einem Genre, welches nicht eine Abporträtierung unserer konventionellen Verhältnisse zum Zwecke hat, wo Freiheiten und Willkürlichkeiten gestattet sind, und wo es gewöhnlich ist, auseinanderliegende Verhältnisse und Zeiträume zusammenzurücken. Wenn nur die zwei Hauptzwecke der Posse realisiert sind, erstens das Amüsement, zweitens die Charakteristik des Volkslebens! Was ersteres betrifft, so ist durch rasche, mannigfache Spannungen bereitendes Fortschreiten der Handlung und durch einen außerordentlichen Dialog dafür gesorgt. Nicht einen Augenblick gewahrt man ein störendes Stillestehen der Fabel, die mit lieblich regsamem, sanguinischem Geiste vollständig imprägniert ist. Die Charakteristik des Volkslebens, die Nestroy in dieses Sujet hinein verwebt hat, ist sein Werk, sein Verdienst, und mit

Recht, sein Stolz. Man sage nicht – und es dünkt mir, als hörte ich diesen Vorwurf in mein Ohr erschallen – der Gedanke des Ganzen ist zu nichtig und unausgiebig, zu geringfügig und unhaltbar! Nicht um eine Perücke handelt es sich hier, sondern um ein Lebensschicksal, nicht um eine Moral, sondern um eine Lebenswahrheit. An jedem Haar dieser Perücke hängt eine gute Lehre, die, in summa genommen, so viel, als Wenzels ›Mann von Welt‹, wert sind. Das Übergewicht, welches die äußeren Formen bei der Beurteilung eines Menschen gewonnen haben, ist hier der Gegenstand einer ungemein witzigen und geistvollen Persiflage. Und nicht bloß auf die Haare erstreckt sich die Nutzanwendung der aus dem Ganzen hervorquellenden Satire! Denkt euch einen Elegant, vollkommen habillé, frisiert und auch von innen mit den gefälligen Drapierungen der Salonbildung geschmückt, im Kerne seines Wesens aber nichtssagend und gehaltlos! Denkt euch nur, daß der sein Glück in der Welt mache, während das wahre, unbehilfliche Verdienst stecken bleibt; trifft da nicht die Satire des ›Talisman‹ den Glückspinsel eben so gut, und ist der Gedanke des Stücks nicht fruchtbar an schlagenden Beziehungen und mannigfaltigen Wendungen?

Die Form des Stückes ist des höchsten Lobes würdig. Solchen witzsprudelnden Dialog, wo beinahe jede Silbe so bonmotistisch gestaltet, so herrliche Couplets vermag nur Nestroy zu schaffen, und außerstande, vorzugsweise gelungene Einzelheiten herauszuheben, da alles meisterhaft gemacht ist, beschränke ich mich lieber auf die allgemeine, aber nicht zu viel sagende Bemerkung. Die Musik ist verdienstlich; außerordentlich gelungen ist das Quodlibet im dritten Akte, namentlich aber die Stelle, wo Madame Rohrbeck die Sangweise des Herrn Nestroy imitiert. In der Darstellung exzellierte begreiflicherweise der Autor, als Titus Feuerfuchs, am meisten. Dieser Charakter ist eine jener außerordentlichen, originellen Mischungen aus Humor, Satire, Karikatur und Tölpelei, wie wir sie in seinen sämtlichen Stücken antreffen [...].«

(SW X, 634 f.)

Der Kritiker der Zeitschrift »Der Humorist« urteilt am 18. Dezember 1840:

»Doch zu etwas Interessanterem und Amüsanterem, zu

unserem in seinem Genre wirklich klassischen und fast isolierten Nestroy! Der Erfolg seines neuesten Stückes war höchst glänzend. Seit geraumer Zeit haben wir den Beifall nicht aus so vollen und offenen Schleußen fallen gehört und seit geraumer Zeit wurde er unseres Erachtens nicht so verdient gespendet als dieses Mal. ›Die Handlung ist teilweise einem französischen Sujet nachgebildet‹, und durch dieses lobenswerte freie und offene Theaterzettel-Eingeständnis stumpft Herr Nestroy selbst so ziemlich die etwaigen kritischen Pfeile ab, die beim ›Talisman‹ in so mancher Hinsicht treffen könnten. Wir wollen es nicht nochmals ausführlich auseinandersetzen, daß eine Lokalposse auch in lokalem Boden festwurzeln sollte, daß sie, aus fremdem Erdreich übersetzt und nicht an heimatlicher Sonne großgezogen, auch nicht dauernd in Saft und Blut des heimatlichen Volkes eindringen kann, daß nicht die ewige Zeit, sondern die flüchtige Mode derlei Arbeiten erhält und beurteilt. Nestroy ist durchaus kein Lokal-, sondern durch und durch Possendichter, was Raimund wieder durchaus nicht war. Es spiegelt sich kein österreichisches, geschweige denn Wiener Leben und Treiben in den launigen Produkten Nestroys ab. Man wird kaum einen Charakter in den sämtlichen Possen finden, von dem man, wie in älteren Lokalschöpfungen, wird sagen können: ›Das ist ein Bild aus unserem Volksleben, das ist unserem lokalen Boden entsprossen, das ist ein Wiener.‹ Die Nestroysche Komik besitzt eine gewisse Allgemeinheit, eine gewisse Universalität. Wer ein gesundes Zwerchfell hat, der wird ihr gewiß viele frohe, heitere Stunden verdanken, ob er jetzt in dem empfänglichen Süden oder in dem berechnenden Norden, in Wien, Berlin, Dresden, Mainz, Reuß-Greiz oder Schleiz oder wie sonst noch die großen deutschen nördlichen und südlichen Residenzen heißen mögen, wo Herr Kunst jetzt neuerdings so unerhörte Triumphe feiert, und wer ein gesundes Urteil besitzt, der wird auch der sich stets bewährenden Kräftigkeit und Kernigkeit der Nestroyschen Komik volle Anerkennung nicht versagen. Mit welch reicher üppiger Fülle an Witz, Laune und Spaß hat nicht Nestroy wieder den armen dürren Stock dieses Talismans bedacht! [...] Man kann nicht genug Worte des Lobes finden für die Frische und das Leben, welches der Nestroysche Spaß atmet, für die wahrheitsvollen und lebenspulsierenden Züge seiner wenn auch etwas krassen und grellen komischen Gebilde. Mit ironischer Schärfe, mit ungezügelter, aber treffender Satire deckt er alle Schwächen auf, die er der Zeit und dem Menschen abgelauscht; er heuchelt und schmeichelt nicht, nein, wir möchten sogar sagen, er geißelt schonungslos, mit einer gewissen sarkastischen Schadenfreude die Torheiten, Verkehrtheiten und Gebrechen überall, wo er sie gerade findet. Freilich könnte man bemerken, daß die Absicht des Effektes oft zu gemacht erscheint, daß er seine Umgebung hier bisweilen zu sehr als Maschine hinstellt, die so immer gehen muß, wie man sie gerade braucht, und daß sich z. B. schwerlich eine solche Weibersippschaft ausfindig machen ließe, die sich, wie hier, die ganze Reihe hindurch, jung wie alt, schön wie häßlich, roh wie gebildet, niedrig wie hoch, Frau wie Tochter, Kammerfrau wie Gärtnerin, Gärtnerin wie Schloßgebieterin, in den gemeinen Barbiergesellen oder vielmehr in eine schwarze, blonde oder graue Perücke allseitig verliebt; alle diese Vorwürfe treffen wieder die gottlosen, verteufelten, französischen Vaudevillisten, die Kraut und Rüben, Bildung und Roheit, Adel und Schmutz untereinander vermengen, wenn nur die gewünschten Effekte erzielt werden, auf die wir jetzt überall schon, selbst in der Posse, stoßen müssen. Zum Schluß kommen wir noch einmal auf die Hauptwürze dieses ›Talisman‹ zurück, auf den tüchtigen, durchdrungenen Kernspaß des Dialoges und seiner Lieder. Bei Nestroy ist es der strotzige, aus innerer Lustigkeit hervorquellende Spaß an dem grünen, frischen, saftigen Leben. Es sind nicht bloß Witze und Bonmots und einige gute Einfälle, in die große Possenschüssel eingebröckelt, die man dann mit Löffeln herausfischen kann, sie sind nicht bloß auf sie hinaufgehängt wie auf den bunten Weihnachtsbaum, sondern sie wurzeln in den Charakteren, sie sprießen aus ihnen heraus und die Charaktere haben Nervensaft, sie haben Fleisch und Blut, wenn ersteres auch bisweilen zu roh, letzteres zu dick ist. Die Gliederung des Ganzen ist mit ungeheurer Gewandtheit durchgeführt. Der Beifall, den es erhielt – Herr Nestroy wurde fünfzehn- bis zwanzigmal gerufen – läßt mit aller Wahrscheinlichkeit darauf schließen, daß die Novität gewiß noch lange das Publikum recht von Herzen belustigen und ergötzen wird.«

(SW X, 638–640)

Die »Wiener Zeitschrift« schreibt am 19. Dezember 1840:

»Ich hätte freilich gewünscht, daß die Teilnehmer der Handlung, deren Egoismus und Undank wirklich als ein etwas massiver erscheint, von ihrem Vorurteile gegen das rote Haar geheilt und somit eine moralische Wirkung erzielt worden wäre, doch ist immerhin der gründlich-schöne Charakter Salomes und die lobenswerte Rückkehr des Helden zu ihr als Ersatz und Sühnung genügend und befriedigend.
In der Einzelausarbeitung im Dialog, in den Couplets und im Situationswechsel hat Herr Nestroy seine ganze Meisterschaft entwickelt; die Bonmots und schlagenden Einfälle sind wie ein gut unterhaltendes (sic!) Peletonfeuer, von welchem kein Schuß fehl geht und sein Ziel mitten aus dem Gedränge herausholt; der Witz ist vielleicht in keinem Stücke des trefflichen Verfassers in so strotzender Fülle verteilt wie in dieser Novität, deren Vorzüge fast von keinem Makel verdunkelt werden. Indem ich daher Nestroys jüngstes Produkt als ein reiches Äquivalent für 99 gewöhnliche Possen (und zwar für 99 der besseren Art) erkläre, empfehle ich dasselbe allen Lachlustigen auf das dringendste und bin überzeugt, daß es ein kräftiger ›Talisman‹ für die Kasse werden wird.«

(SW X, 636 f.)

Die Besprechung im »Sammler« am 19. Dezember 1840 lobt den »Talisman« als bisher witzigstes Stück und zieht als Fazit:

»Es ist schon zu einer stereotypen Redensart unserer Rezensenten geworden, daß sie dort, wo sie eine Jeremiade über den Verfall der Lokalposse anstimmen, generaliter beifügen: Ein Akt einer Nestroyschen Posse enthält Witz genug, um ein Dutzend unserer gewöhnlichen Lokalstücke reichlich damit auszustatten. Dieser Satz ist schon so verbraucht, daß man ihn zu den Gemeinplätzen werfen, d. i. vermeiden sollte, ihn ferner zu gebrauchen, wenn sich nicht die Gelegenheit bei diesem ›Talisman‹ zu auffällig darböte, noch einmal zu sagen: ›Es ist wahr!‹«

(SW X, 641 f.)

In einem Brief vom 31. Juli 1841 aus Hamburg nimmt Nestroy zu einer »Talisman«-Besprechung Stellung, in der Karl Gutzkow den Hamburger Erfolg des Stückes geschmälert hatte:

Nestroy an einen Rezensenten

Hamburg den 31. July 1841.

Euer Wohlgebohren!

Sie waren so gütig mich zu fragen, ob ich wünschte, daß beyliegender Aufsatz des Telegraphen abgedruckt würde; darauf kann ich nur erwidern, daß Sie mich sehr verbinden, wenn es nicht geschieht. Ich verlange gewiß keine Lobhudeley, aber der Aufsatz, das dürfen Sie mir auf's Wort glauben, ist zu sehr von der Wahrheit, von dem unbestreitbar günstigem Erfolge entfernt. Gutzkow ist mir nicht freundlich gesinnt; daß das »Graue Haus« als Stück nicht sonderlich angesprochen, ist gewiß. Mißfallen hat es aber keineswegs erregt, ebenso geht Herr Gutzkow über gewisse Dinge z. B. über das wahrhafte Furore meiner eingelegten Quodlibet-Arie, nach welcher ich 3 Mahl gerufen wurde, was in Hamburg gar nicht der Brauch ist, über den Effect des Tanz-Duettes, etc. unendlich klein hinweg. Das Auffallendste ist noch, daß er vom Talisman, wo es mir erst vollkommen gelang, alle Stimmen für mich zu gewinnen, noch viel kleiner spricht, als von der ersten Vorstellung. Mit Einem Worte, wenn Sie so gütig sind mich zu fragen, kann ich nur Nein antworten.

Ein von Lobhudeley und absichtlicher Verkleinerung gleich weit entfernter Aufsatz, eine reine kritische Beleuchtung meiner Leistung in Hamburg, wurde von Dr. Töpfer geschrieben, mir ist leid, daß dieser noch in keinem Blatte erschienen ist.

Indem ich für Ihre freundschaftliche Güte meinen verbindlichsten Dank abstatte zeichne ich mit besonderer Hochachtung

Euer Wohlgebohren

ergebenster

J. Nestroy mp.

(Briefe, S. 27 f.)

Vgl. Gutzkows Urteil über Nestroy in den »Wiener Eindrücken« (1845), Kap. III, 2.

Friedrich Fürst von Schwarzenberg (1800–70) urteilt über den »Talisman« und Nestroy in bezug auf das Wiener Volksstück:

»*Nestroy's ›Talisman‹* auf der Wieden. Ich halte diesen *Nestroy* für eine unserer merkwürdigsten dramatischen Erscheinungen, sowohl als Dichter wie als Schauspieler. Es liegt in seinen Erzeugnissen nicht allein eine tiefe Bedeutung, sondern auch der wahre, kräftige Geist des Volksstücks! Er dünkt mich weit über *Raimund* zu stehen, dessen krankhafte, zünpferliche Sentimentalität nicht mit der kräftigen Volksnatur zusammenpaßte! *Raimund* paßt für den eigentlichen Mittelstand, er ist ein philosophischer aber weinerlicher Hanswurst, in *Nestroy* aber lebt ein wirklich *Shakespeare*'scher Geist, – Humor und Witz. Der *Alpenkönig*, *Moisasurs Zauberfluch*, der *Verschwender* sind Stücke, wo der Kanzleirath, der Krämer, die leichtsinnigen Töchterlein und zur Ausschweifung geneigten Söhnlein ohne Anstand zur zweckdienlichen Katechisirung hineinführen kann, ohne das leidige Entreegeld bedauern zu müssen; die Leute glauben sich zu amüsiren, wo man eine verzuckerte Pille schluckt, und wenn man sie im Leibe hat, erst die Grimasse schneidet, welche der bittere Geschmack provozirt; dagegen ist *Nestroy's* Muse eine wahre Tochter des Volks, etwas ausgelassen, derb, aber ein kräftiges, witziges, tüchtiges Weib voll Stärke und Wahrheit, – – jene *Raimund's* ein blasses, kränkliches, weinerliches Mädchen.
[...] Nach meiner Ansicht ist *Nestroy* demnach nicht allein jetzt, sondern im Allgemeinen ein echter *Volksdichter*, und ich bin überzeugt, daß die Zukunft mein Urtheil bestätigen, und ihm einen ausgezeichneten Platz unter den dramatischen Notabilitäten Deutschlands anweisen wird.«

(Schwarzenberg: Aus dem Wanderbuche eines verabschiedeten Lanzknechtes. Als Manuskript gedruckt. I. Teil. Wien 1844. S. 121–123)

Friedrich Hebbel (s. Kap. III, 2) teilte Schwarzenbergs Urteil, in Nestroy »lebe ein Shakespeare'scher Geist«, nicht.

Johann Hüttner skizziert in seiner Arbeit über die Wiener Nestroyaufführungen zwischen 1862 und 1945 den Wandel des Nestroybildes am Beispiel des »Talisman«:

»Als Direktor Ascher das Stück 1868 wieder dem Spielplan

des Carltheaters einverleibte, waren die Stimmen über das Werk als solches gar nicht so einhellig, genausowenig 1893, als man dasselbe Stück im Deutschen Volkstheater gab, oder 1895, als die Posse im Raimundtheater gespielt wurde. Erst seit der Jahrhundertwende – so scheint es – neigen die Kritiker zu einer durchwegs günstigen Beurteilung.
So wurde im Jahre 1868 an dem Werk bemängelt, daß es hie und da Situationen zeigte, die wegen mangelhafter und unpassender geistiger Aneinanderfügung nicht ordentlich befriedigen könnten. 1893 äußerte sich ein Kritiker wie folgt:
Diese Posse ›zählt wohl zu den schwächeren, namentlich in der Handlung sorgloser geführter Arbeiten des Dichters. Auch das Gespräch, diese Stärke Nestroys, ist hier nicht in gewohnter Reichlichkeit und mit jenen schneidigen Einfällen und stahlharten Aphorismen bewehrt, die den anderen Schöpfungen des Wiener Satirikers das Waffengewicht geben . . .‹ [Extrapost, 5. Juni 1893].
Sätze wie: ›Nestroys „Talisman" hätte noch länger schlummern können‹ (Wiener Abendpost, 5. Juni 1893) oder: Ein Stück, ›das mit zu den antiquiertesten aller Nestroyschen Possen gehört‹ (Wiener Kunst, 4. Juni 1893) waren nicht selten. Hätte der ›Talisman‹ seine Uraufführung erst im Jahre 1893 erlebt, so würde die Kritik – meint ein Rezensent – folgendermaßen gelautet haben:
›. . . Die Handlung dieser Novität (insoferne man überhaupt von einer Handlung bei diesem banal aufeinandergepfropften Szenenkonglomerat sprechen kann) ist im eigentlichsten Sinne des Wortes bei den Haaren herbeigezerrt. Die Geschichte dreht sich um einen rothaarigen Menschen, der seiner roten Haare wegen von aller Welt verstoßen erscheint und durch das Aufsetzen einer schwarzen, blonden und schließlich einer grauen Perücke die Herzen dreier Witwen und eines Gänsemädchens erobert. All dies geschieht in einem und demselben Hause, sozusagen in ein und derselben Familie, in einem Zeitraum von acht bis zehn Stunden. Da wird dieser Held nacheinander aus einem Vagabunden ein Gärtner, eine Stunde später Garteninspektor, mittags sehen wir ihn bereits als Leibjäger in bordierter Uniform, nach Tisch ist er Sekretär der Schloßbesitzerin und so häufen sich die Unwahrscheinlichkeiten bis ins Unendliche. Ein Friseur heißt Marquis und wird deshalb für

einen Marquis gehalten ... „Ich zeige mein Gesicht um keinen Preis", sagt ein Unerkanntseinwollender und wendet, sich wiederholt tief bückend, seine Kehrseite demonstrativ den Mitspielenden entgegen. – Zur heiratslüsternen Gärtnerswitwe sagt der neue Gärtnergehilfe, seine Vorzüge preisend: „O, ich werde nicht nur den Garten da draußen, sondern auch (mit einem bedeutungsvollen Blick auf die Gestalt der Witwe) Ihre Plantagen betreuen." Das sind so einige kleine Stichproben des Geistes und Witzes, der in dieser Posse herrscht ...‹ [Wiener Luft, 10. Juni 1893].

1895 schrieb man:

Ob die Direktion ›wohl getan hatte, diese mehr als antiquierte Perückengeschichte von anno dazumal dem Moder des Archivstaubes zu entreißen, ist eine Frage, die wir ... nicht unbedingt bejahen möchten‹ [Neues Wiener Journal, 17. April 1895].

Allgemein kann man sagen, daß auch hier die negativen Urteile hauptsächlich von einer Kritik der Handlung ausgehen, also nicht den Kern Nestroys treffen, während die verhältnismäßig spät auftauchenden positiven Beurteilungen vom Dialogwitz und z. T. sogar schon von der Aussage des Stückes ausgehen.

Verfolgen wir nun die zustimmenden Kritiken, so finden wir bereits 1868 eine Stimme, die folgendes zum ›Talisman‹ zu sagen hat:

›... frei von jeder modernen, politischen Tendenzelei wirkt dieses Stück durch den gesunden Humor, der dasselbe beseelt, sowie durch die kernigen Witze, womit der Verfasser es überreich ausgestattet, noch immer wohltuend auf die Lachmuskel des Publikums‹ [Fremdenblatt, 25. September 1868].

Viel später erst beginnt man zu ahnen, was hinter dieser Posse stecken könnte.

›Vieles in dem lustigen Stücke ... schaut uns fremd entgegen, die parodistische Seite, welche durch das Ganze tönt, wird dem großen Publikum unverstanden bleiben ... wer will, vermag hier vielleicht hinter dem Geklingel der Schellenkappe sogar die ernste Stimme der Wahrheit [zu] vernehmen‹ [Neue Freie Presse, 16. April 1899].

Den Einschlag ins Tragische bei diesem Stück bemerkt man z. B. auch 1913 und 1928. Als der ›Talisman‹ 1937 im Akademietheater über die Bretter geht, ist man sich über die hohe Qualität dieses Stückes einig. Fast gespenstisch wird es, wenn man eine Rezension aus dem Jahre 1940 liest, in der es heißt, daß hinter dem Stück die Lebensangst eines Menschen stecke, der sich ohne eigene Schuld ausgestoßen fühle, daß die Haare zu Symbolen der menschlichen Vorurteile und ihrer Überwindung würden.«

(Hüttner: Wiener Nestroyaufführungen vom Tode des Autors bis zum Ende des 2. Weltkriegs. Diss. Wien 1965 [masch.]. S. 24–26)

2. *Stimmen zu Nestroy*

Der Burgschauspieler Carl Ludwig Costenoble schreibt am 2. Juni 1837 in sein Tagebuch:

»[Die Spielart Nestroys] erinnert immer an diejenige Hefe des Pöbels, die in Revolutionsfällen zum Plündern und Todschlagen bereit ist. Wie komisch Nestroy auch zuweilen wird – er kann das Unheimliche nicht verdrängen, welches den Zuhörer beschleicht.«

(Costenoble: Aus dem Burgtheater. Tagebuchblätter. Bd 2. Wien 1889. S. 336)

Die wohl zuverlässigsten Beschreibungen der Schauspielkunst Nestroys und der Wirkung seiner Stücke stammen von dem Prager Theaterkritiker Bernhard Gutt, der im Jahre 1844 Nestroys Prager Gastspiel beobachtete. Seine in der Prager Zeitschrift »Bohemia« erschienenen Rezensionen hat Karl Kraus 1924 vor der endgültigen Vergessenheit gerettet und unter dem Titel »Ein zeitgenössischer Kritiker Nestroys« in seiner Zeitschrift »Die Fackel« veröffentlicht.

Karl Kraus schreibt: »Wäre aber selbst nichts von Nestroy erhalten, so wüßte man nach diesen Prager Rezensionen doch, wie er gespielt hat, wie er war, und hätte eine Spur von dem ungeheuren Erlebnis der Zeitgenossen.« Die folgenden Ausschnitte können nur einen kleinen Eindruck vermitteln:

»Herr *Nestroy* hat eine fast unwiderstehliche komische Gewalt; er geht in den Couplets, in welchen er die lächerlichsten Liebespaare copirt, in Gebärde und Stimme bis an die Gränze des Muthwillens; aber es ist ein gesunder Muthwille, von dem man nirgend sagen kann: hier ist zu viel. Mit dem bloßen Blicke, mit der stummen Miene erzielt Herr *Nestroy* Effekte, die andern beim Aufgebote aller Kräfte unerreicht bleiben. Die Zuschauer kamen über die schnelle drollige Umwandlung Nebel's, als er von Lucia erfährt, vom Marchese Vincelli habe sie selbst vernommen, daß jener sein Sohn sey, gar nicht aus dem Lachen. Und dabei war nirgend eine Uibertreibung. *Nestroy's* ganze Erscheinung ist, wenn man will, eine übertriebene, aber die Linie, auf die er sich gestellt hat, hält er streng und folgerecht inne, nicht einem einzigen Effekte zu Liebe geht er darüber hinaus; er hat einen Ton der inneren, frischen Uiberzeugung, den man für objective Wahrheit leicht hinnehmen kann. [...]

[...] dann muß man sich gestehen, daß man eine wirksamere, kräftigere Komik wohl noch nicht gesehen hat. Alle diese Wirkungen sind massenhaft; nicht als ob Hr. *Nestroy* auf Einzelheiten ein übermäßig starkes Gewicht legte, sondern weil er seinen ganzen Charakter ursprünglich schon mit einer intensirten Kraft hinstellt, die sich weit über das gewöhnliche erhebt. Daß der Beifall ein ungewöhnlich lebhafter war, versteht sich bei *Nestroy* fast von selbst. Er wurde oft gerufen und mußte die Couplets alle wiederholen. Die Couplets trägt er mit der größten Lebendigkeit, im beschleunigtesten Zeitmaße, Stimme und Gebärde kühn nach den Zeilen der dialogischen Couplets verstellend vor. [...]

In Hrn. *Nestroy's* schauspielerischer Laufbahn glaube ich drei verschiedene Perioden zu erkennen. Die erste ist die der maßlosen Kraft. Alles ging in's Kolossale, alles war auf die unmittelbare schlagende Wirkung berechnet. Die Maske, bis über die Gränze der Charge, bis zur Fratze getrieben, hat kaum mehr ein menschliches Aussehen; der moralische und ästhetische Boden fehlt mehrentheils; die Negation ist durchgängig vorschlagend und der Dialog eine Reihe glänzender, aber gemüthloser bitterer Sarkasmen. Bei aller Unform im Aeußeren und Unerquicklichkeit im Innern machte in diesen Leistungen sich ungeheuere, ursprüngliche Kraft geltend, es war eine jeden Widerstand niederwerfende Komik; und da jede Kraft ihr Recht hat, oder wenigstens sich macht, ließ sich gegen die siegreiche Thatsache nur vom theoretischen Standpunkte aus etwas einwenden. Als die drastischeste Gestalt dieser Reihe ist der Schuster Knieriem im ›Lumpacivagabundus‹ zu nennen. Die ganze Art stand aber schon so auf der Gränze der Möglichkeit, daß ein Fortschreiten in dieser Richtung nicht mehr thunlich war. Statt der Helden aus dem potenzirten Pöbel nahm *Nestroy* nunmehr seine Helden aus dem Volke. Der blutige Sarkasmus milderte sich zur Satyre, die allerdings noch alles ohne Rücksicht auf Würde und Werth ihrer glänzenden Wirksamkeit unterzog. Die Umrisse der Gestalten wurden menschlich, die Kraft wandte sich von Außen nach Innen und suchte nicht mehr durch das Riesenhafte der Materie den Erfolg zu erstürmen, sondern durch den Geist zu gewinnen. Immer noch aber blieben Nestroy's Charaktere auf dem Boden der Negation und bei allen oft überraschend wahren und der Natur abgelauschten Zügen konnten sie, weil ihnen der reale Boden fehlte, keine rechte Lebenskraft gewinnen. Einen großen Fortschritt finde ich in diesem Abschnitte gegen die vorigen darin, daß die sonst von der Handlung fortgeschobenen innen starren Charaktere zu pulsiren, zu streben, sich zu entwickeln anfangen. Was ihnen an äußerem Aufwande, gegen jene Caricaturen gehalten, abging, ward ihnen mehr als ersetzt durch das eingeimpfte organische Element. In zwei Arten äußert sich diese zweite Periode; die Satyre kommt in ihrem Träger, dem Possenhelden, zum Bewußtseyn, oder sie springt unbeabsichtigt und desto wirksamer heraus. Als Beleg für ersteres möchte ich den Titus Feuerfuchs im Talisman, für zweites den Nazi im Eulenspiegel nennen. Wie aus dem ersten Abschnitte in den zweiten etwa Blasius Rohr (im ›Geheimnisse des grauen Hauses‹) hinüber leitete, so aus dem zweiten in den dritten Schnoferl (in ›Mädel aus der Vorstadt‹). Nestroy hat nun festen, positiven Boden gefunden, für das Resultat seiner Handlung statt der zersetzenden Säure ein ethisches Moment, für seine Charakteristik statt der Fratze die Gesetze der Aesthetik. Das zwecklos Häßliche, das Gemeine, das diabolisch Nichtige liegt hinter ihm; er hat die Höhe des dichterischen Schaffens errungen. Noch durchblickt er mit ebenso scharfem Blicke die Seite der Negation, aber er steht nicht mehr in ihr, sondern über ihr, er hat sie mit der Wirklichkeit ausgeglichen; mit einem Worte, das lebenkräftige

Prinzip dieser dritten Stufe ist der *Humor.* Die alte Kraft übt er jetzt mit einer Milde und Reife, im Dienste so wahrhaft dichterischer Zwecke, daß er für seine früheren Sünden vollauf Genugthuung gibt. Neben dem Jux ist das Hervorragendste in dieser Art sein jüngstes Werk und darin der Held des Stückes, Herr von Lips.

In dem Vorstehenden habe ich versucht, *Nestroys* ungefähren Selbstbildungsgang zu bezeichnen; das Gesagte bezieht sich eben sowohl auf den Schauspieler, als auf den dramatischen Schriftsteller, da *Nestroy* als Schauspieler vorzugsweise mit Rücksicht auf seine eigene Rolle schrieb und natürlich seine Charaktere in derselben Weise darstellte, als concipirte. Man hört häufig sagen, daß *Nestroy* in seinen neueren Stücken einen zweiten Komiker mit dankbareren Rollen bedacht habe, als sich selbst. In sofern ist dies richtig, als er die derbkomische Seite des Stückes einem andern zur Ausführung überläßt: immer aber liegt in seiner Rolle der Schwerpunkt, das Lebenselement des Stückes und es ist ein Beweis seiner gesunden Ansicht, daß er die Wirkung vom Zwecke der Wirkung unterscheidet, und seine ganze Kraft dem letzteren zuwendet. – Die angedeuteten Abschnitte traten natürlich nicht ruckweise ein, sie griffen vielmehr vorwärts und wirkten dann wieder nach, weil man einen durchlebten Zeitraum nicht wie ein abgetragenes Kleid für immer beiseite legen kann. [...]

Herr *Nestroy* zieht seinem Charakter gleich beim ersten Anlegen die weitesten Gränzen. Maske, Haltung und Bewegung, Sprechweise, das ganze Aeußerliche der Gestalt wird so entschieden und kräftig als möglich hingestellt. Hiedurch gewinnt er den weitesten Raum zu freier Bewegung und er hat es nicht nöthig, um den Effekt zu steigern, über die ursprünglichen Umrisse hinauszugehen und die Einheit der Leistung zu zerstören. Diese Folgerichtigkeit, die feste Anschauung des umgränzten Spielraumes und der daraus hervorgehende Ton der eigenen Uiberzeugung sind es vorzüglich, die seinen Leistungen die gedrungene Kraft geben, welche keinen Zweifel an ihnen aufkommen läßt. Auch in den unwahrscheinlichen Gestalten seiner ersten Periode spricht sich eine Entschiedenheit, so zu sagen eine Nothwendigkeit aus, die uns kaum zum Nachdenken kommen läßt, ob sie mit einer Faser in der Wirklichkeit haften. *Nestroy* kann weit gehen, ohne uns stutzen zu machen, denn er weiß genau, wie weit er gehen will. – Mit dieser Festigkeit hängt die rapide Darstellungsweise des Hrn. *Nestroy* zusammen. Nirgend ist eine Pause oder Lücke; der Fluß der Sprache und des bezeichnendsten Gebärdenspieles ergießt sich ununterbrochen, ohne jemal in ermüdende übermäßige Beweglichkeit auszuarten, weil Hr. *Nestroy* in der flüchtigsten Darstellungsweise immer die Ruhe der Selbstbeherrschung zu bewahren weiß. Unglaublich ist der Nachdruck, den er mit einem Blicke, mit einer leichten Geste, mit einer bezeichnenden Stimmbeugung dem Worte zu geben weiß. Die meisten seiner Charaktere bleiben im Verlaufe des Stückes stationär, und das Interesse der Stücke liegt ausschließlich in den Situationen und im Dialoge. Die Gestalt ist fertig vor uns schon beim Anfange; feine psychologische Entwickelung, Vorbereitungen, Uibergänge dürfen wir nicht erwarten: dagegen wird kaum ein anderer Komiker die massenhafte Wirkung einer kolossalen Gestalt so mächtig heraustreten lassen.«

(Die Fackel, Nr. 657–667, August 1924, S. 101, 102 f. und S. 115–118)

In seinen »Wiener Eindrücken« (1845) schreibt Karl Gutzkow (1811–78) über den Sittenverfall auf dem Wiener Volkstheater und die »Zweideutigkeit« Nestroys:

»In Verbindung mit dieser Wuth nach excentrischen Vergnügungen [›chinesischen Zaubernächten‹ usw.] kann sich auch die Bühne einen großen Theil der Schuld beimessen, zur Verwilderung des Volkscharakters beigetragen zu haben. Die *Zweideutigkeit* und die *Selbstironisirung* haben besonders in den Nestroy'schen Stücken einen Einfluß auf die untern Klassen ausgeübt, die ihnen zwei der kostbarsten Kleinode des Volkscharakters raubte: sittliche Grundanschauung der Dinge und gläubiges Vertrauen gegen Menschen. Das ist entsetzlich, wie Nestroy, dieser an sich ja höchst talentvolle Darsteller, in seinem Spiel fast noch mehr als in seinen Productionen dem sittlichen Grundgefühl und der gläubigen Naivetät des Volkes Hohn spricht. Man denke sich die bis zum Giebel gefüllten Theater, besetzt von Handwerkern und ihren Frauen und Töchtern und sehe diese Gestikulationen, diese Mienen, höre diese Späße, dieses Anwitzeln jeder überlieferten edlen Empfindung, diese zweideutigen Randglossen zu den Motiven von Tugend und

Edelmuth – es überlief mich kalt, ein ganzes Volk so wiehern, Weiber lachen, Kinder klatschen zu sehen, wenn die Equivoque gezündet hat oder Nestroy, die Achsel zuckend, die Liebesversicherungen einer Frau, die Zärtlichkeiten eines Gatten mit einem satanischen ›O Je!‹ oder dergleichen begleitet. Da steht nichts mehr fest, keine Liebe, keine Freundschaft, keine großmüthige Hingebung. Die schamlosen gesungenen Couplets (die rechten *Cancans*, die bei den Franzosen aus der erröthenden Sprache in den stummen Tanz verbannt wurden) sagen es ja deutlich, daß ›Alles einen Haken hat‹, daß Eigennutz die Triebfeder jeder Handlung ist. Es ist das fürchterlich, eine Bevölkerung solchen blasirten Anschauungen überliefert zu sehen. Aus jedem etwas dunkeln Satze dieser Komiker grübelt sich der Zuschauer Zweideutiges heraus und will er's nicht sogleich finden, so blinzeln diese unwürdigen Musenpriester mit den Augen und das Gewieher bricht los, man hat den Witz verstanden. Ein Theil der Presse beschützt diese Verwilderung, ein anderer bekämpft sie. Aber merkwürdig, wenn z. B. Saphir, der viel Wahres und Schönes gegen diese Entartung geschrieben hat, sich wiederholt dagegen ergehen will, so streicht ihm die *Censur* seine Angriffe spaltenlang. Man sagt ihm, er vertheidige die Sitte nur aus persönlicher Rancüne gegen dies oder jenes Theater. Geht nun die Censur irgend etwas von den Motiven eines Schriftstellers an? Im Gegentheil! Alles Lob solchen ›persönlichen Rancünen‹, deren Ergebnisse der Sitte und der moralischen Gesundheit eines Volkes zu Gute kommen. [...]

Carl ist nun in die engen Räume des Leopoldstädter Theaters gebannt und nach der Richtung, welche die Truppe des gescheidten Impressario genommen hat, mit Fug und Recht. *Nestroy* muß nicht zum Volk sprechen. Er mag eine kleine Versammlung täglich anlocken, aber in dem alten großen Hause ganz Wien mit seinen Zweideutigkeiten zu haranguiren, das wurde nachgerade ein sittliches Verbrechen. Als Schauspieler machte Nestroy einen großen Eindruck auf mich. Möglich, daß öfteres Sehen den Eindruck würde verwischt haben. Die Gestalt des Sans-Quartier in den Sieben, Vierzehn, oder wie viel? Mädchen in Uniform ist des größten Mimen würdig. Wie schade, daß in diesem geistreichen Darsteller kein gefühlvolles Herz schlägt! Caricatur ist seine Kunst. Gott und der Menschheit einen Esel bohren, das ist seine Lust. Er persiflirt Alles und, wenn Nichts mehr zünden will, sich selbst. Seine Stücke, die fast alle nach dem Französischen gearbeitet sind, wimmeln von einem witzig sein sollenden Kauderwelsch, das sich nun auch schon die Friseure, die Barbiere, die Schneider Wiens als Umgangssprache angewöhnt haben. Er giebt zwei Acte hindurch eine Art Erfindung, eine Art Handlung, im dritten, wenn die Lösung schwierig wird oder die Censur, wie in ›Unverhofft‹, einen baren Unsinn vorgeschrieben hat, dreht er sich um und fängt an, indem er sich, sein Stück und das Publikum verspottet, zu singen: Kladeradatsch usw. und parodirt in sogenannten Quodlibets Himmel und Erde nach der Maxime: ›Es ist Alles Wind! Juchhe!‹«

(Gutzkow: Gesammelte Werke. Erste vollständige Gesammtausgabe. Erste Serie. Bd. 11. Jena 1876. S. 159 f. und 163 f.)

Friedrich Hebbels (1813–63) Urteile über Nestroy schwanken zwischen Bewunderung und Verdammung. Bei den negativen Äußerungen mag im Hintergrund Nestroys parodistisches Urteil über Hebbels Judith-Drama (»Judith und Holofernes«, 1849) gestanden haben:

»[...] wollen sich Schiller und Göthe einmal aus dem Exil herauswagen, so tritt ihnen Nestroys Plumpuddingsgenius in den Weg, dem sie dann freilich auch bescheiden weichen.« (1839)

»Ich kann Nestroy freilich nicht mit Fritz Schwarzenberg, dem Landsknecht, einen modernen Shakespeare nennen, aber ich verkenne durchaus nicht sein gesundes Naturell, sein tüchtiges Talent und schätze ihn höher, wie das Meiste, was sich in *Wien* auf Jamben-Stelzen um ihn herum bewegt.« (1847)

»Wenn man erwägt, was seit einem halben Jahrhundert principiell für die Darniederhaltung aller Bildung im österreichischen Volk, ja positiv für seine Entsittlichung geschehen ist, wenn man nur die Wiener Vorstadttheater mit ihrem Nestroy kennt, so ist eine Furcht, die [...] das Hereinbrechen der ungezügeltsten Anarchie für möglich hielt, allerdings gerechtfertigt.« (1848)

»Ich liebe eine gute Posse. So gewiß eine lebendige Fliege

mehr werth ist, wie ein aus Marzipan gebackener oder aus Holz geschnitzter todter Adler, so gewiß steht jene höher, wie ein mittelmäßiges Trauerspiel, und so sicher wird ein Kunstverständiger für einen einzigen Nestroy'schen Witz de première qualité eine Million gewöhnlicher Jamben hingeben, die das phrasenhafte und triviale Gedankenleben des sogenannten Dichters umsonst zu verhüllen suchen, wie sie sich auch aufbauschen mögen.« (1849)

»[...] ja selbst Johann Nestroy, der Genius der Gemeinheit, [...] wird übersehen.« (1861)

»Von den Vorstädten wüßte ich Nichts zu melden, als daß Johann Nestroy, der im Frühling verstorbene und begrabene, im Herbst auf denselben Brettern, auf denen er Decennien hindurch seine giftig-sittenlosen Possen abzugaukeln pflegte, bereits als Geist Komödie gespielt hat [in einem den ›Großen‹ der Wiener Volkskomödie zum Andenken gewidmeten Festspiel].« (1862)

»[...] so wird auch den Vorstadtbühnen eine Freiheit der Bewegung gestattet, die weit über das Maaß der Hoftheater hinausgeht. Das ist denn doch zu arg. Oder sammelt sich die *Bildung* in den *Augiasställen*, die *Johann Nestroy* hinterließ, der *Stumpfsinn* aber in den *Musentempeln*, in denen *Goethe* und *Schiller*, *Mozart* und *Beethoven* zur Sprache kommen?« (1862)

(Hebbel: Sämmtliche Werke. Historisch-kritische Ausgabe. Hrsg. von R. M. Werner. Berlin 1901–07. I. Abt., Bd. 10, S. 133, 224, 299, 304, 366. Bd. 11, S. 261. Tagebücher. Bd. 3, S. 249 f.)

Friedrich Theodor Vischer (1807–87):

»Noch zu Raimunds Zeiten gaben die Vorstadttheater recht ein Bild des unschuldigen Frevels dieser Harlekinlaune der Kaiserstadt. Raimund legte dem phantastischen Humor etwas schärfere Moral, sogar Politik unter, aber die Lustigkeit blieb doch der Grundtakt. Schon 1840 trat mir der Verfall der Volkskomödie unter den Händen Nestroys entgegen. Er ist noch immer da [...]
Nun aber dieser Nestroy: Er verfügt über ein Gebiet von Tönen und Bewegungen, wo für ein richtiges Gefühl der

Ekel, das Erbrechen beginnt. Wir wollen nicht die tierische Natur des Menschen, wie sie sich just auf dem letzten Schritte zum sinnlichen Genuß gebärdet, in nackter Blöße vors Auge gerückt sehen, wir wollen es nicht hören, dies kotig gemeine ›Eh‹ und ›Oh‹ des Hohns, wo immer ein edleres Gefühl zu beschmutzen ist, wir wollen sie nicht vernehmen, diese stinkenden Witze, die zu erraten geben, daß das innerste Heiligtum der Menschheit einen Phallus verberge.
Es bedurfte natürlich eines so bedeutenden und erfindungsreichen komischen Talents, wie es in Nestroy versumpft ist, um ein Publikum gegen das tiefer und tiefer gehende Versinken ins Gemeine abzustumpfen, den Übergang vom gesunden Lachen in das Meckern des Bockes ihm unvermerkt einzugeben. Einer der Wege zur Verrottung des ästhetischen Gefühls sind die ins Volkslustspiel eingelegten Liedchen. Die herkömmliche Sitte, daß der Sänger oder die Sängerin abgeht, wieder hervorgerufen wird, und dann auf das schon Gesalzene noch Gesalzeneres bereit haben muß, verderbt den Gaumen.«

(Vischer: Kritische Gänge. Hrsg. von Robert Vischer. Bd. 1. München [2]1920. S. 351 f.)

Die »Wiener Zeitung« charakterisiert 1862 Nestroy als den »größten Karikaturisten, den wir je gesehen haben. Es bedurfte für jeden einige Zeit, sich an diese zuerst abstoßende Weise zu gewöhnen, an diese seltsame Mischung von Bonhomie, Satire und rücksichtslosester Keckheit. Aber niemand widerstand seinem unbeschreiblichen Ausdruck von Unbefangenheit in seinen Zügen, wenn er den gewagtesten Dingen eine mit dem stehenden ›Na ja!‹ eingeleitete harmlose Deutung gab.«

(SW XV, 330)

Friedrich Kaiser (1814–74):

»Im Anfange übte zwar *Nestroy*, sowohl als Darsteller als auch als Volksdichter eine mehr befremdende, als zufriedenstellende Wirkung auf das Publikum. Seine Komik war zu grotesk, zu sehr abweichend von der Weise aller bisherigen Komiker der Volkstheater, sein Witz zu scharf, zu ätzend, zu – cynisch, als daß man seine Stücke als einen Ersatz für die immer vom Hauche der Poesie belebten Produkte *Raimund's*, welcher zur selben Zeit noch als ein Vorbild aller Volksdichter galt, hätte annehmen wollen. Es war, als ob das Publikum des Theaters an der Wien instinktmäßig geahnt hätte, daß mit *Nestroy* die Zeit gekommen sei, in welcher die gepriesene Gemüthlichkeit und die kindlich unbefangene Lust an harmlosen Schwänken ihr Ende erreichen würden. Über die bisher gesehenen Komiker hatte man lachen können, ohne zu denken, über ihre drollige Erscheinung, über ihre Redeweise, und derben, Allen leicht verständlichen Späße – über *Nestroy's* Witze mußte man häufig erst nachdenken, um sie ganz verstehen zu können, und hatte man sie verstanden, so lachte man wohl, aber nicht immer ohne widerstrebendes Schamgefühl. Die Pfeile, welche von der straff angezogenen Bogensaite seines Humors losprallten, hatten zwei Spitzen, deren eine das Zwerchfell kitzelte, die zweite aber den Punkt des Herzens traf, in welchem noch ein Gefühl von Sittlichkeit herrschte. Aber es gab eben viele Leute, welchen dieses Gefühl ein unnützer Ballast schien, dessen sie sich gerne um den Preis, ihre bisherige Blasirtheit wieder zum Lachen aufgerüttelt zu sehen, entäußerten.

Als *Nestroy* sich bereits zum entschiedenen Lieblinge emporgearbeitet hatte, äußerte sich der Präsident der Polizei- und Censur-Hofstelle, Graf *Sedlnitzki*, welcher überhaupt aus anderen Gründen auf ihn nicht gut zu sprechen war, gegen *Carl* also: ›Sehen Sie! dieser *Nestroy* hat anfänglich nicht recht gefallen, *jetzt* ist er der Abgott der Wiener. Hat *Nestroy* sich geändert? Nein! *Er* ist derselbe geblieben, aber die *Wiener* sind Andere geworden!‹ So schien es allerdings und dennoch war es nicht ganz so, denn es ist unrichtig zu behaupten, daß *Nestroy* den Geschmack des Publikums, welches bis zu seinem Erscheinen das Theater an der Wien gefüllt hatte, geändert habe, sondern er hatte vielmehr ein anderes Publikum in dies Theater gelockt. Noch lange Zeit nach seinem Engagement waren die Galerien, wenn *er* auftrat, nicht so gefüllt, als wenn irgend ein rührendes oder an ernsten Effekten reiches Schauspiel gegeben wurde, die Logen und das Parterre aber füllten sich bei den Nestroyschen Possen immer mehr mit einem der Aristokratie der Geburt und des Geldes angehörigen Publikum, welches *vor* ihm selten in diesen Räumen gesehen worden war. Nur insoferne, als *Nestroy's* Wirken auf der Volksbühne durch das Herbeiziehen und Fesseln des *reichen* Publikums auch den Direktor derselben bereicherte, verdient er die *Stütze* derselben genannt zu werden, aber abgesehen *davon*, wage ich, so paradox sie klingen mag, die Behauptung auszusprechen, daß mit ihm der Anfang des Endes der eigentlichen *Volksbühne* eingetreten sei.«

(Kaiser, S. 25–27)

Rückblickend beschreibt Friedrich Schlögl (1821–92) in seinen »Erinnerungen und Aufzeichnungen« die besondere Wirkung Nestroys innerhalb des Wiener Volkstheaters so:

»Da ergoß sich urplötzlich über die Stadt der specifischen Sorglosigkeit und ›Gemüthlichkeit‹ ein Schwefelregen von infernalischem Witz, eine Sturmfluth ätzender Lauge brauste heran, ein Wirbelwind dialektischer Bravouraden erfaßte sie, ein glühender Lavastrom von unbarmherzigen Controversen und teuflischen Einfällen wälzte sich verheerend über den erst kürzlich kunstvoll angelegten und mühselig gepflegten Blumengarten sinnigster Empfindung und romantischer Träumerei, ein Hagelwetter von verblüffenden Gedanken und pessimistischester Logik prasselte auf sie nieder, und das aus seinem Taumel leichter Anregung und Vergnügung aufgescheuchte Wien riß Augen und Ohren auf und – lachte zu der überraschenden Wendung, ja es jubelte laut. Und der ›Mephisto des Volksstückes‹, der (literarische) ›Abgesandte der Hölle‹, wie ein frommgläubiges Poetchen ihn nennen könnte, schmunzelte sardonisch und rieb sich boshaft zufrieden die Hände. [...]
Wie kam Nestroy, der hochgebildete Geist, der ernste, schüchterne, ängstlich bescheidene Mann, auf diesen Weg, in diese Richtung? Schlummerte nur der Satan in ihm und wartete, bis er durch Zufall oder in der rechten Stunde geweckt wurde? Hieß ihn sein klarer Blick, sein durchdringender Verstand das ketzerische Mittel wählen, die aufgestellten Götter von ihren Piedestalen zu stürzen, die Lieblinge des Volkes ihres Flimmers zu entkleiden, über ihre enthüllten Gebresten sich lustig zu machen, und die Leute zu lehren, statt der alten überlebten Dogmen blinden, rührseligen Glaubens und Vertrauens die neuen Satzungen anzunehmen,

deren Lebensweisheit darin bestand, es endlich einzusehen und zu begreifen, daß in der Welt eigentlich doch Alles eitel, und Alles Lüge, Trug und hohles Blendwerk sei? War es so und war dies des caustischesten Philosophen, des ›Schopenhauer's der Posse‹ einziges Ziel und Programm? Bestand sein Wirken als Dichter und Darsteller thatsächlich in nichts Anderem, als – wie die landläufige Floskel engbrüstiger Ästhetiker lautete – in der Verlästerung und Verhöhnung alles Edleren und Besseren? War es doch, wie von patentirten Tugendwächtern es ausgeschrieen wurde, seine malitiöseste Passion, mit dem Gifthauch seines Athems Alles zu verpesten, was zur Freude der anständig Gesinnten ringsum so schön gedieh? O albernes Geplapper und heuchlerischeste Tartufferie des bornirtesten Krähwinkler- und des perfidesten Pharisäerthums! Vielleicht ist es gestattet, dagegen zu behaupten, daß diese ganze Sippe oberflächlicher Beurtheiler oder absichtlicher Verleumder ihn nie verstanden; daß diese Entrüstungsschwätzer ihn etwa nur in der allerdings stark gewürzten Büchelscene in den ›Zwölf Mädchen in Uniform‹ kennen gelernt; daß sie nur die nackte Zote herauswitterten, wo es Nestroy um einen Witz, wenn auch einen verblüffenden, zu thun war; daß sie nur Zweideutigkeiten nachspürten und sie auch glücklicher Weise entdeckten, wo der freilich bitterste Chronist seiner verlogenen Epoche die lackirte Larve den Tugendheuchlern vom Gesichte riß und der Welt die fahle Fratze zeigte.«

(Schlögl: Vom Wiener Volkstheater. Erinnerungen und Aufzeichnungen. Wien u. Teschen 1883. S. 145–149)

Schlögls Urteil weist schon auf die »Modernität« des Satirikers Nestroy, die bald nach der Jahrhundertwende in immer stärkerem Maße hervorgehoben wird. Die Wiener »Neue Freie Presse« schreibt am 15. Oktober 1911:

»Nestroy ist während der letzten Jahre überall, nicht bloß auf Wiener Bühnen, sondern auch in Berlin und München, zu einer fröhlichen Auferstehung gelangt. Worin steckt die unzerstörbare Wirksamkeit dieser Possen, die man in ihrem Kern noch heute trotz der lustigen Zeitvermummung beinahe als aktuell empfindet? Nur in der Kraft und Eigenart des Witzes, in ihrer urwüchsig altwienerischen Drolligkeit?

Keineswegs, ihre Unmittelbarkeit ist wohl vor allem in der lustigen Schärfe der sozialen und darum noch heute lebendigen Satire begründet.«

(Zit. nach Johann Hüttner: Wiener Nestroyaufführungen vom Tode des Autors bis zum Ende des 2. Weltkriegs. Diss. Wien 1965 [masch.])

Karl Kraus (1874–1936):

»Er, Johann Nestroy, kann es sich nicht gefallen lassen, daß alles blieb, wie es ihm mißfallen hat. Die Nachwelt wiederholt seinen Text und kennt ihn nicht; sie lacht nicht mit ihm, sondern gegen ihn, sie widerlegt und bestätigt die Satire durch die Unvergänglichkeit dessen, was Stoff ist [...] Er hat die Welt nur in Kleingewerbetreibende und Hausherren eingeteilt, in Heraufgekommene und Heruntergekommene, in vazierende Hausknechte und Partikuliers. Daß es aber nicht der Leitartikel, sondern die Welt war, die er so eingeteilt hat, daß sein Witz immer den Weg nahm vom Stand in die Menschheit: solch unverständliches Kapitel überblättert der Hausverstand. [...] Wir werden seiner Botschaft den Glauben nicht deshalb versagen, weil sie ein Couplet war. Nicht einmal deshalb, weil er in der Geschwindigkeit auch dem Hörer etwas zuliebe gesungen, weil er mit Verachtung der Bedürfnisse des Publikums sie befriedigt hat, um ungehindert empordenken zu können. Oder weil er sein Dynamit in Watte wickelte und seine Welt erst sprengte, nachdem er sie in der Überzeugung befestigt hatte, daß sie die beste der Welten sei, und weil er die Gemütlichkeit zuerst einseifte, wenn's ans Halsabschneiden ging, und sonst nicht weiter inkommodieren wollte. [...] Er nahm die Schablone, die als Schablone geboren war, um seinen Inhalt zu verstecken, der nicht Schablone werden konnte. Daß auch die niedrige Theaterwirkung hier irgendwie der tieferen Bedeutung zugute kam, indem sie das Publikum von ihr separierte, und daß es selbst wieder tiefere Bedeutung hat, wenn das Orchester die Philosophie mit Tusch verabschiedet, spüren die Literarhistoriker nicht, die wohl fähig sind, Nestroy zu einer politischen Überzeugung, aber nicht, ihm zu dem Text zu verhelfen, der sein unsterblich Teil deckt. Er selbst hatte es nicht vorgesehen. Er schrieb im Stegreif [...]. Er nimmt fremde Stoffe. Wo

aber ist der deutsche Lustspieldichter, der ihm die Kraft abgenommen hätte, aus drei Worten eine Figur zu machen und aus drei Sätzen ein Milieu? Er ist umso schöpferischer, wo er den fremden Stoff zum eigenen Werk erhebt. [...] Nestroy bezieht den Stoff von dort, wo er kaum mehr als Stoff war, erfindet das Gefundene, und seine Leistung wäre auch dann noch erheblich, wenn sie nur im Neubau der Handlung und im Wirbel der nachgeschaffenen Situationen bestünde, also nur in der willkommenen Gelegenheit, die Welt zu unterhalten, und auch nicht im freiwilligen Zwang, die Welt zu betrachten. [...] In Nestroy ist so viel Literatur, daß sich das Theater sträubt, und er muß für den Schauspieler einspringen. Er kann es, denn es ist geschriebene Schauspielkunst. [...]
[Zu »Talisman« II, 17:] Und es ist die erhabenste und noch immer knappste Paraphrase für einen einsilbigen Zustand, wie hier das Wort um den Tod spielt. Dieses verflossene Pathos, das in die unscheinbarste Zwischenbemerkung einer Nestroyschen Person einfließt, hat die Literarhistoriker glauben machen, dieser Witz habe es auf ihre edlen Regungen abgesehen. In Wahrheit hat er es nur auf ihre Phrasen abgesehen. Nestroy ist der erste deutsche Satiriker, in dem sich die Sprache Gedanken macht über die Dinge. Er erlöst die Sprache vom Starrkrampf, und sie wirft ihm für jede Redensart einen Gedanken ab. [...]
Im abseitigsten Winkel einer Nestroyschen Posse ist mehr Lebenskennerschaft für die Szene und mehr Ausblick in die Soffitte höherer Welten als im Repertoire eines deutschen Jahrzehnts. [...] Nestroys Dialekt ist Kunstmittel, nicht Krücke. Man kann seine Sprache nicht übersetzen [...].
Was hat Nestroy gegen seine Zeitgenossen? Wahrlich, er übereilt sich. Er geht antizipierend seine kleine Umwelt mit einer Schärfe an, die einer späteren Sache würdig wäre. Er tritt bereits seine satirische Erbschaft an. [...] Nestroys Nachwelt tut vermöge ihrer künstlerischen Unempfindlichkeit dasselbe, was seine Mitwelt getan hat, die im stofflichen Einverständnis mit ihm war: diese nahm ihn als aktuellen Spaßmacher, jene sagt, er sei veraltet. Er trifft die Nachwelt, also versteht sie ihn nicht.«

(Kraus: Nestroy und die Nachwelt. Zum 50. Todestage. In: Die Fackel Nr. 349/350 [Mai 1912] S. 3–8, 12, 15, 20 f. und 22)

IV. Texte zur Diskussion

1. Vorstadttheater und Zensur

Adolf Glassbrenner (1810–76) über Volkstheater und Volkspoesie (1836):

»Ich gehe zuerst zum Kärntnerthor hinaus. Die Wien mit ihrem stinkenden Athem verpestet die physische, ihr Theater die geistige Luft. Wenn Gemeinheit und die elendeste Possenreißerei ein Volkstheater machen, so erfüllt diese Bühne ihren Zweck vollkommen. Sie sollte das Schöne populär machen, aber sie macht das Gemeine, das Unschöne, die Nichtswürdigkeit populär. Der Director Karl sitzt auf dem Throne, streicht die Einnahmen ein, baut sich Häuser und verpestet die Seele des Volkes.
Raimund, Österreichs genialster Dichter, hat sich zurückgezogen von diesem eleganten und großartigen Stalle. Ich bezeichne mit diesem Worte nur die geistige Richtung dieser Bühne und will ihre Mitglieder nicht beleidigen; aber für die geistige Richtung finde ich eben kein besseres Wort und darum brauch ich's.
Nachdem Hunde, Affen, Bären, Seiltänzer und andere Thiere kein Publikum mehr hineinziehen wollten, suchte Herr Karl alte Ritterstücke aus dem Staube der Bibliothek hervor; ließ sie noch mehr verhunzen, als sie an und für sich verhunzt waren, gab ihnen einen neuen Titel und ließ sie über die Bühne laufen. Er weiß, daß ihre Albernheit in jetziger Zeit nicht mehr ansprechen kann; er weiß, daß jedes Einzelne ausgepfiffen wird, aber jedes Einzelne macht zum Mindesten ein volles Haus und das ist ihm genug.
Nestroy bringt zwar zuweilen eine dramatische Arbeit, die ein besseres Ansehen hat; aber sein Talent ist auch nichts mehr, als eine kleine Blume auf einem großen Misthaufen. Man muß Wüsten von Trivialitäten durchwandern, bis man zu einer kleinen Oase gelangt, und auch auf dieser sind Witz und Poesie schon ziemlich verdorrt. Nestroy ist kein Volksdichter, sondern ein Pöbeldichter. Es gibt Leute, die man für witzig hält, weil sie mit viel reisenden Handwerksburschen umgegangen sind; zu diesen gehört jener Held des stinkenden Theaters an der stinkenden Wien. Sein Witz ist

keine geistige Erfindung, keine angeborene Eigenschaft des Geistes, sondern speculativ, gemacht; alle seine Scherze haben eine stereotype Form, und sie müßten auch ohne die Gemeinheit dieser Form anekeln. Suchen wir nun aber gar nach dem Gemüth, nach dieser Conditio sine qua non eines Volksdichters, so finden wir eine Leere, von der uns Schauder überfällt, ein Grauen, daß dieser Mensch Einfluß auf die Bildung des Volkes hat.«

(Zit. nach Hans Tietze: Das vormärzliche Wien in Wort und Bild. Wien 1925. S. 90)

Friedrich Kaiser (1870):

»Das Theater an der Wien [...] kann nur als ein *Volkstheater* en gros prosperiren, und jeder Direktor, welcher es versuchen würde, mit dem Hofburg- oder Operntheater wetteifern zu wollen, müßte dies Streben, wenn man es auch als ein edleres bezeichnen könnte, mit seinem Untergange büßen. Auf meine Gegenbemerkung, daß ich jedes Stück, welches einmal für die öffentliche Aufführung bestimmt sei, für ein *Volksstück* halte, erwiderte er: ›Sie haben insoferne Recht, als Sie unter dem Worte „Volk" das ganze große Publikum verstehen; aber letzteres theilt sich in zwei Klassen; die erstere ist die der feiner Gebildeten, welche in jedem Bühnenstücke ein *Kunst*werk zu sehen fordern, die zweite ist die der Naiveren, welche sich weniger um die Form als den Inhalt des Gebotenen kümmern. Schreiben Sie z. B. ein Schauspiel für das Burgtheater, so wird es umsomehr Beifall finden, je tiefere Gedanken Sie entwickeln, je reichere Fülle hochpoetischer Bilder Sie vorführen; schreiben Sie aber ein Schauspiel für das Theater an der Wien, so stehe ich nur dann für den Erfolg ein, wenn es für den Schusterjungen auf der letzten Galerie eben so faßlich und verständlich ist, als es andererseits den Grafen in seiner Loge nicht durch allzuderbe Behandlung verletzen darf. Ebenso ist's mit dem heiteren Genre. Die Stacheln des feinen Witzes, welche gleich jenen der Brennnessel mehr gefühlt als gesehen werden, üben ihre Wirkung nur auf zarte Nerven. Das Publikum aber, welches aus den Werkstätten ins Theater geht, braucht stärkere Reizmittel, es gibt sich nicht zufrieden, wenn es nur lächeln kann, es will laut auflachen. Ich kann kein besseres Gleichniß finden als dies:

Wenn Sie als Maler ein bis in die kleinsten Nuancen der Natur nachgeahmtes Miniatur-Bildchen zeigen, so wird nur eine Ihnen ganz nahestehende kleine Anzahl von Personen daran Wohlgefallen finden; wenn Sie aber durch ein Bild den Beifall einer großen, Ihnen ferner stehenden Menge erzielen wollen, so müssen Sie schon die Kontouren in dicken Linien zeichnen und grellere Farben aufsetzen. Indeß, wer ein Miniaturbild richtig malen kann, wird jedenfalls eher fähig sein, auch al fresco zu malen, als Derjenige, welcher zuerst mit breitem Pinsel zu arbeiten gewohnt war, sich zu einer zarteren Behandlung seines Gegenstandes eignen dürfte. Und insoferne bin ich überzeugt, daß auch der Verfasser dieses Lustspieles‹ – und er wies dabei auf mein Stück – ›wenn er nur will, auch auf dem Gebiete des Volksstückes Anerkennenswerthes leisten werde.‹
Mit diesen Worten hatte *Carl* zwar mein Erstlingsprodukt abgelehnt, aber in einer Weise, welche mich durchaus nicht entmuthigen konnte. Was übrigens seine Ansichten über das Volkstheater und Volksstück im Allgemeinen betrifft, so können dieselben jetzt nur gewürdigt werden, wenn man die damalige Physiognomie des Zuschauerraumes des Theaters an der Wien ins Auge faßt.
[...] aber das Publikum, welches jetzt diese Räume füllt, ist in Bezug auf Stand, Bildungsgrad und Geschmack mittlerweile ein ganz anderes geworden.
Wenn man das Wort ›Volk‹ nicht etwa für identisch mit dem Worte ›Pöbel‹ hält, sondern unter jenem die Mittelklasse der Residenzbewohner, Bürger, Beamte und die nicht blos an sinnlichen Genüssen hängende Arbeiterschaft versteht, so war damals das Theater an der Wien ein Volkstheater im eigentlichen Sinne des Wortes.«

(Kaiser, S. 13–16)

Aus den »Grund-Regeln zur Bestimmung einer ordentlichen künftigen Bücherzensur« (1781), die Kaiser Joseph II. zu Beginn seiner Regierungszeit schriftlich niederlegte und die bis in die Zeit Nestroys als Richtlinien galten:

»Es scheint, daß folgende Maßnehmungen das wahre enthalten, nemlich:
wenn man gegen alles, was ungereumte Zotten enthält, aus welchen keine Gelehrsamkeit, keine Aufklärung jemals entstehen kann, streng, gegen alle übrige aber, wo Gelehrsam-

keit, Kenntnisse und ordentliche Sätze sich vorfinden, umso mehr nachsichtig ist, als erstere nur vom großen Haufen und von schwachen Seelen gelesen, letztere aber nur schon bereitheten Gemüthern und in ihren Sätzen standhafteren Seelen unter die Hände kommen.
Dieses versteht sich sowohl von Werken, die mit Religions-Sätzen etwas anstößiges, als in den Sitten etwas freyes oder gegen den Landesfürsten und den Staat etwas bedenkliches in sich enthalten. [...]
Was aber Comedien angeht, da selbe so sehr auf die Sitten einen Einfluß haben, so werden in den Provinzen keine auf den regelmäßigen Theatern aufgeführet werden, welche nicht allhier zu Wien von der Censur entweder in der Stadt oder in den Vorstädten gestattet worden sind, wozu also der Catalogus noch einmal zu durchgehen und nachhero in alle Provinzen zu überschicken sein wird.
Neue inländische oder ausländische werden alle vor ihrer Aufführung zur hiesigen Censur einzuschicken seyn.«

(Hermann Gnau: Die Zensur unter Joseph II. Diss. Freiburg i. Br. 1910. S. 140 und 150)

Über die Zensur auf den Wiener Vorstadttheatern:

»Daß gerade die Vorstellungen auf der Vorstadtbühne nicht staatsgefährlich – im Sinne einer verzopften und überängstlichen Behörde – werden sollten, darüber wachten besondere Kommissäre, deren ausführliche Instruktion vom Jahre 1803 ihnen zur Pflicht werden ließ, alle in religiöser, politischer oder sittlicher Hinsicht anstößig erscheinenden Stellen nach der Generalprobe zu ändern, selbst wenn der Zensor das Placet erteilt hätte. Um einen Blick in die charakteristische Instruktion zu werfen: Verboten war, geistliche Personen auf die Bühne zu bringen, das Äußere oder Innere eines Gotteshauses darzustellen, ein Kruzifix oder Heiligenbild anzubringen. Kein noch so versteckter Ausfall auf religiöse Gegenstände oder Personen darf geduldet werden. Die Kleidung der Schauspieler muß immer in den Grenzen des Anständigen bleiben, selbst wenn die Mode darüber hinweggeht. Weder die Montur eines k. k. Regimentes, wozu auch die Polizeiwache gehört, noch die Uniform eines Hofkriegsrates darf auf der Bühne sichtbar werden. Und dann der berüchtigte, dehnbare Paragraph, erfüllt vom

Polizeigeiste: ›Ferner sind alle Stellen auszutilgen, oder abzuändern, welche, wäre es auch nur durch eine entfernte Hindeutung, irgend ein Gesetz oder eine Anordnung oder eine Anstalt der Staatsverwaltung tadeln oder in das Lächerliche ziehen, Fürsten, Minister oder Staatsbeamte auf eine solche Art schildern, daß dadurch ein gehässiger Schatten auf den ganzen Stand geworfen oder der Deutelei des Publikums irgend eine individuelle Person preisgegeben wäre; alle satirischen oder beleidigenden Ausfälle auch gegen Stände der bürgerlichen Gesellschaft, besonders den Adel, das Militär, alle Stellen, welche bestimmt gesetzwidrigen Handlungen den Anstrich von Echtmäßigkeit und dem Laster oder Verbrechen den Schein der Größe leihen, einen irrigen oder gefährlichen Begriff über das Verhältnis zwischen Regenten und Untertanen verbreiten, Freiheitssinn wecken oder überhaupt in einem revolutionären Geist oder Ton geschrieben sind.‹«

(Friedrich Reischl: Wien zur Biedermeierzeit. Volksleben in Wiens Vorstädten nach zeitgenössischen Schilderungen. Wien 1921. S. 181 f.)

Der folgende Brief Nestroys an den Statthalter von Niederösterreich als der zuständigen Stelle für Angelegenheiten der Zensur gibt einen guten Einblick sowohl in das oft dilettantische Vorgehen der Zensur als auch in die Denkart Nestroys, in die Art und Weise seiner Auseinandersetzung und Beweisführung, mit der er schließlich auch Recht bekam:

Hochwohlgeboren k. k. Herr Statthalter von Nieder-Österreich!

Nachdem die von mir verfaßte Posse »Mein Freund« der k. k. Stadthauptmannschaft zur Beurteilung unterlegt wurde, sind mir von dem k. k. Stadthauptmannschaftsoberkommissär, Herrn von Janota, mehrere Stellen und Worte aus beigefügten Gründen als beanständet kundgegeben worden. Ich erlaube mir, das Beanständete samt den angegebenen Gründen, wie auch meine Gegenbemerkungen gehorsamst zu unterbreiten.

Beanständet wurde Seite 18, wo einer den Plan faßt, ein illustriertes Blatt zu gründen, die Worte »illustriert« und »Karikatur« – und zwar aus dem Grunde, weil in Öster-

reich keine Konzession auf ein illustriertes Blatt erteilt wird.
Daß in der österreichischen Monarchie keine Konzession auf ein illustriertes Blatt erteilt wird, kann unmöglich schon den Wortlaut »Illustriertes Blatt« zu etwas Verpöntem machen, denn erstens spielt das Stück nicht direkt in Österreich, sondern in jeder beliebigen großen Stadt und hat durchaus keine politische Tendenz oder irgend eine Lokalbeziehung, und zweitens liegen ja selbst in Österreich, namentlich in Wien, an allen öffentlichen Orten illustrierte Blätter, auch mit Karikaturenzeichnungen unschädlicher Natur, auf, nämlich die »Fliegenden Blätter«, die »Illustrierte Zeitung« usw., was doch gewiß nicht ohne Bewilligung der Behörde geschehen könnte.
Beanständet wurde ferner Seite 58 und 59 die Szene des »Stuzl«. Es erscheint darin ein kleiner Junge, welcher für seinen Bruder in der Leihbibliothek »wühlerische Bücher« verlangt, wofür ihm der Commis der Bibliothek verdientermaßen den Schopf beuteln will.
Die Szene hat, nach meiner Meinung, gerade das Gute, daß sie die in der Jugend grassierenden üblen und verkehrten Grundsätze geißelt. Das Lächerlichmachen ist in solchen Dingen das wirksamste Mittel, den in der Menschennatur wurzelnden Reiz des Verbotes zu neutralisieren. Das Lächerlichmachen des Bösen und Schlechten ist die einzige moralische Wirksamkeit der Komik, ich glaube, man sollte sie gerade darum am wenigsten beschränken.
Ferner wurde beanständet Seite 98 die Stelle: »Es ist Luxus vom Schicksal, daß es Pfeile schleudert, an seinen Fügungen sieht man ohnedem, daß es das Pulver nicht erfunden hat« – aus dem Grunde, weil diese Stelle im Widerspruch mit der religiösen Ergebenheit stehe.
Das »Hadern mit dem Schicksal«, glaube ich, kann nichts Anstößiges haben, denn es existiert gar kein Stück, wo derlei nicht in allen Nuancen vorkömmt. Raisonnements über Schicksal, blinden Zufall, Glückslaunen, Verhängnis usw. machen den größten Teil der Reflexionen aller Stücke aus und sind zu keiner Zeit als kollidierend mit der christlichen Religion – welche sämtliches Obbenannte ignoriert und nur eine Vorsehung statuiert – betrachtet worden. Übrigens darf man nur an dieser Stelle das Wort »Fügungen« weglassen

und »Taten« dafür zu setzen, so ist auch der leiseste Anklang vermieden.

[...]

Endlich wurde beanständet Seite 20 eine Stelle, und zwar aus dem Grunde, weil es eine Zote wäre.

Ich berühre diesen Punkt zuletzt, weil ich dagegen mit der größten Entschiedenheit protestieren muß. Der Kontext weist deutlich darauf hin, daß keine Zote beabsichtigt ist. Übrigens sind Zoten, welche einstens unleugbar gerade beim elegantesten Teile des Publikums als Modeartikel sehr beliebt waren, jetzt gänzlich aus der Mode, ich glaube nicht leicht, daß ein Dichter jetzt derlei beabsichtigen wird, indem damit durchaus kein Effekt zu erzielen ist, sondern im Gegenteil, das Zotenschreiben in seinem eigenen Fleische wühlen hieße. Übrigens wenn man Zoten finden will, dann ist auch jeder Satz eine Zote. Die Worte »Vater, Mutter, Sohn, Tochter« sind lauter Zoten, weil man, wenn man will, dabei an den unerläßlich damit verbundenen Zeugungsakt denken kann.

Mit der Bitte, meine hier unterbreiteten Bemerkungen einer gütigen Berücksichtigung, weniger für jetzt als für künftighin, würdigen zu wollen, zeichne ich mit vorzüglicher Hochachtung

Euer Wohlgeboren

gehorsamster

Wien, den 22. März 1851. J. Nestroy.

(SW XV, 374–379)

Charles Sealsfield (1793–1864) schreibt in »Austria as it is« (1828):

»Ein österreichischer Schriftsteller ist wohl das meistgequälte Geschöpf auf Erden. Er darf keine wie immer benannte Regierung angreifen, auch keine Minister, keine Behörde, nicht die Geistlichkeit oder den Adel, er darf nicht freisinnig, nicht philosophisch, nicht humoristisch, kurz, er darf gar nichts sein. Unter den verbotenen Dingen sind nicht nur Satire und Witz verstanden, er darf sich überhaupt nicht vertiefen, weil dies zu ernsterem Nachdenken anregen könnte. Wenn er irgend etwas zu sagen hat, muß dies in jenem unterwürfigen und ehrfurchtsvollen Ton geschehen, der einem österreichischen Untertan ziemt, der es überhaupt wagt, den Schleier von solchen Dingen zu heben. Was wäre wohl aus Shakespeare geworden, hätte er in Österreich leben oder schreiben müssen?«

(Zit. nach Sealsfield [d. i. Karl Postl]: Österreich, wie es ist oder Skizzen von Fürstenhöfen des Kontinents. Übers. u. hrsg. von Victor Klarwill. Wien 1919. S. 197 f.)

2. *Posse und Volksstück*

»Die Verbindung von realen Problemen und Volkskomik, von Zeitwirklichkeit und satirischem Spiel unter Einbeziehung des Publikums als Vertreter der ›wirklichen‹ Gesellschaft wird in der *Posse* zur künstlerischen Wirklichkeit. Was Nestroy in seiner Komödie gelingt und etwa Brecht und Dürrenmatt für das moderne Drama fordern, ebenjene Verbindung von Komödie, Zeitwirklichkeit und ›mitspielendem‹ Publikum, darin sah Gottfried Keller (in seinem Briefwechsel mit Hettner) den Keim zur zukünftigen deutschen Komödie. – Gerade darin liegt die ›Modernität‹ Nestroys, daß ihm in der Form der Lokalposse abseits vom ›Bildungstheater‹ die Verwirklichung der ›zweiten Natur‹ (Keller) gelingt – jenes Spiel, das *Kunst* und *Leben* zu verbinden vermag.

Gewöhnlich versteht man unter *Posse* – die Gattungsbezeichnung übernahm Nestroy aus der Tradition des Wiener Volkstheaters – eine Form der ›niederen Komik‹, der derbe Motive, mangelnde Tiefe und Problemlosigkeit eigen sind. Kennzeichnend sind ihr improvisatorischer Charakter, die musikalisch-mimische Ausgestaltung und die Lokal- sowie Publikumbezogenheit – auch in der Art der Illusionsdurchbrechung. Diese ›Offenheit‹ (z. B. in der desillusionierenden und distanzierenden Spielweise) mußte in einer Zeit. die ›Geschlossenheit‹ zum dramaturgischen Ideal erhoben hatte, zur konsequenten Ablehnung der Gattung *Posse* führen. Erst zum Ende des 19. Jahrhunderts, vor allem aber seit Beginn der Entstehung des modernen Dramas im 20. Jahrhundert erkannte man den ästhetischen Wert der *Posse*, der gerade in der Verbindung von *Spiel* und *Satire*, *Kunst* und *Leben* liegt, deren das ›höhere Lustspiel‹ (z. B.

das Lustspiel der Romantik) nicht mehr fähig war.

Die Einstellung der *Komödie* auf bürgerliche Verhältnisse und Ansprüche beschneidet den Spielraum des Komischen; durch Anpassung an das ›Schickliche‹, ›Wertvolle‹ und ›Gebildete‹ verliert die Komödie ihr Wesen und Niveau. Die Komödie löst sich von ihrem Nährboden (der Zeit, der Gesellschaft und ihren Problemen), die Komik verliert ihre Realitätsbezogenheit und büßt ihre Lebenskraft ein. Indem die Komödie vom ›Bildungstheater‹ aufgesogen wird, verliert sie den Bezug zum Leben und zum Publikum.

Demgegenüber ist die *Posse* als Spiegel der Wirklichkeit trotz und gerade wegen ihrer engen Verflechtung mit der Zeit und Wirklichkeit und ihrer engen Beziehung zur Gesellschaft, zum Publikum, keiner höheren Instanz (dem Bürgerlich-Schicklichen oder einer bestimmten ästhetischen Theorie z. B.) verpflichtet als dem komischen Possenspiel selbst. Die Posse verbindet zufolge ihrer Struktur Volkstümlichkeit und Wirklichkeitsbezogenheit mit der Poesie der Komik. Sie ist den Zusammenhängen des sozialen Lebens der jeweiligen Epoche ebenso entwachsen wie der ursprünglichen Gesetzmäßigkeit des Komischen.

Die Erneuerung der deutschen Komödie durch die Posse ist deshalb möglich, weil die Posse im Ganzen ihrer Zeit, aber durch die Komik auch in allen Zeiten eingebettet ist; sie entfernt sich weder vom Volk noch von der Wirklichkeit. Die der Komödie eigene Gesetzlichkeit führt über den engen Bereich der ›bürgerlichen Lebenswahrheit‹ hinaus in die Freiheit des komischen Spiels. Dieser Freiheit aber, die nicht von bürgerlichem Bildungs- oder Moralstreben determiniert wird, ist nur noch die Posse fähig. Sie verbindet den reinen Spaß am komischen Spiel mit dem ›intellektuellen Vergnügen‹ an der satirischen Wirklichkeitsbeleuchtung, sie verhilft dem selbstherrlichen Spielschema zur satirischen Aussage.

Nestroy nahm nur den Namen *Posse* aus der Tradition, der Gattungscharakter hat sich bei ihm gewandelt. Er bleibt nicht im alten Gleis der Possentradition des Wiener Volkstheaters, für dessen Stücke die negative Kritik am *bloß* Possenhaften z. T. zutreffen mag. Er verbindet als erster possenhaftes Spiel mit geistreicher Satire. Bei ihm erhält die Komödie eine Doppelfunktion: Das komische Spiel erzeugt beim Zuschauer Vergnügen und Spaß am Dargestellten, zeigt aber in der Satire zugleich dessen Widersprüchlichkeiten auf.«

(Jürgen Hein: Nachwort zu Johann Nestroy: Freiheit in Krähwinkel. Reclams UB Nr. 8330. S. 86–88)

Sören Kierkegaard (1813–55) verdanken wir die folgenden Reflexionen über die *Posse*, die er anläßlich einer Talisman-Aufführung in Berlin 1843 niederschrieb:

»Im Königstädter Theater kommt die Posse zur Aufführung und sammelt naturgemäß ein höchst verschiedenartiges Publikum um sich; ja, wer das Gelächter in seiner Unterschiedlichkeit je nach Temperament und Stand pathologisch studieren möchte, sollte nicht die Gelegenheit versäumen, welche die Aufführung einer Posse bietet. Das Jubeln, das schallende Gelächter der Galerie und des zweiten Rangs ist ganz etwas anderes als der Beifall eines gebildeten und kritischen Publikums, es ist eine stetige Begleitmusik, ohne die eine Posse gar nicht aufgeführt werden könnte. Die Posse bewegt sich für gewöhnlich in den niederen Lebenssphären, und daher erkennen die Galerie und der zweite Rang sich selbst unverzüglich wieder, und ihr Lärmen und Bravorufen ist keine ästhetische Würdigung des einzelnen Künstlers, sondern ein rein lyrischer Ausbruch ihres Wohlbefindens, sie werden sich überhaupt nicht ihrer selbst als Publikum bewußt, sondern sie wollen mit dabei sein unten auf der Straße oder wo die Szene sonst ist. Da dies sich mittlerweile der Entfernung wegen nicht machen läßt, so gebärden sie sich wie Kinder, die bloß die Erlaubnis haben, einen Auflauf auf der Straße sich vom Fenster aus anzusehn. Auch den ersten Rang und das Parkett bringt die Posse zum Lachen, wenn dies Lachen auch wesentlich verschieden ist von jenem cimbrisch-teutonischen Volksgeschrei, und selbst innerhalb dieser Sphäre wieder unendlich verschieden abgetönt ist in einem ganz andern Sinne als bei der Aufführung des vortrefflichsten Lustspiels. Sehe man es für eine Vollkommenheit oder eine Unvollkommenheit an, es ist nun einmal so. Jede allgemeinere ästhetische Bestimmung scheitert an der Posse, und diese vermag auf keinerlei Weise eine Gleichförmigkeit der Stimmung bei dem mehr gebildeten Publikum zu erzeugen; denn da die Wirkung zum großen Teil auf der Selbsttätigkeit, der Produktivität des Zuschauers beruht, kommt die einzelne Individualität in einem ganz andern Sinne dazu, sich geltend zu machen, und ist in ihrem Genusse enthoben aller ästhetischen Verpflichtungen dazu, traditionell zu bewundern, zu lachen, gerührt zu werden usw. Eine Posse sehen heißt für den Gebildeten gleichsam Lotterie spielen, nur daß man nicht die Unannehmlichkeit hat, Geld zu gewinnen. Mit solch einer Unsicherheit aber ist dem gewöhnlichen theaterbesuchenden Publikum nicht gedient, es übersieht darum gerne die Posse, oder blickt vornehm auf sie herab, etwas, das für es selber am schlimmsten ist. Dem eigentlichen Theaterpublikum ist im allgemeinen ein gewisser bornierter Ernst eigen, es will im Theater veredelt und gebildet werden oder will sich wenigstens einbilden, daß es das wird, es möchte einen seltenen Kunstgenuß gehabt haben oder sich wenigstens einbilden, daß es ihn gehabt hat, es will, sobald es den Anschlag gelesen hat, im voraus wissen können, wie es diesen Abend davonkommen wird. Eine Übereinkunft dieser Art läßt sich mit der Posse nicht treffen; denn die gleiche Posse kann einen höchst unterschiedlichen Eindruck machen, und es kann sich so sonderbar treffen, daß sie gerade jenes Mal, da sie am wenigsten wirkte, am besten aufgeführt worden ist. Man kann sich also nicht verlassen auf Nachbar und Gegenüber und auf die Aussage der Zeitungen, ob man sich unterhalten hat oder nicht. Diese Sache muß der Einzelne mit sich selber abmachen; und es ist einem Rezensenten bisher noch kaum gelungen, einem gebildeten Theaterpublikum, das eine Posse sieht, das Zeremoniell vorzuschreiben; in dieser Hinsicht vermag kein guter Ton (bon ton) sich geltend zu machen. Die sonst so verläßliche gegenseitige Achtung zwischen Theater und Publikum ist aufgehoben, man kann durch das Sehen einer Posse in eine völlig unberechenbare Stimmung geraten und kann daher nie wissen, ob man sich im Theater als würdiges Mitglied der Gesellschaft aufgeführt und an der richtigen Stelle gelacht und geweint hat. Man kann nicht als gewissenhafter Zuschauer die feine Charakterzeichnung bewundern, die im Drama sich finden soll; denn die Personen der Posse sind sämtlich gezeichnet nach dem abstrakten Maßstab ›überhaupt‹. Man kann daher ebensogut wehmütig gestimmt werden wie außer sich sein vor Gelächter. Keine Wirkung der Posse wird durch Ironie hervorgebracht, alles ist Naivität, der Zuschauer muß daher durchaus als Einzelner selbsttätig sein; denn die Naivität der Posse ist gleichwohl so illusorisch, daß es dem Gebildeten unmöglich ist, sich naiv zu ihr zu verhalten; in diesem seinem Sichverhalten zur Posse aber liegt zum großen Teil die Unterhaltung, die er also selber wagen muß, wohingegen er zur Rechten und zur Linken oder in den Zeitungen vergeblich eine Bürgschaft dafür suchen wird, daß er sich wirklich unterhalten hat. Für einen Gebildeten hingegen, der zugleich Ungeniertheit genug hat, um es sich zu getrauen, sich ganz solo zu unterhalten, Selbstvertrauen genug, um bei sich selber ohne Ratserholung bei andrer Menschen Urteil zu wissen, ob er sich unterhalten hat oder nicht, für ihn wird die Posse vielleicht eine ganz eigene Bedeutung haben, indem sie bald mit des Abstrakten Geräumigkeit, bald mit dem Anbringen einer handgreiflichen Wirklichkeit seine eigne Stimmung unterschiedlich berühren wird.

[...] Soll eine Posse mit vollem Erfolge aufgeführt werden, so muß das spielende Personal auf eigentümliche Weise zusammengesetzt sein. Es muß zwei, höchstens drei durchaus entschiedene Talente oder richtiger schöpferische Genies unter sich haben. Diese müssen Kinder der Laune sein, von Lachen trunken, Tänzer des Humors, welche, mögen sie auch zu andern Zeiten, ja sogar im Augenblick unmittelbar vorher, ganz und gar wie andre Menschen sein, in dem gleichen Augenblick, wo sie das Glockenzeichen des Regisseurs vernehmen, verwandelt werden, indem sie, einem edlen arabischen Hengste gleich, zu stöhnen und schnaufen anfangen, während ihre sich weitenden Nüstern von des Geistes Schnauben zeugen, das in ihnen ist, weil sie vorwärts wollen, sich tummeln wollen in Wildheit. Sie sind nicht so sehr reflektierte Künstler, die das Lachen studiert haben, als vielmehr Lyriker, die sich selbst in des Gelächters Abgrund hinunterstürzen und nun durch dessen vulkanische Gewalt sich auf die Bühne schleudern lassen. Sie haben daher nicht eigentlich berechnet, was sie tun wollen, sondern sie lassen den Augenblick und des Gelächters Naturkraft für alles sorgen.

[...] Das übrige Personal braucht auch nicht nach den Regeln der Schönheit rekrutiert zu sein, eher soll es zusammengebracht sein durch den Zufall.

[...] und wenn man eine Posse sehen will, muß man bequem sitzen und nicht im entferntesten sich geniert fühlen durch jenes Wichtigtun mit der Kunst, vermöge dessen viele sich in ein Theater hineinstopfen lassen, um ein Stück zu sehen als ginge es dabei um die ewige Seligkeit. Die Luft im Theater ist auch ziemlich rein, nicht infiziert durch den Schweiß eines künstlerisch empfindsamen Publikums, oder durch die Ausdünstungen eines kunstbegeisterten Publikums.«

(Kierkegaard: Die Wiederholung. Gesammelte Werke 5/6. Düsseldorf u. Köln: Diederichs 1955. S. 32–35 und S. 39)

Gottfried Keller (1819–90) urteilt im Briefwechsel mit Hermann Hettner über die »Wienerpossen« als »Vorboten einer neuen Komödie«:

»Diese Wienerpossen sind sehr bedeutsame und wichtige Vorboten einer neuen Komödie. Ich möchte sie fast den Zuständen des englischen Theaters vor Shakespeare vergleichen. Auch hier sind schon eine Menge traditioneller, sehr guter Witze und Situationen, Motive und Charaktere, und es fehlt nur die Hand, welche den Stoff reinigt und durch geniale Verarbeitung und Anwendung den großen Bühnen aufzwingt. Ein vortreffliches Element sind auch die Couplets, welche von den Hauptpersonen gesungen werden und gewöhnlich politische oder soziale Anspielungen enthalten« (Brief vom 16. September 1850).

»Was die künftige politische Komödie und ihr wahrscheinliches Hervorgehen aus der jetzigen Lokalposse betrifft, so glaube ich Ihnen schon im vergangenen Jahre etwas darüber gemeldet zu haben. Ich weiß daher nicht, ob ich mich jetzt wiederhole, wenn ich Ihnen meine Ansichten und Vermutungen unmaßgeblich mitteile. Gerade dies ist ein Gegenstand, ein Gebiet, in welches die Klassiker vor fünfzig Jahren noch keine Aussichten hatten. [...] Denn sowohl die Form als die Art des Witzes und seines Vortrages sind neu und ursprünglich. Und was das Beste und Herrlichste ist: Das Volk, die Zeit haben sich diese Gattung *selbst geschaffen* nach ihrem Bedürfnisse, sie ist kein Produkt literarhistorischer Experimente, wie etwa die gelehrte Aufwärmung des Aristophanes und ähnliches! [...]
In der gegenwärtigen Beschaffenheit der Possen ragen vor-

züglich zwei wichtige Momente hervor. Das eine ist die freie Willkür in der Ökonomie und die Allegorisierung politischer und moralischer Begriffe, aber in durchaus unsern Zuständen homogener Weise [...] Das andere Moment ist die Verbindung der Musik mit der Dichtung in den Couplets. Diese hat, wenigstens in ihrer jetzigen Bedeutung, das Wiener Volk mit seinen obskuren Possendichtern erfunden und der Bühne geschenkt, und es ist weiter nichts dazu zu tun als reinere Poesie und ein tüchtiger Inhalt, welches übrigens für das Ganze ebenfalls gilt. [...]
Bemerkenswert ist auch, daß die Kunst der komischen Darstellung der Dichtung weit vorausgeschritten ist und bereits schon jetzt für eine klassische Komödie beinahe fertig und reif wäre [...]. Vorzüglich beim Vortrage der Couplets, welche die jeweilige Kritik der Tagesmisere, des politischen und moralischen Unfuges enthalten, exzellieren die Komiker. Sie machen wunderliche und höchst mutwillige Gesten und Sprünge dazu, meistens zwei zusammen; das Werfen der belebten Beine gibt der Satire noch Nachdruck, während das Orchester bei und nach den Refrains durch brummige Paukenschläge, durch einen schrillen Pfeifentriller oder einen lächerlichen Strich auf der Baßgeige den Eindruck noch erhöht und das Gelächter vermehrt. Ich habe lebhaft mitgefühlt, wie in solchen Momenten das arme Volk und der an sich selber verzweifelnde Philister Genugtuung empfindet für angetane Unbill [...]. Die Natur dieser Komödie bedingt es ferner, daß vieles in Übereinkunft mit dem ganzen Personal der Bühne und nach den momentanen Vorkommnissen und Stimmungen der Öffentlichkeit eingerichtet werden muß, und daraus wird wieder etwas Lebendiges und Wahres entstehen« (4. März 1851).

(Keller: Gesammelte Briefe. Bd. 1. Hrsg. von Carl Helbling. Bern 1950. S. 332 f. und 354 bis 356)

Ödön von Horváth (1901–38) und Bertolt Brecht (1898–1956) versuchen im 20. Jahrhundert eine Erneuerung des *Volksstücks*. Horváth strebt eine »Synthese zwischen Ironie und Realismus« an, durch die er eine »Demaskierung des Bewußtseins« erreichen will. Brecht fordert ein volkstümliches, realistisches und zugleich artistisches Theater.

Horváth:

»Ich gebrauche diese Bezeichnung ›Volksstück‹ nicht willkürlich, d. h. nicht einfach deshalb, weil meine Stücke mehr oder minder bayerisch oder österreichisch betonte Dialektstücke sind, sondern weil mir so etwas Ähnliches, wie die Fortsetzung des alten Volksstückes vorschwebte. – Des alten Volksstückes, das für uns junge Menschen mehr oder minder natürlich auch nur noch einen historischen Wert bedeutet, denn die Gestalten dieser Volksstücke, also die Träger der Handlung haben sich doch in den letzten zwei Jahrzehnten ganz unglaublich verändert. – Sie werden mir nun vielleicht entgegen halten, daß die sogenannten ewigmenschlichen Probleme des guten alten Volksstücks auch heute noch die Menschen bewegen. – Gewiß bewegen sie sie – aber anders. [...] Also: zu einem heutigen Volksstück gehören heutige Menschen, und mit dieser Feststellung gelangt man zu einem interessanten Resultat: nämlich, will man als Autor wahrhaft gestalten, so muß man der völligen Zersetzung der Dialekte durch den Bildungsjargon Rechnung tragen. [...]
Nun hab ich zu meinen Gestalten, wie aber natürlich auch zu jeder Handlung in puncto ihrer Möglichkeit sich zu 100 % als soziale Wesen zu entwickeln und nicht nur zu etablieren, keine positive, eher eine skeptische Einstellung und dies glaube ich damit am besten zu treffen, indem ich eine Synthese von Ernst und Ironie gebe. Aus dieser Erkenntnis zog ich die Konsequenz. Mit vollem Bewußtsein zerstörte ich das alte Volksstück, formal und ethisch – und versuchte als dramatischer Chronist die neue Form des Volksstückes zu finden. [...] Diese neue Form ist mehr eine schildernde als eine dramatische. Sie knüpft formal mehr an die Tradition der Volkssänger und Volkskomiker an, als an die Autoren der früheren Volksstücke. [...]
Daß das Interesse am Theater im breiten Volke nachgelassen hat, liegt wohl auch daran, daß wir kein richtiges, echtes Volkstheater mehr haben – aber auf dem Wege zu ihm sind wir. Meiner Meinung nach.«

(Horváth: Interview (1932). Gesammelte Werke. Hrsg. von Dieter Hildebrandt u. a. Bd. 1. Frankfurt a. M.: Suhrkamp 1970. S. 7–16)

Brecht:

»Das Volksstück ist für gewöhnlich krudes und anspruchsloses Theater und die gelehrte Ästhetik schweigt es tot oder behandelt es herablassend. Im letzteren Fall wünscht sie es nicht anders als es ist, so wie gewisse Regimes sich ihr Volk wünschen: krud und anspruchslos. Da gibt es derbe Späße gemischt mit Rührseligkeiten, da ist hanebüchene Moral und billige Sexualität. Die Bösen werden bestraft und die Guten werden geheiratet, die Fleißigen machen eine Erbschaft und die Faulen haben das Nachsehen. Die Technik der Volksstückschreiber ist ziemlich international und ändert sich beinahe nie. [...]
Die Großstädte sind mit der Zeit gegangen, als sie vom Volksstück zur Revue übergingen. Die Revue verhält sich zum Volksstück wie der Schlager zum Volkslied. [...]
Es scheint aussichtslos, das alte Volksstück wieder beleben zu wollen. Es ist nicht nur völlig versumpft, sondern hat, was bedenklicher ist, niemals eine wirkliche Blüte erlebt. Andrerseits ist es der literarischen Revue nicht gelungen ›volkstümlich zu werden‹. Sie ist zu sehr billige Delikatesse. Jedoch zeigt sie, daß hier Bedürfnisse vorliegen, auch wenn sie diese nicht befriedigen kann. Tatsächlich kann ein Bedürfnis nach naivem, aber nicht primitivem, poetischem, aber nicht romantischem, wirklichkeitsnahem, aber nicht tagespolitischem Theater angenommen werden. [...] Das neue Volksstück könnte die Folge verhältnismäßig selbständiger Begebnisse der literarischen Revue entnehmen, müßte jedoch mehr epische Substanz bieten und realistischer sein. [...]
Die Poesie sollte vielleicht mehr in den Situationen liegen als im Ausdruck der Figuren, die auf die Situationen reagieren. Von der größten Bedeutung ist es, einen Stil der Darstellung zu finden, der zugleich artistisch und natürlich ist. [...] Wir brauchen eine Kunst, die die Natur meistert, wir brauchen die künstlerisch gestaltete Wirklichkeit und die natürliche Kunst.
Das kulturelle Niveau eines Theaters wird unter anderm durch den Grad bestimmt, in welchem es den Gegensatz zwischen ›edlem‹ (gehobenem, stilisierendem) und realistischem (›der Wirklichkeit abgelauschtem‹) Spiel zu überwinden vermag. Das realistische Spiel hat, wie oft angenom-

men wird, ›von Natur‹ etwas ›Unedles‹, so wie das ›edle‹ Spiel etwas Unrealistisches hat. [...] Die Realität mag unschön sein, das verbannt sie durchaus nicht von einer Stilbühne. Gerade ihre Unschönheit kann der Hauptgegenstand der Darstellung sein. [...] Die Gegenstände der Komödie, die das ›gemeine Leben‹ schildert, entziehen sich durchaus nicht der Veredelung. Das Theater hat die delikate Farbe, die angenehme und bedeutende Gruppierung, die originelle Gestik, kurz den *Stil* zur Verfügung, es hat Humor, Phantasie und Weisheit, um das Häßliche zu meistern. Davon zu sprechen ist notwendig, da unsere Theater nicht ohne weiteres geneigt sind, für Stücke, die Inhalte und Formen des Volksstücks aufweisen, so etwas Hohes wie Stil aufzuwenden. [...] Die ganze Gattung des Volksstücks wird ja, wie erwähnt, nicht als literarische Gattung anerkannt. Die Ballade und die elisabethanische Historie sind literarische Gattungen, aber auch die Moritat, aus der die erstere, und das Schauerstück der Biergärten, aus dem die letztere sich entwickelte, beide erheischten ›Stil‹, ob man sie als literarisch anerkennen will oder nicht. [...]
Das Volksstück ist eine lange verachtete und dem Dilettantismus oder der Routine überlassene Gattung. Es ist an der Zeit, ihr das hohe Ziel zu stecken, zu dem ihre Benennung diese Gattung eigentlich von vornherein verpflichtet.«

(Brecht: Anmerkungen zum Volksstück [1940]. Versuche. Heft 10. Berlin: Suhrkamp 1957. S. 117–122)

Auch Friedrich Dürrenmatt (geb. 1921), der sich mehrfach auf Nestroy beruft, geht in Theorie und Praxis auf Stil und Struktur der *Posse* bzw. des *Volksstücks* zurück:

»Man hat ja jederzeit nicht nur auf, sondern mit der Bühne gedichtet, ich denke etwa an die Komödien des Aristophanes oder an die Lustspiele Nestroys. [...]
[Unsere Zeit] hat das Publikum erzogen, in der Kunst etwas Weihevolles, Heiliges, Pathetisches zu sehen. Das Komische gilt als das Minderwertige, Dubiose, Unschickliche, man läßt es nur gelten, wo einem so kannibalisch wohl wird als wie fünfhundert Säuen. Doch in dem Moment, wo das Komische als das Gefährliche, Aufdeckende, Fordernde, Moralische erkannt wird, läßt man es fahren wie ein heißes

Eisen, denn die Kunst darf alles sein, was sie will, wenn sie nur gemütlich bleibt« (Theaterprobleme [1954/55]).

»Ebenso erstaunlich ist die Art, wie die Literaturwissenschaft das Drama behandelt, [...] was nun möglich macht, daß ein so schlecht schreibender Dramatiker wie etwa Hebbel ernster genommen wird als der in jeder Hinsicht und besonders auch im Dichterischen unendlich wichtigere Nestroy« (Etwas über die Kunst, Theaterstücke zu schreiben [1951]).

»Der Schauspieler weiß, was das Publikum will, und richtet sich nach dem Publikum, ein viel gesünderes Prinzip, als man dort glaubt, wo nur ›an sich‹ gedichtet wird. Raimund und Nestroy sind große Theaterdichter, weil sie große Schauspieler waren; ihr dramatischer Stil und ihre Schauspielkunst sind eins. [...] Die Komödie wurde zum Textbuch, zu einer Unterlage, von der aus man seine Rolle frei gestaltete« (Die alte Wiener Volkskomödie [1953]).

»Man inszeniere mich auf die Richtung von Volksstücken hin, behandle mich als eine Art bewußten Nestroy, und man wird am weitesten kommen. Man bleibe bei meinen Einfällen und lasse den Tiefsinn fahren [...]« (Anmerkung zum »Besuch der alten Dame« [1957]).

»[...] eine Theaterform, wie sie etwa Raimund und Nestroy in Österreich entwickelt haben, dieses höchst virtuose, ja manchmal artistische und zugleich volkstümliche Theater fehlt hierzulande ganz. Entweder Schauspielhaus oder Dorftheater, das ist die traurige Bilanz, und das fehlende Zwischenglied hat sich die Operette erobert [...]« (Die kleine Niederdorf-Oper [1952]).

(Dürrenmatt: Theater-Schriften und Reden. Zürich: Verlag Die Arche 1966. S. 105, 128, 138 f., 142 f., 181 und 322)

V. Literaturhinweise

1. *Ausgaben*

Sämtliche Werke. Historisch-kritische Gesamtausgabe. Hrsg. von Fritz Brukner u. Otto Rommel. 15 Bde. Wien 1924–30. (Zitiert als: SW.)

Gesammelte Werke. Hrsg. von Otto Rommel. 6 Bde. Wien 1948/49 (Nachdrucke: 1962 und 1968).

Werke. Ausgewählt und mit einem Nachwort versehen von Oskar Maurus Fontana. München 1962.

Ausgewählte Werke. Hrsg. von Hans Weigel. Gütersloh 1962.

Werke. Ausgewählt und eingeleitet von Paul Reimann. 2 Bde. Berlin u. Weimar [2]1966.

Werke. Hrsg. von Franz H. Mautner. 3 Bde. Frankfurt a. M. 1970.

Der Talisman. Posse mit Gesang in drei Akten. Mit einem allegorischen illuminierten Bilde. Wien: Wallishauser 1843 (Erstdruck).

Der Talisman. Text und Materialien zur Interpretation besorgt von Helmut Herles. Berlin u. New York 1971. (Komedia 17.)

Gesammelte Briefe (1831–1862) und Revolutionsdokumente (Nestroy und seine Bühne im Jahre 1848). Hrsg. von Fritz Brukner. Wien 1938. (Zitiert als: Briefe.)

2. *Forschungsberichte*

Mendel, Rüdiger: Die Entwicklung des Nestroybildes. Diss. Graz 1965 [masch.].

Hein, Jürgen: Nestroyforschung (1901–1966). In: Wirkendes Wort 18 (1968) S. 232–245.

Fiedler, Leonhard M.: Nestroy analysé, présenté et traduit. In: Etudes Germaniques 25 (1970) S. 69–74.

Preisner, Rio: Der konservative Nestroy: Aspekte der zukünftigen Forschung. In: Maske und Kothurn 18 (1972) S. 23–37.

3. *Gesamtdarstellungen*

Sittenberger, Hans: Johann Nestroy. In: Jahrbuch der Grillparzer-Gesellschaft 11 (1901) S. 125–164.

Kraus, Karl: Nestroy und die Nachwelt. Zum 50. Todestage. In: Die Fackel Nr. 349/350 (1912) S. 1–23.

Rommel, Otto: Johann Nestroy. Ein Beitrag zur Geschichte der Wiener Volkskomik. In: SW XV, 5–357.

Forst de Battaglia, Otto: Johann Nestroy. Abschätzer des Menschen. Magier des Wortes. Leipzig 1932.

Fleischmann, Benno: Johann Nestroy und sein wienerisches Welttheater. In: Monatsschrift für Kultur und Politik 1 (1936) S. 523–536.

Mautner, Franz Heinrich: Johann Nestroy und seine Kunst. Wien [1937].

Sprengler, Joseph: Nestroy: Geist und Stil. In: Hochland 37 (1939/40) S. 222–231.

Rommel, Otto: Johann Nestroy. Der Satiriker auf der Altwiener Komödienbühne. In: Nestroy, Gesammelte Werke. Bd. 1. S. 5–194.

Fischer, Ernst: Johann Nestroy. In: E. F., Von Grillparzer zu Kafka. Wien 1962. S. 125–207.

Forst de Battaglia, Otto: Johann Nestroy. München 1962.

Basil, Otto: Johann Nestroy. Reinbek bei Hamburg 1967. (Rowohlts Monographien.)

Weigel, Hans: Nestroy. Velber bei Hannover 1967. (Friedrichs Dramatiker des Welttheaters 27.)

Preisner, Rio: Johann Nepomuk Nestroy. Der Schöpfer der tragischen Posse. München 1968.

Bauer, Roger: Johann Nepomuk Nestroy. In: Deutsche Dichter des 19. Jahrhunderts. Hrsg. von Benno von Wiese. Berlin 1969. S. 326 bis 341.

Preisendanz, Wolfgang: Nestroys komisches Theater. In: Das deutsche Lustspiel II. Hrsg. von Hans Steffen. Göttingen 1969. S. 7–24.

Seidmann, Gertrud: Johann Nestroy. In: German men of letters. Bd. 5. London 1969. S. 275–299.

Kahl, Kurt: Johann Nestroy oder Der wienerische Shakespeare. Wien, München u. Zürich 1970.

Mautner, Franz H.: Nestroy. Heidelberg 1974. (Poesie und Wissenschaft 3.)

4. »Der Talisman«

Mautner, Franz Heinrich: Nestroy. Der Talisman. In: Das deutsche Drama. Hrsg. von Benno von Wiese. Bd. 2. Düsseldorf 1962. S. 23–43.

Herles, Helmut: Nestroys Talisman und seine französische Vorlage. Magisterarbeit. Frankfurt a. M. 1965.

May, Erich Joachim: Das Wiener Volksdrama von 1840 bis 1844 und die Wirklichkeitsbeziehung seiner dramaturgischen Mittel. Ein Beitrag zur theaterhistorischen und dramaturgischen Entwicklung des Volksdramas im 19. Jahrhundert. Diss. Greifswald 1966 [masch.]. (Zum Talisman: S. 233 ff.)

Tönz, Leo: Nestroys Talisman und seine französische Vorlage. Diss. Wien 1967 [masch.]. Gedruckt unter dem Titel: Die künstlerische Eigenständigkeit und Eigenart Nestroys. Wien 1969. (Dissertationen der Universität Wien 31.)

Herles, Helmut: Nestroys Komödie »Der Talisman«. Von der ersten Notiz zum vollendeten Werk. Mit bisher unveröffentlichten Handschriften. München 1974.

5. Einzelfragen zu Nestroys Werk

Zeidler, Jakob: Die Grundlagen von Johann Nestroys literarischer Eigenart und Weltanschauung. In: Die Kultur 8 (1907) S. 433–448.

Langer, Leo: Nestroy als Satiriker. Jahresbericht des k. k. Maximilians-Gymnasiums. Wien 1908.

Bührmann, Max: Johann Nepomuk Nestroys Parodien. Diss. Kiel 1933.

Seidl, Karl: Die Sprache Nestroys. Diss. Wien 1933 [masch.].

Koch, Walter: Johann Nestroy als Schauspieler. Diss. Innsbruck 1934 [masch.].

Bauer, Anton: Die Musik Adolph Müllers zu den Theaterstücken Johann Nestroys. Ein Beitrag zur Musikgeschichte des volkstümlichen Theaters in Wien. Diss. Wien 1935 [masch.].

Hämmerle, Alphons: Komik, Satire und Humor bei Nestroy. Diss. Freiburg (Schweiz) 1947.

Bujak, Liselotte: Nestroys Beziehungen zum Biedermeier. Diss. Wien 1948 [masch.].

Marinovic, Walter: Der Witz bei Nestroy. Diss. Wien 1951 [masch.].

Olles, Helmut: Zerrissenheit bei Raimund und Nestroy. Diss. Frankfurt a. M. 1954 [masch.].

Gengnagel, Dagmar: Zur sprachlichen Gestaltung der Possen Nestroys. In: Wiss. Zeitschrift der Schiller-Universität Jena. Gesellschafts- u. sprachwiss. Reihe (1962) H. 1, S. 119–130.

Kindermann, Heinz: Nestroy – Revolutionär und Bürger. In: Maske und Kothurn 9 (1963) S. 132–152.

Hüttner, Johann: Wiener Nestroyaufführungen vom Tode des Autors bis zum Ende des 2. Weltkriegs. Diss. Wien 1965 [masch.].

Kuhn, Christoph: Witz und Weltanschauung in Nestroys Auftrittsmonologen. Diss. Zürich 1966.

Yates, W. E.: Convention and Antithesis in Nestroy's Possen. In: Modern Language Revue LXI (1966) S. 225–237.

Brill, Siegfried: Die Komödie der Sprache. Untersuchungen zum Werke Johann Nestroys. Nürnberg 1967. (Erlanger Beiträge 28.)

Gladt, Karl: Die Handschriften Johann Nestroys. Graz, Wien u. Köln 1967.

Hillach, Ansgar: Die Dramatisierung des komischen Dialogs. Figur und Rolle bei Nestroy. München 1967.

Kreissler, Felix: Das Französische bei Raimund und Nestroy. Wien 1967.

Boege, Günther: Nestroy als Bearbeiter. Studien zu »Die verhängnisvolle Faschingsnacht«, »Der Unbedeutende« und »Judith und Holofernes«. Diss. Frankfurt a. M. 1968.

Roth, Klaus: Nestroys dramatische Technik. Diss. FU Berlin 1968.

Nestroy-Inszenierung in unserer Zeit. In: Neue Zürcher Zeitung Nr. 473 (4. 8. 1968) S. 51 f.

Diehl, Siegfried: Zauberei und Satire im Frühwerk Nestroys. Bad Homburg, Berlin u. Zürich 1969. (Frankfurter Beiträge 9.)

Boeckmann, Klaus: Untersuchungen zu den Elementen des Komischen im Werk Nestroys. Ein Beitrag zur Phänomenologie der literarischen Komik und zur Poetik der Komödie. Diss. Hamburg 1970.

Hein, Jürgen: Spiel und Satire in der Komödie Johann Nestroys. Bad Homburg, Berlin u. Zürich 1970. (Ars Poetica 11.)

Fülleborn, Ulrich: Offenes Geschehen in geschlossener Form. Grillparzers Dramenkonzept. Mit einem Ausblick auf Raimund und Nestroy. In: Deutsche Dramentheorien. Hrsg. von Reinhold Grimm. Frankfurt a. M. 1971. Bd. 2. S. 293–322.

Destro, Alberto: L'intelligenza come struttura drammatica. Saggio su Johann Nestroy. Napoli 1972. (AION. Quaderni degli annali, Sezione germanica 6.)

Yates, W. E.: Nestroy. Satire and parody in viennese popular comedy. Cambridge 1972.

Herles, Helmut: Nestroy und die Zensur. In: Theater und Gesellschaft. Das Volksstück im 19. und 20. Jahrhundert. Hrsg. von Jürgen Hein. Düsseldorf 1973. S. 121–132.

Harding, Laurence V.: The dramatic art of Ferdinand Raimund and Johann Nestroy. A critical study. The Hague, Paris 1974.

6. *Zur Wirkungsgeschichte Nestroys*

Reichert, Herbert W.: Some Causes of the Nestroy Renaissance in Vienna. In: Monatshefte für den deutschen Unterricht XLVII (1955) S. 221–230.

Straubinger, O. Paul: The Reception of Raimund and Nestroy in England and America. In: Österreich und die Angelsächsische Welt. Hrsg. von Otto Hietsch. Wien u. Stuttgart 1961. S. 481–494.

Fontana, Oskar Maurus: Die Wiener Grillparzer-, Raimund- und Nestroy-Neuaufführungen seit 1945. In: Maske und Kothurn 8 (1962) S. 132–141.

Mautner, Franz Heinrich: Nestroys Kunst und unsere Zeit. In: Jahrbuch der Deutschen Schillergesellschaft 7 (1963) S. 383–415.

Eder, Alois: »Die geistige Kraft der Gemeinheit«. Zur Sozialgeschichte der Rezeption Nestroys. In: Theater und Gesellschaft. Das Volksstück im 19. und 20. Jahrhundert. Hrsg. von Jürgen Hein. Düsseldorf 1973. S. 133–153.

Mühlher, Robert: Johann Nestroy im Lichte der Kritik. In: R. M., Österreichische Dichter seit Grillparzer. Wien 1973. S. 130–155.

Vgl. Mendel (s. u. 2) und Hüttner (s. u. 5).

7. *Zum »Wiener Volkstheater«*

Kaiser, Friedrich: Unter fünfzehn Theaterdirektoren. Bunte Bilder aus der Wiener Bühnenwelt. Wien 1870. (Zitiert als: Kaiser.)

Schlögl, Friedrich: Vom Wiener Volkstheater. Erinnerungen und Aufzeichnungen. Wien u. Teschen 1883.

Enzinger, Moriz: Die Entwicklung des Wiener Theaters vom 16. zum 19. Jahrhundert (Stoffe und Motive). Berlin 1918/19. (Schriften der Gesellschaft für Theatergeschichte 28/29.)

Blümml, Emil Karl u. Gustav Gugitz: Alt-Wiener Thespiskarren. Die Frühzeit der Wiener Vorstadtbühnen. Wien 1925.

Rehm, Harald: Die Entstehung des Wiener Volkstheaters im Anfang des 18. Jahrhunderts. Diss. München 1936.

Obzyna, Gertrude: Die Nachkommen der lustigen Person im österreichischen Drama des 19. Jahrhunderts. Diss. Wien 1941 [masch.].

Rommel, Otto: Die Alt-Wiener Volkskomödie. Ihre Geschichte vom barocken Welttheater bis zum Tode Nestroys. Wien 1952.

Behrens, Ernst: Mimische Grundformen im Wiener Volkstheater. Diss. Wien 1961 [masch.]. (Teildruck in: Jahrbuch der Gesellschaft für Wiener Theaterforschung, 1963, S. 3–116).

Bauer, Roger: La réalité, royaume de Dieu. Etudes sur l'originalité du théâtre viennois dans la première moitié du 19ème siècle. München 1965.

Dietze, Walter: Tradition und Ursprünglichkeit in den »Besserungsstücken« des Wiener Volkstheaters. In: Weimarer Beiträge 12 (1966) S. 566–572.

Gromes, Hartwin: Vom Alt-Wiener Volksstück zur Wiener Operette. Diss. München 1967.

Hein, Jürgen (Hrsg.): Theater und Gesellschaft. Das Volksstück im 19. und 20. Jahrhundert. Düsseldorf 1973. (Literatur in der Gesellschaft 12.)

Urbach, Reinhard: Die Wiener Komödie und ihr Publikum. Stranitzky und die Folgen. Wien u. München 1973.

Für die freundliche Genehmigung zum Abdruck von Zitaten und Auszügen aus urheberrechtlich geschützten Werken danken Herausgeber und Verlag den einzelnen Rechteinhabern. Die genauen Quellennachweise finden sich jeweils unter den Zitaten.

Inhalt

TH

OF TH S

TEXT OF

WITH INTRODUCTION AND NOTES

BY

E. A. GARDINER, M.A.

LATE HEAD MASTER OF KING EDWARD VI. SCHOOL, LOUTH,
AND EXAMINER IN RELIGIOUS KNOWLEDGE TO
THE CAMBRIDGE SYNDICS

RIVINGTONS
LONDON

Published by

RIVINGTONS (PUBLISHERS) LIMITED
MONTAGUE HOUSE
RUSSELL SQUARE
LONDON WC1B 5BX

THIRTEENTH IMPRESSION 1977

Printed in Great Britain
by T. and A. CONSTABLE LTD., Hopetoun Street
Printers to the University of Edinburgh
ISBN 0 280 22884 8 PRA 5236

PREFACE

JUDGING by the very favourable reception accorded to the author's recent work, *The Life and Teaching of Christ*, it would seem that there exists a desire amongst those responsible for the religious teaching in our schools for an edition of the books of the Bible of this character. Most of us are agreed that the text is the all-important matter, and that annotation should be reduced to a minimum, and confined to those passages which have been found by experience to require elucidation. This plan has been pursued in the present work, the notes being largely concerned with historical and geographical difficulties and the light thrown upon them by recent researches and discoveries.

The Acts is of unique interest to us as the source of our knowledge of primitive Church history, and the latter part contains a record of the travels of the first and greatest of foreign missionaries. It is essential therefore that the student should attempt to visualise the historical and geographical setting of the narrative, and the local conditions obtaining during the period. The notes are intended to help in this endeavour, and for the same reason approximate dates have been given for the various stages of development of the Christian Church. On the other hand, it is of the utmost importance for the student to realise that the Acts is something far more than a mere historical narrative or travel story, and with this end in view the inner and deeper purpose of the book as a defence of Christianity against the attacks of Judaism, and an exposition of the spiritual and universal nature of Christ's Kingdom, is discussed at some length in the Introduction.

Wherever controversial points have arisen, e.g. in discussing the date of composition of the Acts, the author has preferred, as in his former work, to put forward a brief summary of present-day opinion without dogmatic assertion; his attitude remains (in the words of a reviewer) "moderately conservative, but not old-fashioned."

The book covers the requirements of most examinations in this subject, and will be found specially suitable for General Certificate purposes, but it has not been "written up" for any examination, and it is hoped that it will be found helpful by many outside the schools who are interested in the early history of the Church to which they belong.

E. A. G.

LOUTH.

CONTENTS

MAPS, Etc.

INTRODUCTION

THE BOOK AND ITS AUTHOR

FROM the opening verse of the Acts we learn that the book was intended as a sequel to a former (lit. " first," as in the margin) treatise. It is quite possible that a third volume was contemplated, which would account in some measure for the abrupt conclusion of the Acts, but so far as we know this was never compiled.

The " first treatise " was without doubt our third Gospel (St. Luke). We have only to read the opening and concluding verses of the Gospel to obtain conclusive evidence on this point. In the Preface with which the Gospel opens, the book is dedicated to Theophilus, who is there given the title " most excellent," and who is also mentioned in the first verse of the Acts. The epithet, which may be compared with the modern form of address " your excellency," is applied in the Acts to the two procurators of Judæa, Felix (23^{26}) and Festus (26^{25}), and indicates that Theophilus must have been a man of high rank, or a distinguished public servant. No doubt he was a Gentile convert, but nothing further is known of him, and the name (meaning " lover of God ") was probably not his official Roman (or Greek) name, but the title by which he was known among his Christian friends.

Relation to the Third Gospel.

Turning to the close of the Gospel, and comparing its conclusion with the opening verses of the Acts, we cannot fail to see the close connecting link between the two volumes. Our Lord's prophecy of a universal Church emanating from Jerusalem of Lk. 24^{47} is repeated in almost identical words in Acts 1^{8}, and is accompanied in each case by the injunction to wait in Jerusalem for the "promise of the Father" (Lk. 24^{49}, Acts 1^{4}). The main *motif* of the second volume is the story of how this "promise of the Father" (i.e. the gift of the Holy Spirit) enabled the Apostles to expand the original conception of Christianity as merely a sect or branch of Judaism, into that of a universal Church in which there should be neither Jew nor Gentile. For this purpose the plan of the book follows closely the sequence given in 1^{8}, "both in Jerusalem, and in all Judæa and Samaria, and unto the uttermost part of the earth," and with the arrival of St. Paul at Rome (the hub of the universe), the climax of the Gospel story is reached, and the biography of St. Paul (which is not the main object of the book) closes with startling abruptness.

Common Authorship.

Apart from the close connexion shown above, the common authorship of the two books is clearly indicated by the high standard of literary expression which obtains in both works. The style of the writer of the third Gospel is easily distinguished from that of other New Testament writers by his high command of the Greek language; his compressed yet lucid expression, and his rich vocabulary containing many rare poetical and classical words. Taking the two works together they contain about 700 words (the majority in the Acts) which are not found elsewhere in the New Testament, and of these some 50 occur in both books.

What has been said of the literary style of the author applies equally to his method of arranging the subject-matter at his disposal, which is very similar in the two works. In the Preface to the Gospel, the author states that he has "traced the course of all things accurately from the first" and that it is his intention to write "in order." His claim to historical accuracy and orderly chronological development of narrative is certainly substantiated both in the Gospel and the Acts. In each he connects his story with contemporary events in world history, either by chronological notes as in the Gospel (Lk. 2^1, 3^1), or by reference to prominent actors on the stage of world history as in the Acts. He is the only New Testament writer who even mentions the name of a Roman Emperor, and his numerous references in the Acts to various Imperial officials and their systems of administration have almost invariably been confirmed by the later knowledge gained from the discovery of inscriptions and from other sources. Numerous examples of the author's accuracy in these matters are noted in the commentary; let it suffice to mention here his correct description of the priest of Zeus at Lystra (14^{13}); the prætors and lictors at Philippi (16^{35}); the politarchs of Thessalonica (17^6); the Asiarchs of Ephesus (19^{31}); and the title " chief man " or " first man," for the ruler of the Island of Malta (28^7).

Identity of the Author.

As to the identity of the writer of this two-volume treatise, early tradition is unanimous in attributing the authorship to St. Luke. Clement of Alexandria, Irenæus and Tertullian, all writing in the late second, or early third century, accept the Lukan authorship without question, and similar evidence is borne by the Muratorian Canon.[1] Eusebius, writing about A.D. 325, speaks of the author as " Luke, by race a native of Antioch, by profession a physician." This universal tradition is confirmed by the contents of the Acts, portions of which are written in the first person. Wherever these " we passages " occur we are justified in assuming that the author was present as a companion of St. Paul and eye-witness of the events described.[2] We learn from them that

"We passages."

[1] The Muratorian Fragment is a passage of about eighty lines of very ancient Christian literature discovered by Muratori of Milan (1740), incorporated in an eighth-century manuscript. It was probably compiled in Rome about A.D. 190, and contains the earliest list of the New Testament books (the Muratorian Canon) which agrees very closely with those of Tertullian and Irenæus.

[2] St. Luke *may* have been present also on other occasions (see p. xi).

the writer crossed from Troas to Philippi with St. Paul after the vision of the man of Macedonia on the second journey (16^{10}); rejoined him here on the third journey some five years later (20^{5}); accompanied him to Jerusalem and Cæsarea (21^{15}); and finally travelled with him to Rome (27^{1}). Among the companions of St. Paul during this period St. Luke is the only one whose claim to the authorship of the narrative can be considered satisfactory. The only serious rival is Titus, who is never mentioned by name in the Acts, though St. Paul speaks of him frequently in his Epistles, and addresses one to him. This has given rise to the suggestion that he and St. Luke were one and the same person whose full name was Titus Lucas, but this view cannot be held in face of 2 Tim. 4^{10}, "Titus [has gone] to Dalmatia; only Luke is with me." We are therefore thrown back upon the traditional belief of Lukan authorship—a belief never seriously threatened.

Life of St. Luke.

St. Luke's name appears three times in the Pauline letters. Writing from Rome to the Colossians (4^{14}), St. Paul sends salutations from "Luke the beloved physician"; in his letter to Philemon (*v.* 24) St. Luke's name is mentioned as a "fellow-worker"; and finally in the closing scene of the great Apostle's life, when he writes his pathetic appeal to Timothy telling him that "the time of my departure is come, I have fought the good fight; I have finished the course; I have kept the faith," St. Luke appears as the sole companion who had remained to see the end—"only Luke is with me" (2 Tim. 4^{11}).

Connexion with Antioch.

In the first of these passages St. Luke's name appears apart from "those of the circumcision," from which it is evident that he was a Gentile, a fact borne out by the Greek form of his name, and by his choice of Theophilus as a patron. The statements of Eusebius and Jerome that he was a convert of Syrian Antioch are generally accepted, and this would account for his intimate knowledge of the foundation and early history of the Antiochene Church

(11^{19}, 13^{1}). It is possible that he first met St. Paul there after the return of the latter from Tarsus with Barnabas (11^{25}), and was amongst his first converts. On the other hand, from consideration of the "we passages," it has been argued that St. Luke was in some way connected with the man of Macedonia, and was perhaps a native of Philippi. This would explain his vivid account of the events in that city, and his accurate knowledge of local conditions, e.g. the status of Philippi as a Roman colony, and the somewhat exaggerated description of it as "a city of Macedonia, the first of the district" (16^{12})—a pardonable touch of civic patriotism. The fact that he remained behind when St. Paul continued his journey favours this view, and it has been suggested that St. Luke was a descendant of one of the Macedonian families which had settled in Antioch during the time of Alexander's conquests in the East.

and Macedonia.

But the same argument of his accurate knowledge of local conditions has been used to connect St. Luke with S. Galatia, and to support the theory that he belonged not to Syrian, but to Pisidian, Antioch. Certainly his full report of St. Paul's first missionary sermon at Antioch and of the subsequent turning to the Gentiles (13^{46}) seems to indicate the actual presence of the writer on this occasion. The detailed account of events at Lystra (14^{8-20}) also reads like the work of an eye-witness, and the presence of St. Luke as a companion of St. Paul in his S. Galatian mission receives some slight support from the use of "we" in 14^{22}. Whether the author was present or not, the contents of the two chapters afford a further example of the historical accuracy which characterises the whole of St. Luke's work, but they cannot be accepted as very strong evidence that he was a native of the district.

It seems better to retain the traditional view of Syrian Antioch as his home, a view which receives some confirmation from the words in some MSS. (including the Codex Bezæ[1]), added at the end of 11[27], "and there was much exultant joy. And when we were assembled together one from among them spake, by name Agabus . . ." The use of the first person implies the presence of St. Luke at Antioch about A.D. 45, and even if the words are not part of the original narrative, but added later as a gloss, they may be taken as a confirmation of the Antiochene origin of St. Luke.

It seems probable that St. Luke was a proselyte or semi-proselyte before his conversion to Christianity. We have evidence of this in the special interest shown in the proselytes proper (e.g. Nicolas of Antioch 6[5]), and his repeated references to the semi-proselytes or "God-fearers" (e.g. the Ethiopian eunuch, 8[27], Cornelius, 10[2], etc.). He also shows a wide knowledge of the Old Testament scriptures and of the Jewish interpretation of them, as also of such Jewish rites as the Nazirite vow, and the law of Clean and Unclean Meats. We may note, too, his reference to the Sabbath day's journey in 1[12] and his frequent use of the Jewish calendar to date events (2[1], 12[3, 4], 20[16], 27[9]).

Of the medical knowledge of "the beloved physician" we have numerous examples throughout the Gospel and the Acts.

"Luke the Physician."

Evidence on this point may have been exaggerated by some commentators; nevertheless there are many passages in which the technical character of the language used clearly indicates the professional knowledge of the writer. Of those in the Acts the following may be cited as the most striking: "wrapped him round" (5[6])—the verb, here meaning "to enshroud," is a medical term for "to bandage"; "there fell . . . scales" (9[18]) is a technical expression denoting the "peeling" of scaly substances from

[1] The Codex Bezæ is so called because it was presented to Cambridge University in 1581 by Theodore Beza of Geneva, who is supposed to have obtained it from a monastery in Lyons. It is a sixth-century uncial manuscript of the four Gospels and the Acts written on vellum, containing the Greek text and a Latin version in parallel columns.

the skin; the word translated "mist" in 13^{11} is the scientific name for an eye-disease; in the viper incident (28^{3-6}) the words for "the heat" (*v.* 3) and "swollen" (*v.* 6) are both medical terms, and the toxic results which might be expected from the bite are correctly stated; verses 8 and 9 of the same chapter abound in technical terms, the description of the disease of Publius' father, the words for "healed" (instantaneously), and "cured" (by medical attention) all bearing witness that the writer was well versed in medical lore.

His Interest in Sorcery, etc.

As a doctor St. Luke would naturally be interested in (though not sympathetic towards) the pseudo-scientific practices of magic, sorcery and exorcism, and we can discern touches of professional *hauteur* (quite foreign to his kindly-disposed nature), in the manner in which he deals with the charlatans Simon of Samaria (8^{9}) and Elymas (13^{6}), the would-be exorcising sons of Sceva (19^{14}), and the maid with the Python at Philippi (16^{16}).

It is generally conjectured that St. Luke accompanied St. Paul as his medical attendant. In Gal. 4^{13} St. Paul speaks of an "infirmity of the flesh," which in 2 Cor. 12^{7} he calls a "thorn (or stake) in the flesh, a messenger of Satan to buffet me." Whatever may have been the nature of his complaint, there is no doubt that it left the sufferer constitutionally weak and probably affected his eyesight (see note on 13^{14}), so that the constant care and attention of a medical adviser was necessary in order to preserve his health.

The suggestion that St. Luke was a freed man who had once been a slave in a Roman family has much to be said for it. He bore a Roman name (Lucanus), and it was customary for a freed slave to adopt his master's name after release. Moreover, amongst the Romans the profession of medicine was not regarded with great favour, the medical duties of the household being usually carried out by a slave or freed man. The Greeks, on the contrary, ranked medicine along with philosophy as one of the highest studies, and medical schools were attached to most of their universities. If we accept the suggestion that St. Luke had spent a portion of his life in servitude, we can well understand the atmosphere

Characteristics of his Works.

of sympathy and kindliness which pervades the whole of his writings. This is more particularly true perhaps of his Gospel, where his sympathy for the outcast and poor, as shown especially by his record of the parables of Divine mercy, is one of the outstanding features of his work. But the prominence there given to the ministry of women, whose status among the Jews was anything but an honourable one, is also noticeable in the Acts. We think at once of the charitable works of Dorcas (9^{36}); of the enthusiasm and hospitality of Lydia (16^{14}); and of the missionary work of Priscilla (18^{2}, ^{26}); while even the humble domestic Rhoda (12^{14}) is thought worthy of mention by name.

Tradition is very uncertain as to the latter days of the evangelist. Eusebius, in the passage already mentioned (p. ix), states that "having neither wife nor child he died in Bithynia at the age of seventy-four," but another tradition regards Greece as the scene of his end. The former is more likely, but we have no reliable evidence that he suffered martyrdom. The legend that he was a painter seems to have arisen in Constantinople in the sixth century.

DATE OF COMPOSITION OF THE ACTS

This cannot be fixed with any certainty; three suggestions have been made as to the period at which St. Luke wrote, and between two of them, at any rate, it is very difficult to decide.

1. It is held by many scholars that the book was written very shortly after the close of the narrative, somewhere between A.D. 61 and 64.
2. According to another view the Acts must be dated some ten years later after the fall of Jerusalem, about A.D. 73–76.
3. Finally, there are others who express the opinion that the book was not completed till near the end of the century, about A.D. 95.

Use of Josephus.

To take the last theory first, it is based mainly on the argument that St. Luke was acquainted with the "Jewish Antiquities" of Josephus, which was not written till about A.D. 93. It is suggested that he made use of this source in his account of Agrippa's death (12^{21}), and the rebellion of "the Egyptian" (21^{38}), and that the well-known historical inaccuracy with regard to Theudas and Judas (5^{36}) is best explained on the assumption that St. Luke had read (or rather *mis*-read) the parallel passage in the "Antiquities." The evidence of his dependence upon Josephus, however, is far from convincing, and there is another (and a better) explanation of the historical difficulty (see note there). For this reason the late date which would require strong evidence to support it has not met with general acceptance.

Abrupt Conclusion of the Acts.

There is much to be said for the theory that the Acts was written during (or very shortly after) St. Paul's first imprisonment at Rome. The main argument in its favour is the strange silence of the writer as to what happened at the end of the "two whole years" (28^{30}, where the note should also be read). If St. Paul was released owing to the non-appearance of his Jewish accusers, as is generally believed, it seems almost incredible that St. Luke could have failed to mention this final confirmation of the sympathetic (or, at any rate, tolerant) attitude of Rome towards the new sect, which he has been at such pains to show in the latter part of his work. The explanation offered is that the Acts was composed before the result of the appeal was known. Again, assuming St. Paul's release and a subsequent visit to Asia, which seems to be implied in the Pastoral Epistles,[1] it is argued that St. Paul's statement to the Ephesian elders, "ye . . . shall see my face no more" (20^{25}), repeated by St. Luke in *v.* 38, would not have been allowed to stand if the course of later events had been known to the author. Other minor points which favour this view are: that the writer makes no mention of the Neronic persecution of A.D. 64–68, nor of the fall of Jerusalem (A.D. 70); shows no knowledge of the Pauline Epistles; and betrays no sign of the bitterness between Jew and Gentile, characteristic of the period following the fall of the city. Further, such details as the names of Rhoda, Jason (17^{5}), Alexander (19^{33}), and the ship boarded at Malta (28^{11}) would not be likely to remain in the author's memory after any considerable lapse of time.

Date of the Third Gospel.

This is indeed a formidable array of evidence, and if we had only the Acts itself to consider, we should probably accept it. But we cannot detach the Acts from the third Gospel when considering its date, and it is extremely difficult to reconcile this early date with the usually accepted date of St. Luke's Gospel. It is true that some scholars have held the view that the Gospel may have been written as early as A.D. 54 during St. Luke's stay at Philippi, or a few years later when with St. Paul at Cæsarea. It is quite likely that he collected much of his material at Cæsarea and Jerusalem during this period, but the view is now generally held that the Gospel was not compiled till some twenty years later, after the fall of Jerusalem. In St. Luke's account of our Lord's prophetic discourse on the destruction of the city there are such marked differences from those of the other Evangelists (e.g. 19^{43},

[1] This is a composite title for the three Epistles (1 and 2 Timothy, and Titus) addressed by St. Paul to these "pastors" or overseers of the churches.

21[20], [24]), that they afford strong evidence that the author was writing after the catastrophe. Moreover, there is little doubt that St. Luke knew, and made use of, St. Mark's narrative, and the usual opinion (supported by the statement of Irenæus) is that the latter was not compiled before the deaths of St. Peter and St. Paul about A.D. 64. To throw it back before A.D. 60 would be unsatisfactory.

Probable Date, *circa* A.D. 75.

On account of this difficulty the later date seems more probable, about A.D. 73 for the third Gospel and A.D. 75 for the Acts, though the question must be regarded as an open one. The main argument for the early date, viz. the absence of any mention of the result of St. Paul's trial at Rome, may be explained by the fact that St. Luke does not profess to be writing a biography of St. Paul; his chief object as already stated is to show the fulfilment of our Lord's prophecy of the expansion of the Christian Church from Jerusalem to the "uttermost part of the earth." With the arrival of St. Paul at Rome, the author considers this object to be attained, and lays down his pen.

AIM AND SCOPE OF THE BOOK

The chief purpose of the author in writing the Acts has already been briefly stated (p. viii). A little closer analysis enables us to distinguish three main ideas running through the narrative, which the author evidently wishes to impress upon his readers; these will now be considered more fully.

A. *The Divine inspiration which directed the work of the Christian Church.*

In his Gospel St. Luke narrates what Jesus in person "began both to do and to teach"; the Acts describes how He continued this work through the agency of His Spirit.

The "Spirit of Jesus" is manifest in operation throughout the work, so much so that the suggestion has been made that a more accurate title for it would be the "Acts of the Holy Spirit." At the very outset St. Luke describes in detail the fulfilment of the "promise of the Father" in the miraculous outpouring of the Holy Spirit on the day of Pentecost, the effects of which were made manifest to the "devout men from every nation under heaven" (2^{5}), and led to the ingathering of about 3000 souls. This baptism of the Spirit, conferred first upon the nucleus of the Church at Jerusalem, we soon see extended to men of all nationalities—to the Samaritans (8^{17}); to the Roman centurion, Cornelius, and the whole of his Gentile household (10^{44}); and to the twelve disciples of St. John at Ephesus (19^{6}). The plans for the extension of the Christian Church were directed very largely by the influence of the Holy Spirit, which guided the steps of Philip (8^{29}, ^{39}) and St. Peter (10^{19}); altered the course of St. Paul's journeys on several occasions (16^{6}, 19^{21}); and warned him of the "bonds and afflictions" which awaited him at Jerusalem (20^{23}).

The Pentecostal Gift.

In the inner councils of the Church, too, the influence of the Holy Spirit is shown on numerous occasions, e.g. in the choice of the deacons (6^{3}) and the "separation" of Barnabas and Saul for missionary work (13^{2}); at the Christian Council of Jerusalem (15^{28}), and in the appointment of bishops or overseers (20^{28}). Apart from the Apostles, the chief missionaries, e.g. Stephen (7^{55}) and Barnabas (11^{24}) are described as being "full of the Holy Ghost," even as Jesus Himself was "anointed with the Holy Ghost and with power" (10^{38}). Thus was the presence of Jesus through His Holy Spirit made manifest in the foundation of His Church on earth; so we are promised will He be present "alway, even unto the end."

Influence within the Church.

B. *The Universal Nature of the Christian Kingdom.*

The second aim of the author is to show the fulfilment of the Divine promise of 1^8 by tracing the steps in the expansion of the Christian Church from a small nucleus of 120 souls at Jerusalem till it embraces practically the whole of the Roman Empire, and becomes firmly rooted in the Imperial city itself. In the first part of the Acts we see the growth of the Church brought about by the Christian dispersion, which resulted from the persecution following the martyrdom of Stephen. We read of its extension to Samaria (8^4); to all Judæa and Galilee (9^{31}); to Cæsarea (10^1); and to Phœnicia, Cyprus and Syrian Antioch (11^{19}). The last-named becomes the northern metropolis of the Christian movement, and the centre of the missionary work. Thence, as we see from the second part of the book, the Gospel message spreads through the provinces of Asia (where the third great Christian centre of Ephesus is established), Macedonia and Achaia, and finally to the heart of the Empire, Rome herself.

The Christian Dispersion.

Side by side with this external growth of the Church we see the development of Christianity from a Jewish sect into a universal Church of Christ. Beginning "first at Jerusalem" it soon spreads to the colonial Jews or Hellenists and proselytes; to the Samaritans and the outer fringe of semi-proselytes or "God-fearers" (see p. 8); and finally through them to the whole of the Gentile world. This rapid spread of the Gospel message by early missionaries was only made possible by the extremely favourable world conditions which obtained at this period. Rome was mistress of the world, and the reign of Augustus had given peace to the nations. There were no national barriers or restrictions, and the great Roman roads which ran throughout the Empire afforded excellent means of communication. There was no language difficulty, for Greek was the universally

Favourable World Conditions.

spoken dialect of educated men throughout the Empire ; the "gift of tongues" was not necessary for this purpose. The missionary work was helped, too, by the dispersed Jews who founded colonies in all the chief cities of the Empire, always carrying their religion with them, and establishing the synagogue worship. These Hellenists acted as intermediaries between Christianity and the heathen peoples, and many of them, like Philip, Barnabas and Apollos, played a very important part in handing on the Gospel message to the Gentile world. Moreover, the Jewish religion, based upon monotheism, everywhere proved attractive to outsiders, who attached themselves in large numbers to the Jewish synagogues, either as full proselytes or as "God-fearers." Thus the Christian missionaries always had a starting-point in the synagogues, and even when rejected by their countrymen (as at Pisidian Antioch and Corinth), they were able through the proselytes to obtain a footing among the Gentile population.

Hellenists and Proselytes.

Another important point which greatly favoured the growth of Christianity during this period was the tolerant attitude of Rome towards the new religion. From her provincial governors Christian teachers had nothing to fear ; Judaism was recognised as *religio licita*, and Christianity as yet was only regarded as a sect of Judaism. These governors indeed, whether proconsuls like Sergius Paulus and Gallio in charge of a senatorial province, or procurators appointed directly by the Emperor like Felix and Festus, are always portrayed by St. Luke as favourably disposed to the new sect. Thus we see that the time was indeed ripe for the extension of Christ's Kingdom ; His missionaries had such opportunities as did not recur till the eighteenth century, and the Acts tells the story of how they were used by St. Paul, the Roman citizen, to found a Christian Empire which within the next few centuries was to replace the great Empire of Rome.

Attitude of Rome.

C. *The opposition of Judaism*[1] *to Christianity.*

In the preceding section it has been shown that St. Luke lays great stress on the tolerant attitude of Rome towards Christianity as a sect of Judaism; he is equally emphatic in his denunciation of the Jews as the chief opponents of the Christian movement in its early stages. He has already narrated in his Gospel how the Jews, through their leaders, rejected the Messiahship of Jesus, and put Him to death as a blasphemer. In the first speech recorded in the Acts, St. Peter accuses the Jews of having "killed the Prince (or author) of life" (3^{14}), and argues that His Passion and Resurrection were the complete fulfilment of what had been predicted concerning the Messiah "by the mouth of all the prophets," thus vindicating the claim of Jesus of Nazareth to be that Messiah. It was only natural that this stern denunciation should arouse further hostility, especially among the priestly Sadducean party, to whom the idea of *any* resurrection was *anathema*, with the result that the speech was interrupted and the two Apostles were thrown into prison. Though discharged with a caution, they were soon rearrested along with the other Apostles, and only the intervention of Gamaliel with his policy of temporisation saved their lives. Gamaliel's advice seems to have been followed for a while, but the persecution breaks out afresh against Stephen on account of his more liberal views as to the true basis of Judaism, resulting in his martyrdom and the first Christian dispersion.

Persecution of the Apostles.

In the next persecution, some ten years later, we see the Jewish nation represented in the person of its king (Agrippa I.),

[1] It may be well to point out that we are here speaking of the national religion of Judaism, as represented by the Jewish authorities at Jerusalem, who were still bound by subservience to the Mosaic Law in all its fulness. The opposition of the strictly Judaic party *within the Christian Church* to the unconditional admission of Gentile converts is another question which is discussed in the note on 15^{1}.

who, in order to "please the people," put St. James the Zebedean to death, and was only prevented by Divine intervention from meting out the same treatment to St. Peter (12^2).

Plots against St. Paul. At a later period St. Paul was specially singled out as the object of Jewish hatred, owing to the recognition that his successful missionary work was rapidly expanding Christianity into a world-wide force, and thus sounding the death-knell of Judaism. Hence the desperate expedients of the home Jews, even at a time when St. Paul was doing his utmost to conciliate them by taking part in the Nazirite vow (21^{26}); the riot in the Temple area which, but for the interference of the Roman soldiers, would have ended in his death at the hands of the mob; the plot of the forty men (23^{12}), foiled by the vigilance (or curiosity) of his nephew; and the repeated attempts to secure his condemnation by the Roman procurators.

In the closing verses of the narrative we read of St. Paul's final appeal to the Jews of Rome; it meets with only partial success, and by rejecting it the Jews are judged to have brought about their own rejection; "this salvation of God is sent unto the Gentiles" (28^{28}). Thus the theme reaches its climax; the chosen people of God have refused his Gospel message, which is now passed on to the Gentiles. Christianity is no longer to be regarded as an offshoot of Judaism, but as a new growth, springing indeed from its ancient roots, but replacing with its living verdure the decaying trunk of Judaism.

JEWISH PARTIES AND INSTITUTIONS MENTIONED IN THE ACTS

The period immediately following the return of the Babylonish exiles under Zerubbabel (537 B.C.) was naturally a time of great religious revival and enthusiasm, and many institutions sprang up which frequently come into prominence in the history of the early Church. Three of these in particular, the synagogues, Sanhedrin, and Scribes, deserve special mention here.

The Synagogues.

The synagogues originated during the captivity. Disciplined by the great national disaster which had befallen them, the Jews abandoned their idolatrous practices, and returned to the worship of Jehovah and reverent study of the law. Now that the sacrificial system of the Temple no longer existed, they endeavoured to maintain its influence in an inward spiritual sense by establishing meeting-places for prayer, and for reading and expounding the law. This form of worship continued after the return, and synagogues sprang up in large numbers. In our Lord's time they appear in every town and village, and it is said that at the time of the destruction of Jerusalem by Titus there were 480 such buildings in the city.

The synagogue was used not only as the place of worship on the Sabbaths and feast-days, but also during the week as a school for the instruction of the young, and as a local tribunal in which the Court of Elders administered justice and dealt with petty offences, inflicting punishment in the form of fines, scourging, imprisonment, and excommunication. The chief official was the "ruler of the synagogue" (see 18[illegible] who was responsible for the appointment of readers, and for the general conduct of the services.

The Sanhedrin.

During this time the Sanhedrin (council) also became a well-established institution. It probably had its origin in the council of "seventy men of the elders of Israel," appointed by Divine command to assist Moses to "bear the burden of the people" in the wilderness (Num. 11^{16}). We hear of a similar court of "Levites and priests, and heads of the fathers' houses of Israel," in the days of King Jehoshaphat, under the presidency of Amariah, the Chief Priest (2 Chron. 19^{8}). This constitution seems to have been retained, for we find the Sanhedrin at Jerusalem similarly constituted at the time of the arrest of the Apostles (Acts 4[5]). The High Priest was president, and the seventy members consisted of representatives from the three ruling classes, chief priests, Scribes, and elders, the last-named being men chosen for their wide experience and integrity of life. No moneylender or proselyte was eligible for the position. The duty of the Sanhedrin was to administer the law in all its fulness, and it formed a final court of appeal in matters criminal, civil and religious. All the more serious cases from the local councils were committed to the supreme court, which alone could impose a capital sentence; of this prerogative, however, it was deprived by the Romans in 30 B.C. The court met daily, except on the Sabbath and feast-days, usually in the Temple, but on some special occasions in the house of the High Priest.

The Scribes.

The Scribes mentioned above were the interpreters and teachers of the very complex Jewish law. Originally the word was used in its literal sense of "a writer," and applied to those men who acted as secretaries of state, or assisted the prophets in writing the law, e.g. Shebna in the reign of Hezekiah, and Baruch who "wrote from the mouth of Jeremiah all the words of the Lord" (Jer. 36[4]). But from the time of Ezra onwards, the word had a wider significance, denoting one expert in interpreting and expounding the law. By this time the Jews had begun to use the Syrian dialect, Aramaic, as a spoken tongue, and the Hebrew of the law was rapidly becoming a dead language. It was therefore necessary to have the law translated, and though this was at first done by the priests (as in the case of Ezra), there gradually grew up the profession of Scribes or Lawyers, upon whom the duty devolved. They were not a religious sect, but mostly drawn from the sect of the Pharisees. As we have seen, they were well represented in the Sanhedrin, where their legal knowledge would be of great service, and their commentaries on the judicial decrees of the Sanhedrin, like our "case-law," gradually developed into a standard consensus of legal opinion known as "the tradition of the elders."

Pharisees and Sadducees.

Following the successful resistance of the heroic family of the Maccabees against their Syrian Greek oppressors (168–165 B.C.), the Jewish nation enjoyed a period of semi-independence, and for over a century the Maccabean or Hasmonæan dynasty ruled as priest-monarchs in Judæa, the best-known being Simon, whose independence was recognised by the Syrians, and who allied himself with Rome. The Hellenising party, as such, ceased its activities, but during this period there arose two opposing parties, the one insisting on strict adherence to the law and all its attached ritual; the other holding the more "modern" view that the law was not too sacrosanct for modification to suit the needs of different ages. The great moral principles of the law they held to be true and abiding, but the mass of ceremonial detail contained in the oral tradition they regarded as of little importance. The two parties became known as the Pharisees and the Sadducees, and their rivalry continued until the final destruction of the Temple put an end to the priesthood, and also the Sadducean party. A striking example of this rivalry is given in the account of St. Paul's trial before the Jewish Sanhedrin (Acts 23^7).

The Pharisees ("separate") were probably so called because they advocated a policy of separation and independence, both in national affairs and in matters of ceremonial "cleanness." Another explanation is that the name was given to them after the separation or expulsion of their representatives at one period from the Sanhedrin. As we have said, their guiding principle was strict obedience of the letter of the law, and of the tradition of the elders which had accumulated round it. During the early years of their history they effected a great reform of the religious life of their countrymen, making the synagogue a real centre of prayer and instruction in the law.

They also evolved a system of elementary religious education. But in the time of our Lord the extremists of the party, followers of Shammai, seem to have held the reins, and Phariseeism degenerated into a mere outward observance of prescribed rules and formulæ. This led them to adopt an attitude of intolerance and hypocrisy, which brought upon them our Lord's condemnation as " whited sepulchres."

Politically they were strongly nationalistic, and opposed submission to Rome or any other foreign power. An extreme wing of the party, the Zealots, went so far as to advocate a policy of armed resistance to Roman rule, which they put into practice whenever a suitable occasion arose (see p. 5).

The Sadducees probably derived their name from Zadok, the High Priest of David's reign. Like the Pharisees, they accepted the written law (Torah), but denied the authority of the prophetic books, and rejected the whole of the oral tradition. No doctrine or practice was regarded as binding unless based on the written law, and for this reason they could not accept the prophetic idea of the Messiah as " the son of David." Their outlook became mean and unspiritual, and ultimately led to a complete denial of a resurrection and future life, and of the existence of angels and spirits implied thereby (Acts 23[8]). They were the aristocratic, wealthy party who held the High Priesthood and most of the priestly offices. Politically, as might be expected from their origin, they were not opposed to foreign rule, and being in possession of the best financial positions, they readily acquiesced in the Roman domination of Palestine.

CHRONOLOGY OF THE ACTS

It is no easy matter to reconstruct the chronological scheme of the events recorded in the early chapters of the book. For them St. Luke relies upon eye-witnesses, who did not attach the same importance as he himself does to chronological exactitude; indeed to the early Christians, with their expectation of an immediate *Parousia*, chronology was a matter of supreme indifference. In the latter part of the narrative, however, we have three or four well-established dates, e.g. the death of Herod Agrippa I., A.D. 44 (12^{23}); the famine in Judæa, A.D. 46 (11^{28}); the arrival of Gallio at Corinth, A.D. 52 (18^{12}); and the beginning of Felix's procuratorship in the same year.

The following chronological chart is based on these data, though it should be understood that the early dates can only be accepted as approximate:—

Roman Emperor.	*Procurator of Judæa.*	*Leading Events of the Acts.*
A.D.	A.D.	A.D.
14. Tiberius.	26. Pontius Pilate.	29. The Ascension.
		33. Martyrdom of Stephen. Mission in Samaria.
	36. Marcellus.	34. Conversion of Saul.
37. Caligula.	37. Marullus.	37. First visit to Jerusalem.
41. Claudius.	41. Herod Agrippa I. (King of Palestine).	44. Martyrdom of St. James. Death of Agrippa.
	44. Cuspius Fadus.	
	46. Tiberius Alexander.	46. Second visit to Jerusalem.
	48. Cumanus.	47–48. First missionary journey.
		49. Council of Jerusalem.
		49–52. Second missionary journey.
	52. Felix.	52–56. Third missionary journey.
54. Nero.		56. Arrest of St. Paul.
		56–58. Imprisonment at Cæsarea.
	58. Porcius Festus.	58–59. Journey to Rome.
	61. Albinus.	59–61. Imprisonment at Rome.

THE FAMILY OF HEROD THE GREAT

- **HEROD THE GREAT**
  - **ARISTOBULUS**
    - **HEROD AGRIPPA I.** Acts 12^{1}
      - **HEROD AGRIPPA II.** Acts 25^{13}
      - **BERNICE** Acts 25^{13}
      - **DRUSILLA** Acts 24^{24} *m.* (2) Felix
    - **HERODIAS** *m.* (1) Herod Philip (2) Herod Antipas
    - **HEROD** King of Chalcis
  - **HEROD PHILIP** *m.* (1) Herodias
    - Salome
  - **ARCHELAUS**
  - **HEROD ANTIPAS** Acts 13^{1} *m.* (2) Herodias
  - **PHILIP THE TETRARCH**

PART I

CHAPTERS 1 TO 8[1a]

FOUNDATION AND EARLY HISTORY OF THE CHURCH AT JERUSALEM

Circa A.D. 29–33

"*Ye shall be my witnesses both in Jerusalem . . .*" —ACTS 1[8].

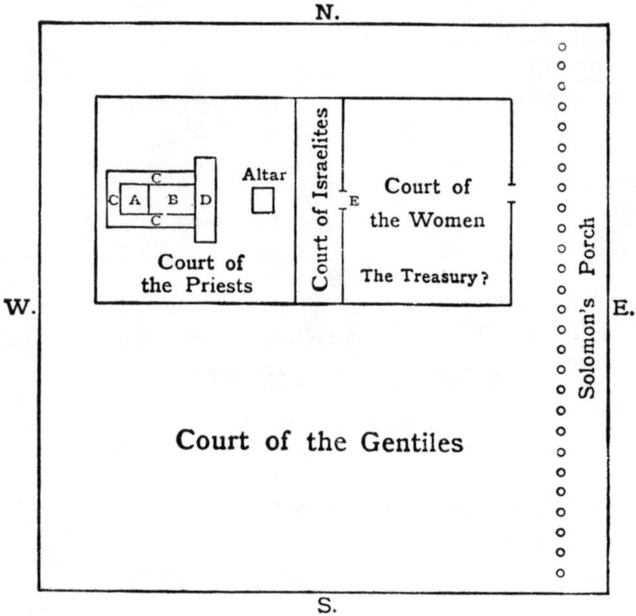

A. *Holy of Holies* B. *Holy Place* C. *Chambers* D. *Porch* E. *Beautiful Gate*

GROUND-PLAN OF HEROD'S TEMPLE

PART I

CHAPTERS 1 TO 8[1a]

FOUNDATION AND EARLY HISTORY OF THE CHURCH AT JERUSALEM

Circa A.D. 29-33

Introduction and Connexion with the Third Gospel.

[1]The former treatise I made, O Theophilus, concerning all 1
that Jesus began both to do and to teach, [2]until the day in which
he was received up, after that he had given commandment
through the Holy Ghost unto the apostles whom he had chosen :
[3]to whom he also shewed himself alive after his passion by many
proofs, appearing unto them by the space of forty days, and
speaking the things concerning the kingdom of God : [4]and, being
assembled together with them, he charged them not to depart

---

1 The **former treatise** (St. Luke's Gospel) also opens with a preface addressed to the same Greek convert, **Theophilus.** He is there given the title " most excellent," a title applied in the Acts to the Roman Governors, Felix (23[26]) and Festus (26[25]), from which it is evident that he was an eminent public official (see p. vii).

3 This passage is our sole authority for the **forty days** interval between the Resurrection and the Ascension. St. Luke must have had later information on this point since writing his Gospel, in the closing verses of which he sketches very briefly the events of this period. No divisions of time are there given, and the impression is conveyed that the incidents recorded (including the Ascension) took place on the day of the Resurrection.

Probably the forty days are meant only as an approximate estimate. It was a favourite period of time, found in connexion with the lives of Moses and Elijah, and the Temptation of our Lord.

4 The charge **not to depart from Jerusalem** is mentioned by St. Luke at the close of his Gospel (24[49]), and the **promise of the Father** to send the Comforter or Advocate (Greek, Paraclete) is referred to by St. John (14[16]).

from Jerusalem, but to wait for the promise of the Father, which,
said he, ye heard from me: 5for John indeed baptized with
water; but ye shall be baptized with the Holy Ghost not many
days hence.

The Ascension.

6They therefore, when they were come together, asked him,
saying, Lord, dost thou at this time restore the kingdom to
Israel? 7And he said unto them, It is not for you to know times
or seasons, which the Father hath set within his own authority.
8But ye shall receive power, when the Holy Ghost is come upon
you: and ye shall be my witnesses both in Jerusalem, and in
all Judæa and Samaria, and unto the uttermost part of the earth.
9And when he had said these things, as they were looking, he
was taken up; and a cloud received him out of their sight.
10And while they were looking stedfastly into heaven as he went,
behold, two men stood by them in white apparel; 11which also
said, Ye men of Galilee, why stand ye looking into heaven?
this Jesus, which was received up from you into heaven, shall so
come in like manner as ye beheld him going into heaven.

---

6 It seems almost incredible that the disciples, after all their instruction in the "things concerning the kingdom of God" (*v.* 3), should still cherish the hope of an earthly Messianic kingdom, in which foreign aggression should be destroyed, and the golden age of Jewish national supremacy at length begin. The teaching of the later prophets (e.g. Is. 53^{3}) and of our Lord Himself (Lk. $24^{25, 44}$), that the Kingdom of the Messiah was to be a spiritual Kingdom, made possible by His Passion and Crucifixion, had proved a stumbling-block to the Jewish leaders and led to His rejection. Only after the Pentecostal manifestation did the disciples fully realise the spiritual and universal nature of Christ's Kingdom.

8 Note the ever-widening circles of Christian witness starting from Jerusalem. The plan and scope of the Acts is to show the fulfilment of this promise (see p. viii).

9 In his Gospel St. Luke says (24^{50}), "he led them out until they were over against Bethany"; away from the ill-omened city of rejection to the Mount of Olives, within sight of Bethany, a spot hallowed by sacred memories.

10 Both in his Gospel and in the Acts St. Luke gives great prominence to the ministry of angels. For other examples see 5^{19}, 7^{30}, etc.

12 Then returned they unto Jerusalem from the mount called
Olivet, which is nigh unto Jerusalem, a sabbath day's journey
off. 13 And when they were come in, they went up into the upper
chamber, where they were abiding; both Peter and John and
James and Andrew, Philip and Thomas, Bartholomew and
Matthew, James *the son* of Alphæus, and Simon the Zealot,
and Judas *the son* of James. 14 These all with one accord con-
tinued stedfastly in prayer, with the women, and Mary the
mother of Jesus, and with his brethren.

---

12 **a sabbath day's journey** was 2000 cubits, about five furlongs, the maximum distance allowed to be covered on the Sabbath. This is the distance given in Num. 35[5] as the limit of the "suburbs" (pasture lands) of the cities of the Levites in Canaan. The mention of the Sabbath day's journey has given rise to the suggestion that the Ascension took place on the Sabbath, which would agree with the "forty days" from the Resurrection, reckoning exclusively. The commemoration of the Ascension on Thursday dates back to the fourth century.

13 **the upper chamber** was no doubt the "large upper room" of Lk. 22[12] where the Last Supper was held. It was probably in the house of Mary, the mother of John Mark, which afterwards became the headquarters of the Christian community (cf. 12[12]).

The list of the Apostles is also found in the three Synoptic Gospels, Mt. 10[2], Mk. 3[16], Lk. 6[14]. For **Simon the Zealot**, St. Matthew and St. Mark have the Aramaic form Cananæan. The Zealots were an extreme wing of the patriotic party, ever ready to take up arms against the foreign over-lord. They came into prominence under Judas of Galilee in his revolt against the Romans in A.D. 6, when Judæa was annexed as an Imperial province, and during the siege of Jerusalem in A.D. 70 a small band of them held the fortress of Masada for nearly three years after the rest of the city had capitulated.

14 **the women** were no doubt those who "followed with him from Galilee" mentioned by St. Luke in his Gospel (23[49]), which gives special prominence to the ministry of women, as does also the Acts (see p. xiv).

his brethren were either cousins or, more probably, sons of Joseph by a former wife. St. John tells us (7[5]) that they "did not believe on him," but they had evidently now accepted Christianity; we meet later with one of them, James, as leader of the Church at Jerusalem (15[13]). He is mentioned by St. Paul (1 Cor. 15[7]) as one of those to whom our Lord appeared after the Resurrection.

Election of a Successor to Judas.

[15]And in these days Peter stood up in the midst of the brethren,
and said (and there was a multitude of persons *gathered* together,
about a hundred and twenty), [16]Brethren, it was needful that the
scripture should be fulfilled, which the Holy Ghost spake before
by the mouth of David concerning Judas, who was guide to them
that took Jesus. [17]For he was numbered among us, and received
his portion in this ministry. [18](Now this man obtained a field
with the reward of his iniquity; and falling headlong, he burst
asunder in the midst, and all his bowels gushed out. [19]And it
became known to all the dwellers at Jerusalem; insomuch that
in their language that field was called Akeldama, that is, The
field of blood.) [20]For it is written in the book of Psalms,

Let his habitation be made desolate,
And let no man dwell therein:

and,

His office let another take.

[21]Of the men therefore which have companied with us all the
time that the Lord Jesus went in and went out among us,
[22]beginning from the baptism of John, unto the day that he was
received up from us, of these must one become a witness with
us of his resurrection. [23]And they put forward two, Joseph
called Barsabbas, who was surnamed Justus, and Matthias.
[24]And they prayed, and said, Thou, Lord, which knowest the

---

15 **St. Peter** now appears as the leader of the Church, in accordance with the commission given to him as the rock upon which the Church should be built (Mt. 16[18]). In his address he accounts for the apostasy of Judas by showing that it is in accordance with prophecy (Ps. 69[25]). It now remains for them to fulfil the second prophecy (Ps. 109[8]) by electing a successor to fill the vacancy.

18 It is difficult to reconcile this account of the violent (but accidental) end of Judas with the deliberate suicide recorded in Mt. 27[5]. Evidently the two writers are making use of different traditions as to the origin of the name Akeldama. A third tradition quoted by St. Augustine combines the two New Testament versions in the statement that the rope with which the traitor hanged himself broke, and he was killed by the fall.

21–22 St. Peter here gives in very concise form (i) the necessary qualifications of candidates nominated for the office, and (ii) the duty to be carried out by the person elected.

hearts of all men, shew of these two the one whom thou hast
chosen, 25 to take the place in this ministry and apostleship,
from which Judas fell away, that he might go to his own place.
26 And they gave lots for them; and the lot fell upon Matthias;
and he was numbered with the eleven apostles.

Gift of the Holy Spirit at Pentecost.

1 And when the day of Pentecost was now come, they were all 2
together in one place. 2 And suddenly there came from heaven
a sound as of the rushing of a mighty wind, and it filled all the
house where they were sitting. 3 And there appeared unto them
tongues parting asunder, like as of fire; and it sat upon each one
of them. 4 And they were all filled with the Holy Spirit, and began
to speak with other tongues, as the Spirit gave them utterance.

---

26 It must not be supposed that there was anything haphazard about this method of election by lots. Two well-qualified candidates were put forward, and prayer offered to "the Lord" that He would make final choice of the one to join those whom He had originally chosen. The casting of lots was merely the human means by which the Divine will was revealed. Neither before nor after does the New Testament tell us anything of the two candidates.

1 The feast of **Pentecost** was so called because it fell on the fiftieth (*pentecoste*) day after the waving of the sheaf of the first-fruits of corn by the priest during Passover week. It was established on Mount Sinai as one of the three feasts (the others being Passover and Tabernacles) on which every male was to "appear before the Lord God" (Ex. 23^{17}). It was also called the Feast of Weeks, since it was kept seven weeks (i.e. a "week of weeks") after Passover. It took place in the month Sivan (May-June), and marked the end of the harvest, thanks being given by offering two "wave-loaves" made from the new flour (Lev. 23^{17}).

3 **parting asunder;** better, as in the margin, "distributing themselves," so that each individual received the gift of the Spirit.

4 The phrase **speak with *other* tongues** seems to differ somewhat from the "speaking with tongues" of 10^{46} and 19^{6}. The latter (*glossolalia*) is included by St. Paul amongst the "gifts of the spirit" (1 Cor. 12^{10}) and discussed very fully by him in the two succeeding chapters. From his words we gather that *glossolalia* was a kind of ecstatic utterance of praise and glory to God resulting from deep religious emotion, and spoken by the Spirit through the instrumentality of the human tongue. The speech was often unintelligible to speaker and hearer alike, and needed to be interpreted. St. Paul himself sets no high value on this

[5] Now there were dwelling at Jerusalem Jews, devout men,
from every nation under heaven. [6]And when this sound was
heard, the multitude came together, and were confounded,
because that every man heard them speaking in his own language.
[7]And they were all amazed and marvelled, saying, Behold, are
not all these which speak Galilæans? [8]And how hear we,
every man in our own language, wherein we were born? [9]Par-
thians and Medes and Elamites, and the dwellers in Mesopotamia,
in Judæa and Cappadocia, in Pontus and Asia, [10]in Phrygia and
Pamphylia, in Egypt and the parts of Libya about Cyrene, and
sojourners from Rome, both Jews and proselytes, [11]Cretans and
Arabians, we do hear them speaking in our tongues the mighty
works of God. [12]And they were all amazed, and were perplexed,
saying one to another, What meaneth this? [13]But others
mocking said, They are filled with new wine.

St. Peter's First Speech and its Effect.

[14]But Peter, standing up with the eleven, lifted up his voice,
and spake forth unto them, *saying*, Ye men of Judæa, and all

---

form of spiritual manifestation; "I had rather speak five words with my understanding . . . than ten thousand words in a tongue" (1 Cor. 14^{19}). According to St. Luke, the Pentecostal gift was a special and unique manifestation, in which the *glossolalia* included the use of foreign words and phrases hitherto unknown to the speakers, but recognised by the "devout men from every nation under heaven."

10 The name **proselyte** is first used in the Septuagint to designate the "stranger within thy gate," i.e. the foreign settler who had adopted the Jewish nationality. The proselytes of the Acts may be divided into two classes: (i) full proselytes, who shared fully in the responsibilities and privileges of Jewish nationals, and were therefore bound by complete obedience to Judaism, including the rite of circumcision, e.g. Nicolas of Antioch (6^{5}); (ii) the outer fringe of "God-fearers," attached to the synagogues, e.g. Cornelius (10^{2}), who obeyed the moral code of Judaism and certain rules as to the Sabbath, Feasts, and Unclean Meats, but declined to become fully nationalised by undergoing circumcision (cf. Ps. 115^{10-13}).

14–36 St. Peter's speech affords a good example of the Apostolic method of teaching from "proof-texts," i.e. passages collected from the Old Testament and used as evidence that the Messiah had indeed appeared in the person of Jesus of Nazareth, and had founded His Kingdom on earth. He introduces three such quotations to show

ye that dwell at Jerusalem, be this known unto you, and give
ear unto my words. [15]For these are not drunken, as ye suppose;
seeing it is *but* the third hour of the day; [16]but this is that which
hath been spoken by the prophet Joel;

[17]And it shall be in the last days, saith God,
I will pour forth of my Spirit upon all flesh:
And your sons and your daughters shall prophesy,
And your young men shall see visions,
And your old men shall dream dreams:
[18]Yea and on my servants and on my handmaidens in those days
Will I pour forth of my Spirit; and they shall prophesy.
[19]And I will shew wonders in the heaven above,
And signs on the earth beneath;
Blood, and fire, and vapour of smoke:
[20]The sun shall be turned into darkness,
And the moon into blood,
Before the day of the Lord come,
That great and notable *day*:
[21]And it shall be, that whosoever shall call on the name of the Lord shall be saved.

[22]Ye men of Israel, hear these words: Jesus of Nazareth, a man
approved of God unto you by mighty works and wonders and
signs, which God did by him in the midst of you, even as ye
yourselves know; [23]him, being delivered up by the determinate

---

(i) that the remarkable scene they had witnessed was not the result of intoxication but the outpouring of God's spirit as prophesied by Joel (2^{28}); (ii) that the Resurrection of Jesus was in accordance with the prophecy of Ps. 16^{8}; that it reversed the verdict of the Cross, and vindicated His claim to be the Messiah; (iii) that the dominion of the Messiah as Lord of all is recognised by their great national hero David, who admits His superiority by addressing Him as "my Lord" (Ps. 110^{1}).

He concludes with an appeal to them as the chosen race to fit themselves by repentance and baptism for the remission of their sins and the gift of the Holy Ghost.

15 **the third hour of the day** would be approximately 9 A.M. The Jews divided the day from sunrise to sunset into the twelve hours of the day, and similarly for the night hours, so that the length of the "hour" varied with the sun. The new day began at sunset, and there were three regular hours of prayer: the third, sixth (cf. 10^{9}) and ninth (cf. 10^{3}).

counsel and foreknowledge of God, ye by the hand of lawless
men did crucify and slay: [24]whom God raised up, having loosed
the pangs of death: because it was not possible that he should
be holden of it. [25]For David saith concerning him,

I beheld the Lord always before my face;
For he is on my right hand, that I should not be moved:
[26]Therefore my heart was glad, and my tongue rejoiced;
Moreover my flesh also shall dwell in hope:
[27]Because thou wilt not leave my soul in Hades,
Neither wilt thou give thy Holy One to see corruption.
[28]Thou madest known unto me the ways of life;
Thou shalt make me full of gladness with thy countenance.

[29]Brethren, I may say unto you freely of the patriarch David,
that he both died and was buried, and his tomb is with us unto
this day. [30]Being therefore a prophet, and knowing that God
had sworn with an oath to him, that of the fruit of his loins he
would set *one* upon his throne; [31]he foreseeing *this* spake of the
resurrection of the Christ, that neither was he left in Hades,
nor did his flesh see corruption. [32]This Jesus did God raise
up, whereof we all are witnesses. [33]Being therefore by the right
hand of God exalted, and having received of the Father the
promise of the Holy Ghost, he hath poured forth this, which
ye see and hear. [34]For David ascended not into the heavens:
but he saith himself,

The Lord said unto my Lord, Sit thou on my right hand,
[35]Till I make thine enemies the footstool of thy feet.

[36]Let all the house of Israel therefore know assuredly, that God
hath made him both Lord and Christ, this Jesus whom ye
crucified.

[37]Now when they heard *this*, they were pricked in their heart,
and said unto Peter and the rest of the apostles, Brethren, what
shall we do? [38]And Peter *said* unto them, Repent ye, and be
baptized every one of you in the name of Jesus Christ unto the

---

27 **Hades** here corresponds to the Old Testament Sheol, the abode of departed spirits; the unseen world.

38 Baptism was well known to the Jews as a symbol of cleansing from past offences and consecration for future service. As such it was used for the admission of proselytes. The Baptist had "preached the baptism of repentance unto remission of sins" and had foretold a fuller baptism with the Holy Ghost (Lk. 3[16]). The prophecy was now

remission of your sins; and ye shall receive the gift of the Holy
Ghost. 39 For to you is the promise, and to your children, and
to all that are afar off, *even* as many as the Lord our God shall
call unto him. 40 And with many other words he testified, and
exhorted them, saying, Save yourselves from this crooked
generation. 41 They then that received his word were baptized:
and there were added *unto them* in that day about three thousand
souls.

The Early Christian Life.

42 And they continued stedfastly in the apostles' teaching and
fellowship, in the breaking of bread and the prayers.

43 And fear came upon every soul: and many wonders and
signs were done by the apostles. 44 And all that believed were
together, and had all things common; 45 and they sold their
possessions and goods, and parted them to all, according as any
man had need. 46 And day by day, continuing stedfastly with
one accord in the temple, and breaking bread at home, they did

---

fulfilled, and Christian baptism in the name of Jesus Christ instituted. It was usually accompanied by the gift of the Holy Spirit, though not the sole channel by which that gift was conveyed (cf. 8^{17}, 10^{44}, 19^{6}).

42 Here we have a succinct account of the mode of life of Christian converts. (1) They received instruction from the Apostles concerning the life and teaching of their new Master, and the evidence of proof-texts. (2) They lived a life of fellowship, not only in spiritual matters, but (as we see from *v.* 44) in the use of their goods and possessions. (3) They joined in the breaking of bread, literally *the* bread, which refers probably not merely to the common meal (*agapē* or Love-feast), but more particularly to the commemoration of the Lord's Supper which was instituted in connexion with it. (4) They took part in the regular services of prayer and thanksgiving, which we know were already in use (1^{14}).

44 This communism, as we see from 5^{4}, was entirely voluntary and probably did not extend beyond Jerusalem. Doubtless the immediate expectation of the Parousia (Second Advent) led the early Christians to disregard any thought of provision for the future. The system soon led to abuses (cf. 5^{1}, 6^{1}), and from the poverty of the Christian community at Jerusalem (Gal. 2^{10}) we gather that it was not an economic success, though it must be remembered that the work was hindered by persecution and famine.

46 **breaking bread** (not *the* bread as in *v.* 42) probably refers here to the common meal or *agapē*. The daily life of Christians, both in public

take their food with gladness and singleness of heart, [47]praising
God, and having favour with all the people. And the Lord
added to them day by day those that were being saved.

The Miracle at the Beautiful Gate.

3 [1]Now Peter and John were going up into the temple at the
hour of prayer, *being* the ninth *hour*. [2]And a certain man that
was lame from his mother's womb was carried, whom they laid
daily at the door of the temple which is called Beautiful, to ask
alms of them that entered into the temple; [3]who seeing Peter
and John about to go into the temple, asked to receive an alms.
[4]And Peter, fastening his eyes upon him, with John, said, Look
on us. [5]And he gave heed unto them, expecting to receive
something from them. [6]But Peter said, Silver and gold have I
none; but what I have, that give I thee. In the name of Jesus
Christ of Nazareth, walk. [7]And he took him by the right hand,
and raised him up: and immediately his feet and his ankle-
bones received strength. [8]And leaping up, he stood, and began
to walk; and he entered with them into the temple, walking,
and leaping, and praising God. [9]And all the people saw him
walking and praising God: [10]and they took knowledge of him,
that it was he which sat for alms at the Beautiful Gate of the
temple: and they were filled with wonder and amazement at
that which had happened unto him.

---

worship in the Temple and in private devotions at home, was characterised by close fellowship and exultant joy which made a strong appeal to the masses.

1 **the ninth hour,** roughly 3 P.M., the time of the evening sacrifice; one of the regular hours of prayer (cf. 2[15]).

2 **the door . . . called Beautiful** was probably Nicanor's gate at the east end of the inner court leading to the Court of the Women (see plan, p. 2). According to Josephus it was made of Corinthian bronze and much surpassed the others in worth.

7 The Greek words for **feet and ankle-bones** are technical terms not found elsewhere in the New Testament, and are evidence of the work of St. Luke the physician. The cure is described with much graphic detail, evidently from the report of an eye-witness, and should be compared with the similar miracle at Lystra (14[8]).

St. Peter's Second Speech.

11 And as he held Peter and John, all the people ran together unto
them in the porch that is called Solomon's, greatly wondering.
12 And when Peter saw it, he answered unto the people, Ye men of
Israel, why marvel ye at this man? or why fasten ye your eyes on
us, as though by our own power or godliness we had made him to
walk? 13 The God of Abraham, and of Isaac, and of Jacob, the
God of our fathers, hath glorified his Servant Jesus; whom ye
delivered up, and denied before the face of Pilate, when he had
determined to release him. 14 But ye denied the Holy and
Righteous One, and asked for a murderer to be granted unto you,
15 and killed the Prince of life; whom God raised from the dead;
whereof we are witnesses. 16 And by faith in his name hath his
name made this man strong, whom ye behold and know: yea,
the faith which is through him hath given him this perfect sound-
ness in the presence of you all. 17 And now, brethren, I wot that

---

11 The **porch . . . called Solomon's** was a cloister or colonnade running along the east side of the Temple area, so-called probably because its foundations were laid on the ruins of Solomon's Temple. It seems to have been used as a regular meeting-place of the early Christians (cf. 5^{12}).

The use of the present tense, "*is* called Solomon's," has been cited as evidence that it was still standing at the time of writing, and therefore as an argument that the Acts was written before A.D. 70 (see p. xiv).

12 St. Peter's argument is much the same as in his former speech, though he does not make such frequent use of Old Testament quotation. The miracle has been wrought through faith in the name of Jesus, the Author of life, whom the Jews had put to death, though the Gentile, Pilate, wished to release Him. His Resurrection had reversed this judgment, and proved Him to be the Messiah, the great Prophet whose coming had been foretold by Moses and all the prophets from Samuel onwards. He makes allowance for the fact that the crime must have been committed in ignorance, but urges them to repent and seek forgiveness. Further elaboration of his theme is cut short by the arrival of the priests and Sadducees.

13 **Servant,** lit. "child" (Gk. *pais*), as in the margin, and so in 4^{27} It was the title frequently used in the Old Testament for the Messiah, found, for example, in the Septuagint Version of Is. 52^{13}, quoted by St. Matthew (12^{18}): "Behold my servant whom I have chosen."

15 **Prince of life;** rather "author," as in the margin, or "originator," the exact antonym of murderer in the previous verse.

in ignorance ye did it, as did also your rulers. [18]But the things
which God foreshewed by the mouth of all the prophets, that his
Christ should suffer, he thus fulfilled. [19]Repent ye therefore,
and turn again, that your sins may be blotted out, that so there
may come seasons of refreshing from the presence of the Lord;
[20]and that he may send the Christ who hath been appointed for
you, *even* Jesus: [21]whom the heaven must receive until the times
of restoration of all things, whereof God spake by the mouth of
his holy prophets which have been since the world began.
[22]Moses indeed said, A prophet shall the Lord God raise up unto
you from among your brethren, like unto me; to him shall ye
hearken in all things whatsoever he shall speak unto you. [23]And
it shall be, that every soul, which shall not hearken to that
prophet, shall be utterly destroyed from among the people.
[24]Yea and all the prophets from Samuel and them that followed
after, as many as have spoken, they also told of these days.
[25]Ye are the sons of the prophets, and of the covenant which
God made with your fathers, saying unto Abraham, And in thy
seed shall all the families of the earth be blessed. [26]Unto you
first God, having raised up his Servant, sent him to bless you,
in turning away every one of you from your iniquities.

First Arrest and Trial of the Apostles.

4 [1]And as they spake unto the people, the priests and the captain
of the temple and the Sadducees came upon them, [2]being sore

---

19 **seasons of refreshing,** or revival, refers to the period of national peace and Divine blessing brought about by repentance, and leading up to the "restoration of all things" (*v.* 21) at the Parousia, the "regeneration" of Mt. 19[28].

22 Deut. 18[15] applied here to the Messiah (cf. Jo. 1[21], 6[14]).

1 For **priests** the margin has chief priests as in *v.* 23. We may note here the successive degrees of the priesthood:

(1) The High Priest, whom the Jews looked upon as holding a life appointment, though in practice he was appointed or deposed by the Romans at will.

(2) The chief priests, consisting of ex-High Priests and their families, and the heads of the twenty-four courses.

(3) The priests, numbering about 20,000, of whom 50 were on duty daily in the Temple.

One of the duties of those members of the tribe of Levi, who did

troubled because they taught the people, and proclaimed in
Jesus the resurrection from the dead. [3]And they laid hands on
them, and put them in ward unto the morrow: for it was now
eventide. [4]But many of them that heard the word believed;
and the number of the men came to be about five thousand.

[5]And it came to pass on the morrow, that their rulers and
elders and scribes were gathered together in Jerusalem; [6]and
Annas the high priest *was there*, and Caiaphas, and John, and
Alexander, and as many as were of the kindred of the high priest.
[7]And when they had set them in the midst, they inquired, By
what power, or in what name, have ye done this? [8]Then Peter,
filled with the Holy Ghost, said unto them, Ye rulers of the
people, and elders, [9]if we this day are examined concerning a
good deed done to an impotent man, by what means this man is
made whole; [10]be it known unto you all, and to all the people
of Israel, that in the name of Jesus Christ of Nazareth, whom ye
crucified, whom God raised from the dead, *even* in him doth this
man stand here before you whole. [11]He is the stone which was
set at nought of you the builders, which was made the head of
the corner. [12]And in none other is there salvation: for neither
is there any other name under heaven, that is given among men,
wherein we must be saved.

---

not belong to the priestly family of Aaron, was to form a Temple guard for its protection. The officers of this guard were called **captains of the temple** (cf. Lk. 22^{52}).

The officer mentioned here would be the commandant of the troops —a high official, second only in authority to the High Priest.

For the Sadducees see p. xxv.

4 Note the author's other references to the growth of the Church at Jerusalem, 1^{15}, $2^{41, 47}$, 6^{7}.

5 This would be an official meeting of the Sanhedrin (see p. xxiii). For **elders and scribes** see p. xxiv.

6 **Annas** had been High Priest, A.D. 7-14, when he was deposed by the Romans. His son-in-law, **Joseph Caiaphas,** was the official High Priest at this time, and remained in office till A.D. 37, when he also was deposed. As the Jews held the office to be a life appointment, they still regarded Annas as the lawful High Priest (cf. Lk. 3^{2}).

11 The reference is to Ps. 118^{22}, the festal Psalm of Messianic salutation. The same passage was quoted by our Lord (Mt. 21^{42}) when His authority was questioned, and was a favourite proof-text (Eph. 2^{20}, 1 Pet. 2^{7}).

[13]Now when they beheld the boldness of Peter and John, and
had perceived that they were unlearned and ignorant men, they
marvelled; and they took knowledge of them, that they had
been with Jesus. [14]And seeing the man which was healed standing
with them, they could say nothing against it. [15]But when they
had commanded them to go aside out of the council, they con-
ferred among themselves, [16]saying, What shall we do to these
men? for that indeed a notable miracle hath been wrought
through them, is manifest to all that dwell in Jerusalem; and
we cannot deny it. [17]But that it spread no further among the
people, let us threaten them, that they speak henceforth to no
man in this name. [18]And they called them, and charged them
not to speak at all nor teach in the name of Jesus. [19]But Peter
and John answered and said unto them, Whether it be right in
the sight of God to hearken unto you rather than unto God,
judge ye: [20]for we cannot but speak the things which we saw
and heard. [21]And they, when they had further threatened them,
let them go, finding nothing how they might punish them,
because of the people; for all men glorified God for that which
was done. [22]For the man was more than forty years old, on
whom this miracle of healing was wrought.

United Prayer and Communism in the Early Church.

[23]And being let go, they came to their own company, and
reported all that the chief priests and the elders had said unto
them. [24]And they, when they heard it, lifted up their voice to
God with one accord, and said, O Lord, thou that didst make
the heaven and the earth and the sea, and all that in them is:

---

13 The **unlearned and ignorant men** owed their boldness and power to their fellowship with Jesus. His promise (Lk. 12[11]) had been amply fulfilled.

24 Another example of the united prayer of the early Church. Note the plan of the prayer: (i) praise to God the maker of all things; (ii) the quotation from Ps. 2[1] showing that their persecution was in accordance with prophecy; and (iii) petitions to be preserved from threats, to be granted boldness of speech and power to perform miracles of healing.

[25]who by the Holy Ghost, *by* the mouth of our father David
thy servant, didst say,

Why did the Gentiles rage,
And the peoples imagine vain things ?
[26]The kings of the earth set themselves in array,
And the rulers were gathered together,
Against the Lord, and against his Anointed :

[27]for of a truth in this city against thy holy Servant Jesus, whom
thou didst anoint, both Herod and Pontius Pilate, with the
Gentiles and the peoples of Israel, were gathered together, [28]to
do whatsoever thy hand and thy counsel foreordained to come
to pass. [29]And now, Lord, look upon their threatenings : and
grant unto thy servants to speak thy word with all boldness,
[30]while thou stretchest forth thy hand to heal ; and that signs
and wonders may be done through the name of thy holy Servant
Jesus. [31]And when they had prayed, the place was shaken
wherein they were gathered together ; and they were all filled
with the Holy Ghost, and they spake the word of God with
boldness.

[32]And the multitude of them that believed were of one heart
and soul : and not one *of them* said that aught of the things
which he possessed was his own ; but they had all things common.
[33]And with great power gave the apostles their witness of the
resurrection of the Lord Jesus : and great grace was upon them
all. [34]For neither was there among them any that lacked : for
as many as were possessors of lands or houses sold them, and
brought the prices of the things that were sold, [35]and laid them
at the apostles' feet : and distribution was made unto each,
according as any one had need.

[36]And Joseph, who by the apostles was surnamed Barnabas

---

30 As in 3[13], the margin has "child" for "**Servant**" (Gk. *pais*), whilst a different word (*doulos*) is used for the disciples as "servants" in *v.* 29, where the marginal reading is "bond-servants."

31 A second definite manifestation of the gift of the Holy Spirit, though not marked by the same outward effects as at Pentecost.

36 The name **Barnabas** is probably derived from Bar-nabi=son of a prophet, hence the R.V. interpretation "**son of exhortation.**" We read in 11[23] that "he exhorted them all that . . . they would cleave unto the Lord," and he is mentioned in 13[1] as one of the "prophets and teachers" at Antioch. On the other hand, the Greek word

(which is, being interpreted, Son of exhortation), a Levite, a
man of Cyprus by race, [37]having a field, sold it, and brought the
money, and laid it at the apostles' feet.

The Sin of Ananias and Sapphira.

[1]But a certain man named Ananias, with Sapphira his wife, **5**
sold a possession, [2]and kept back *part* of the price, his wife also
being privy to it, and brought a certain part, and laid it at the
apostles' feet. [3]But Peter said, Ananias, why hath Satan filled
thy heart to lie to the Holy Ghost, and to keep back *part* of the
price of the land? [4]Whiles it remained, did it not remain thine
own? and after it was sold, was it not in thy power? How is it
that thou hast conceived this thing in thy heart? thou has not
lied unto men, but unto God. [5]And Ananias hearing these words
fell down and gave up the ghost: and great fear came upon all
that heard it. [6]And the young men arose and wrapped him
round, and they carried him out and buried him.

---

paraklesis used here for "exhortation" is closely allied to *parakletos*, the Comforter or Advocate (Jo. 14[16]), from which we derive our title Paraclete, and in 15[31] is translated "consolation." There is much to be said from the character of Barnabas for retaining the reading of the A.V., "son of consolation." He was a Hellenistic Jew, born in Cyprus of the priestly tribe of Levi, and a cousin or uncle of John Mark.

1 Here we see the reverse side of the picture of Christian self-effacement. Struck by the generosity of Barnabas, **Ananias** and **Sapphira** emulate his example, but in an entirely different spirit, viz. with the object of attaining notoriety by a public display of charity, "that they may be seen of men." Their sin is described in *v.* 3 as "lying to" (or "cheating") the Holy Ghost; by his hypocrisy and duplicity Ananias sins against his own conscience by trying to "serve two masters." No punishment is called down by St. Peter—it comes direct from the hand of God; but in *v.* 9 he pronounces judgment upon Sapphira which duly falls. The name Ananias is the same as Hananiah of Daniel 1[6] (cf. the Benedicite "Ananias, Azarias and Misael"), and means (like John) "Jehovah has been gracious." Sapphira is derived from the jewel sapphire, which is so called in both Hebrew and Greek, or from the Aramaic word for "beautiful."

5 The Greek word used here and in 12[23] for **gave up the ghost** (expired) is rarely found outside medical works; its use affords further evidence of the authorship of St. Luke, the physician, as does also the expression **wrapped him round** in *v.* 6 (see p. xii).

[7]And it was about the space of three hours after, when his
wife, not knowing what was done, came in. [8]And Peter answered
unto her, Tell me whether ye sold the land for so much. And
she said, Yea, for so much. [9]But Peter *said* unto her, How is it
that ye have agreed together to tempt the Spirit of the Lord?
behold, the feet of them which have buried thy husband are
at the door, and they shall carry thee out. [10]And she fell down
immediately at his feet, and gave up the ghost: and the young
men came in and found her dead, and they carried her out and
buried her by her husband. [11]And great fear came upon the
whole church, and upon all that heard these things.

Second Arrest of the Apostles.

[12]And by the hands of the apostles were many signs and
wonders wrought among the people; and they were all with
one accord in Solomon's porch. [13]But of the rest durst no man
join himself to them: howbeit the people magnified them;
[14]and believers were the more added to the Lord, multitudes
both of men and women; [15]insomuch that they even carried
out the sick into the streets, and laid them on beds and couches,
that, as Peter came by, at the least his shadow might overshadow
some one of them. [16]And there also came together the multitude
from the cities round about Jerusalem, bringing sick folk, and

---

11 Here for the first time in the Acts the word **church** (*ecclesia*) is used for the Christian community. It is the word used by St. Matthew (16[18]) of the great promise to St. Peter, "upon this rock I will build my church."

12–15 The sense of these verses is somewhat obscured by the parenthesis from **and they were all** to **both of men and women,** which interrupts the main thought of **signs and wonders wrought among the people . . . insomuch that they even carried out the sick. . . .** It seems probable that "they" in *v.* 12 refers to the Apostles, and that "the rest" of the Christians had no wish to claim equality with them by "joining" (lit. "fastening") themselves to the Twelve; they definitely accepted the superior authority carried by the Apostleship. On the other hand, it is held by some commentators that "they" includes the whole Christian community, and "the rest" denotes those outside the Church who hesitated to identify themselves openly with the movement in the publicity of Solomon's porch, but many of whom "magnified them," i.e. were filled with a secret admiration.

them that were vexed with unclean spirits: and they were
healed every one.
[17]But the high priest rose up, and all they that were with him
(which is the sect of the Sadducees), and they were filled with
jealousy, [18]and laid hands on the apostles, and put them in public
ward. [19]But an angel of the Lord by night opened the prison
doors, and brought them out, and said, [20]Go ye, and stand and
speak in the temple to the people all the words of this Life.
[21]And when they heard *this*, they entered into the temple about
daybreak, and taught. But the high priest came, and they that
were with him, and called the council together, and all the
senate of the children of Israel, and sent to the prison-house to
have them brought. [22]But the officers that came found them
not in the prison; and they returned, and told, [23]saying, The
prison-house we found shut in all safety, and the keepers standing
at the doors: but when we had opened, we found no man within.
[24]Now when the captain of the temple and the chief priests heard
these words, they were much perplexed concerning them where-
unto this would grow. [25]And there came one and told them,
Behold, the men whom ye put in the prison are in the temple
standing and teaching the people. [26]Then went the captain with
the officers, and brought them, *but* without violence; for they
feared the people, lest they should be stoned. [27]And when
they had brought them, they set them before the council. And
the high priest asked them, [28]saying, We straitly charged you

---

17 The second clash with priestly authority was a much more serious affair, for the injunctions of the court (4[18]) had been completely disregarded, and the movement was undoubtedly making headway (*v.* 24). This time apparently all the Apostles are arrested; they are put in the "public ward," and arraigned before the full "senate," who are "minded to slay them." Only the intervention of Gamaliel saved their lives, though it did not save their skins (*v.* 40).

21 The word used for **senate** (*gerousia*) is generally used of a city-council (e.g. the Roman Senate). Here the Sanhedrin is evidently intended, the second title being added to emphasise the fact that the full body was convened for such an important occasion.

28 "His blood be on us, and on our children" was their cry before Pilate. They now feared that the Apostles' teaching, with which they had "filled Jerusalem," was likely to bring about a popular recognition of their responsibility for the death of Jesus (*v.* 30) and cause the literal fulfilment of their prophecy.

not to teach in this name: and behold, ye have filled Jerusalem
with your teaching, and intend to bring this man's blood upon
us. 29But Peter and the apostles answered and said, We must
obey God rather than men. 30The God of our fathers raised up
Jesus, whom ye slew, hanging him on a tree. 31Him did God
exalt with his right hand *to be* a Prince and a Saviour, for to give
repentance to Israel, and remission of sins. 32And we are wit-
nesses of these things; and *so is* the Holy Ghost, whom God
hath given to them that obey him.

33But they, when they heard this, were cut to the heart, and
were minded to slay them. 34But there stood up one in the
council, a Pharisee, named Gamaliel, a doctor of the law, had
in honour of all the people, and commanded to put the men
forth a little while. 35And he said unto them, Ye men of Israel
take heed to yourselves as touching these men, what ye are
about to do. 36For before these days rose up Theudas, giving
himself out to be somebody; to whom a number of men, about
four hundred, joined themselves: who was slain; and all, as
many as obeyed him, were dispersed, and came to nought.
37After this man rose up Judas of Galilee in the days of the enrol-

---

34 **Gamaliel** was the grandson of Rabbi Hillel, and tutor of Saul (22[3]). He would belong to the more liberal branch of the Pharisees who followed the lead of Hillel rather than the more bigoted policy of his rival Shammai. He was a famous expounder of the Law, one of the seven judged worthy of the superior title Rabban. There is no evidence that he had any leanings towards Christianity; he merely advocates a policy of prudence and *laissez-faire*.

36–37 The historical allusion in these verses presents a notorious difficulty. The rising of the Zealots under **Judas of Galilee** is a well-known historical event, and took place at the second census of Quirinius, when Judæa became a Roman province, in A.D. 6. A similar revolt is mentioned by Josephus as taking place in A.D. 44–45 under a certain **Theudas,** who perished in the rebellion. This is some twelve years later than the occasion of Gamaliel's speech, so that if this is the same Theudas we are faced by a double difficulty: (i) the mention of his revolt is an anachronism; (ii) the statement, "after this man rose up Judas," is chronologically incorrect.

Two attempts have been made to explain the apparent contradiction. It is suggested: (i) that St. Luke has made use of Josephus (or his source), and has confused the order of events; (ii) that he is referring to another Theudas. The latter is generally regarded as the more likely explanation. Theudas was not an uncommon name, and Josephus himself relates that there were many false Messiahs,

ment, and drew away *some of the* people after him: he also
perished; and all, as many as obeyed him, were scattered abroad.
[38]And now I say unto you, Refrain from these men, and let them
alone: for if this counsel or this work be of men, it will be over-
thrown: [39]but if it is of God, ye will not be able to overthrow
them; lest haply ye be found even to be fighting against God.
[40]And to him they agreed: and when they had called the apostles
unto them, they beat them and charged them not to speak in
the name of Jesus, and let them go. [41]They therefore departed
from the presence of the council, rejoicing that they were counted
worthy to suffer dishonour for the Name. [42]And every day, in
the temple and at home, they ceased not to teach and to preach
Jesus *as* the Christ.

The Appointment of "the Seven."

6 [1]Now in these days, when the number of the disciples was
multiplying, there arose a murmuring of the Grecian Jews
against the Hebrews, because their widows were neglected in
the daily ministration. [2]And the twelve called the multitude
of the disciples unto them, and said, It is not fit that we should
forsake the word of God, and serve tables. [3]Look ye out there-

---

deceivers and rebels during this period. Moreover, the Theudas of whom Josephus writes (in his *Antiquities*) seems to have been a very influential leader followed by "a very great multitude," hardly consistent with the "four hundred" mentioned here. Finally, the *Antiquities* was not written before about A.D. 93, which would give a very late date for the Acts (see p. xv).

1 The **Grecian Jews,** or Hellenists (margin), were Jews of the Dispersion, born or settled abroad, who adopted the Greek language and a certain measure of Greek customs and ideals, in contradistinction to the Hebrews of Palestinian origin, who spoke the Aramaic (Syrian) dialect. They would be resident in Jerusalem for business purposes, or as "retired colonials" returned to the homeland. They were looked down upon by the home Jews, and apparently even in the Christian community were not treated with exact equality in the communistic system of distributing alms whether in money or in kind.

2 **to serve tables** means to distribute the daily relief from tables or counters. Probably it was in the form of provisions and clothing, though sometimes actual money may have been given.

3–6 Although the Apostles regarded the relief work as of minor importance as far as they were concerned, we note the great care with

fore, brethren, from among you seven men of good report, full
of the Spirit and of wisdom, whom we may appoint over this
business. [4]But we will continue stedfastly in prayer, and in the
ministry of the word. [5]And the saying pleased the whole multi-
tude: and they chose Stephen, a man full of faith and of the
Holy Spirit, and Philip, and Prochorus, and Nicanor, and Timon,
and Parmenas, and Nicolas a proselyte of Antioch: [6]whom they
set before the apostles: and when they had prayed, they laid
their hands on them.

[7]And the word of God increased; and the number of the
disciples multiplied in Jerusalem exceedingly; and a great
company of the priests were obedient to the faith.

Stephen's Arrest and Martyrdom.

[8]And Stephen, full of grace and power, wrought great wonders
and signs among the people. [9]But there arose certain of them

---

which the appointment of "the seven" was carried out. Men of high spiritual qualifications and business capacity, selected by the "whole multitude," were solemnly ordained by the Apostles with prayer and laying on of hands. Nowhere are they called "deacons," a name which arose later in connexion with the Gentile churches founded by St. Paul, e.g. at Philippi (Phil. 1[1]).

5 The names are practically all of Greek origin, which shows that the Hellenists were given very liberal representation. It has been suggested, however, that the diaconate was composed of three Hebrews, three Hellenists, and the proselyte **Nicolas**, the first Gentile Christian mentioned by name. The fact that the last five are never mentioned subsequently shows the detailed nature of the author's information, probably obtained direct from **Philip** during his stay at Cæsarea *circa* A.D. 56-58 (see 21[8]).

7 A great step forward is implied here. Even **the priests**, previously arch-enemies, now rank themselves definitely on the side of Christianity.

8 **Stephen** in his brief career appears as the forerunner of St. Paul, and his teaching leads up to a definite breach between Christianity and Judaism, which can no longer be reconciled. A Hellenist himself, he is possessed of a more liberal outlook, and for him the Mosaic Law and the Temple, though important externals of religion, are no longer indispensable, and must now give way to a higher spiritual conception of a God "who dwelleth not in houses made with hands," whose throne is the heaven, and the earth the footstool of His feet (7[49]).

It is interesting to note that, as in the case of St. Paul at Jerusalem (21[37]), the arrest is engineered by Hellenists.

that were of the synagogue called *the synagogue* of the Libertines,
and of the Cyrenians, and of the Alexandrians, and of them of
Cilicia and Asia, disputing with Stephen. [10]And they were not
able to withstand the wisdom and the Spirit by which he spake.
[11]Then they suborned men, which said, We have heard him speak
blasphemous words against Moses, and *against* God. [12]And they
stirred up the people, and the elders, and the scribes, and came
upon him, and seized him, and brought him into the council,
[13]and set up false witnesses, which said, This man ceaseth not
to speak words against this holy place, and the law: [14]for we
have heard him say, that this Jesus of Nazareth shall destroy
this place, and shall change the customs which Moses delivered
unto us. [15]And all that sat in the council, fastening their eyes
on him, saw his face as it had been the face of an angel.
7 [1]And the high priest said, Are these things so? [2]And he said,
Brethren and fathers, hearken. The God of glory appeared

---

9 The **Libertines,** or "freed men" (of Rome), were probably descendants of the Jews carried into captivity by Pompey when he sacked Jerusalem in 63 B.C. Many of them had now returned to their own capital and formed a synagogue there. The other synagogues would be similar congregations of Hellenists. It is said that at one time there were 480 such synagogues in Jerusalem. Probably only three separate bodies are intended here: (i) men of Rome and Italy, (ii) North-East Africans (**Cyrenians and Alexandrians**), (iii) Asiatics. Possibly Saul of Tarsus (in **Cilicia**) may have been amongst the last-named.

10 A literal fulfilment of our Lord's promise, "I will give you a mouth and wisdom, which all your adversaries shall not be able to withstand" (Lk. 21[15]).

11 **Suborn** is a legal phrase for procuring a person to commit perjury by bringing false evidence; it occurred also in connexion with the trial of Jesus (Mt. 26[59]). To attempt to obtain such evidence was itself a flagrant breach of Jewish law punishable by death.

14 Note the double charge of blasphemy: (i) against the Temple, as in the case of our Lord; (ii) against the Law of Moses, which was to be changed.

2 Stephen's speech, which on the surface appears merely an interesting historical outline, is in reality a skilful defence of his attitude towards the Law and the Temple. His main points may be summarised as follows:—

(1) The Jewish race was founded in accordance with a direct command of Jehovah, and his covenant was made not with Moses, but with Abraham; not in Palestine, but in a foreign land; and con-

unto our father Abraham, when he was in Mesopotamia, before
he dwelt in Haran, 3and said unto him, Get thee out of thy land,
and from thy kindred, and come into the land which I shall
shew thee. 4Then came he out of the land of the Chaldæans,
and dwelt in Haran: and from thence, when his father was
dead, *God* removed him into this land, wherein ye now dwell:
5and he gave him none inheritance in it, no, not so much as to set
his foot on: and he promised that he would give it to him in
possession, and to his seed after him, when *as yet* he had no child.
6And God spake on this wise, that his seed should sojourn in a
strange land, and that they should bring them into bondage,
and entreat them evil, four hundred years. 7And the nation
to which they shall be in bondage will I judge, said God: and
after that shall they come forth, and serve me in this place.
8And he gave him the covenant of circumcision: and so *Abraham*
begat Isaac, and circumcised him the eighth day; and Isaac
begat Jacob, and Jacob the twelve patriarchs. 9And the patriarchs,
moved with jealousy against Joseph, sold him into Egypt: and
God was with him, 10and delivered him out of all his afflictions,
and gave him favour and wisdom before Pharaoh king of Egypt;
and he made him governor over Egypt and all his house. 11Now
there came a famine over all Egypt and Canaan, and great
affliction: and our fathers found no sustenance. 12But when
Jacob heard that there was corn in Egypt, he sent forth our
fathers the first time. 13And at the second time Joseph was
made known to his brethren; and Joseph's race became manifest
unto Pharaoh. 14And Joseph sent, and called to him Jacob his
father, and all his kindred, threescore and fifteen souls. 15And

---

tinued during the captivity in Egypt. The covenant of promise preceded the covenant of circumcision (2–37).

(2) The Law was indeed God-given ("living oracles"), but the fathers, so far from obeying it, had rejected Moses, to whom it was given, and lapsed into idolatry (38–43).

(3) The tabernacle, too, was of Divine origin and plan, but the same could not be said of the Temple, the idea of which originated with man (David). Indeed, it was not essential for the worship of Jehovah, whose presence was not limited to any building, as the quotation from Isaiah shows (44–50).

(4) Throughout their history the Jewish people had repeatedly persecuted and slain the prophets, and the present generation were the "betrayers and murderers" of the "Righteous One," a crowning act of disobedience against the Divinely ordained Law (51–53).

Jacob went down into Egypt; and he died, himself, and our
fathers; [16]and they were carried over unto Shechem, and laid
in the tomb that Abraham bought for a price in silver of the sons
of Hamor in Shechem. [17]But as the time of the promise drew
nigh, which God vouchsafed unto Abraham, the people grew
and multiplied in Egypt, [18]till there arose another king over
Egypt, which knew not Joseph. [19]The same dealt subtilly with
our race, and evil entreated our fathers, that they should cast
out their babes to the end they might not live. [20]At which season
Moses was born, and was exceeding fair; and he was nourished
three months in his father's house: [21]and when he was cast out,
Pharaoh's daughter took him up, and nourished him for her
own son. [22]And Moses was instructed in all the wisdom of the
Egyptians; and he was mighty in his words and works. [23]But
when he was well-nigh forty years old, it came into his heart to
visit his brethren the children of Israel. [24]And seeing one *of
them* suffer wrong, he defended him, and avenged him that was
oppressed, smiting the Egyptian: [25]and he supposed that his
brethren understood how that God by his hand was giving them
deliverance; but they understood not. [26]And the day following
he appeared unto them as they strove, and would have set them
at one again, saying, Sirs, ye are brethren; why do ye wrong
one to another? [27]But he that did his neighbour wrong thrust
him away, saying, Who made thee a ruler and a judge over us?
[28]Wouldest thou kill me, as thou killedst the Egyptian yesterday?
[29]And Moses fled at this saying, and became a sojourner in the
land of Midian, where he begat two sons. [30]And when forty
years were fulfilled, an angel appeared to him in the wilderness
of mount Sinai, in a flame of fire in a bush. [31]And when Moses
saw it, he wondered at the sight: and as he drew near to behold,
there came a voice of the Lord, [32]I am the God of thy fathers,
the God of Abraham, and of Isaac, and of Jacob. And Moses
trembled, and durst not behold. [33]And the Lord said unto him,
Loose the shoes from thy feet: for the place whereon thou

---

18 **another king,** i.e. of a different dynasty. The settlement of the family of Jacob in Egypt took place under the usurping dynasty of the Hyksos or shepherd kings, probably in the reign of Apepi. Five centuries later the ancient dynasty was restored by Amasis, and the new king **who knew not Joseph** belonged to this line—perhaps Rameses II. (Sesostris).

standest is holy ground. [34]I have surely seen the affliction of my
people which is in Egypt, and have heard their groaning, and I
am come down to deliver them: and now come, I will send thee
into Egypt. [35]This Moses whom they refused, saying, Who
made thee a ruler and a judge? him hath God sent *to be* both a
ruler and a deliverer with the hand of the angel which appeared
to him in the bush. [36]This man led them forth, having wrought
wonders and signs in Egypt, and in the Red sea, and in the
wilderness forty years. [37]This is that Moses, which said unto
the children of Israel, A prophet shall God raise up unto you
from among your brethren, like unto me. [38]This is he that was
in the church in the wilderness with the angel which spake to
him in the mount Sinai, and with our fathers: who received
living oracles to give unto us: [39]to whom our fathers would not
be obedient, but thrust him from them, and turned back in
their hearts unto Egypt, [40]saying unto Aaron, Make us gods
which shall go before us: for as for this Moses, which led us forth
out of the land of Egypt, we wot not what is become of him.
[41]And they made a calf in those days, and brought a sacrifice
unto the idol, and rejoiced in the works of their hands. [42]But
God turned, and gave them up to serve the host of heaven;
as it is written in the book of the prophets,

Did ye offer unto me slain beasts and sacrifices
Forty years in the wilderness, O house of Israel?
[43]And ye took up the tabernacle of Moloch,
And the star of the god Rephan,
The figures which ye made to worship them:
And I will carry you away beyond Babylon.

[44]Our fathers had the tabernacle of the testimony in the wilderness, even as he appointed who spake unto Moses, that he should
make it according to the figure that he had seen. [45]Which also

---

37 The same prophecy (Deut. 18[15]) is quoted by St. Peter in his speech in Solomon's porch (3[22]).

42 A difficult passage quoted from Amos 5[25], following the Septuagint, with the substitution of **Rephan** (an entirely unknown deity) for Chiun (the Assyrian name for Saturn, god of war), and **Babylon** for Damascus. Amos is speaking prophetically of their future idolatry after being carried away by the Assyrians; Stephen uses the prophecy as evidence of star-worship in the wilderness. The insertion of Babylon, the typical later oppressor, in place of Damascus, is easily understandable.

our fathers, in their turn, brought in with Joshua when they
entered on the possession of the nations, which God thrust out
before the face of our fathers, unto the days of David; [46]who
found favour in the sight of God, and asked to find a habitation
for the God of Jacob. [47]But Solomon built him a house. [48]How-
beit the Most High dwelleth not in *houses* made with hands; as
saith the prophet,

[49]The heaven is my throne,
And the earth the footstool of my feet:
What manner of house will ye build me? saith the Lord:
Or what is the place of my rest?
[50]Did not my hand make all these things?

[51]Ye stiffnecked and uncircumcised in heart and ears, ye do
always resist the Holy Ghost: as your fathers did, so do ye.
[52]Which of the prophets did not your fathers persecute? and
they killed them which shewed before of the coming of the
Righteous One; of whom ye have now become betrayers and
murderers; [53]ye who received the law as it was ordained by
angels, and kept it not.

[54]Now when they heard these things, they were cut to the
heart, and they gnashed on him with their teeth. [55]But he,
being full of the Holy Ghost, looked up stedfastly into heaven,
and saw the glory of God, and Jesus standing on the right hand
of God, [56]and said, Behold, I see the heavens opened, and the
Son of man standing on the right hand of God. [57]But they cried
out with a loud voice, and stopped their ears, and rushed upon
him with one accord; [58]and they cast him out of the city, and
stoned him: and the witnesses laid down their garments at the
feet of a young man named Saul. [59]And they stoned Stephen,
calling upon *the Lord*, and saying, Lord Jesus, receive my spirit.

---

47 Note the contrast with *v.* 44, bringing out Stephen's main argument that the Temple had not the same Divine authority as the tabernacle.

58 The mob loses all self-control and defies the Roman law by stoning Stephen, though the judicial form of taking him "outside the camp" (Lev. 24[14]) is maintained. Presumably the deed was carried out with such haste that there was no time for the Romans to interfere, but in any case Pontius Pilate was still procurator (*circa* A.D. 33), and from what we know of his character we can well imagine that he would hesitate to take action against the fanatical fury of the mob.

60 And he kneeled down, and cried with a loud voice, Lord, lay
not this sin to their charge. And when he had said this, he fell
asleep. 1 And Saul was consenting unto his death. 8

---

1 Cf. 22^{20}, where St. Paul admits his complicity. He is described as a young man (7^{58}), and was probably thirty to thirty-five years old, receiving instruction from Gamaliel, and attached to one of the Hellenist synagogues. We have no evidence that he was a member of the Sanhedrin, but his great piety and zeal for the Law caused him to be held in high regard by the Jewish leaders, as we see from the prominent part he was given in the subsequent persecution of the Christians.

QUESTIONS ON PART I

**General*

1. On what grounds is it generally agreed that the Acts and the third Gospel are the work of a common author? Why are they attributed to St. Luke?

2. "Before these days rose up Theudas." Discuss the historical difficulty connected with this statement of Gamaliel.

3. "But the high priest . . . called the council together." Write what you know of the origin and constitution of this council.

Narrative

4. How does St. Peter describe (i) the necessary qualification, (ii) the future work, of a successor to Judas? How was the appointment made?

5. Describe the coming of the Holy Spirit at Pentecost and its effects.

6. Give a summary of St. Peter's speech on the day of Pentecost, noting particularly his use of Old Testament quotation.

7. What do we learn from these chapters of the mode of life of the early Christians?

8. Give an account of the healing of the cripple at the Beautiful Gate. What results (fortunate and unfortunate) followed the miracle?

9. Trace the growth in severity of the treatment of the early Christian teachers by the Jewish authorities.

---

* The Answers to the General Questions will be found mainly in the Introduction.

10. What abuse led up to the appointment of "the seven"? How were they appointed?

11. What were the charges brought against Stephen before the Sanhedrin? How far did his speech of defence answer these charges?

12. Explain the following phrases, and say in what connexion they occur:—Dost thou at this time restore the kingdom to Israel?—a sabbath day's journey—to speak with other tongues—the breaking of bread—the door . . . called Beautiful—the porch . . . called Solomon's—a prophet shall the Lord God raise up . . . like unto me.

13. Write short notes on:—Simon the Zealot; the brethren of our Lord; Akeldama; captain of the Temple; Caiaphas; Gamaliel; the Libertines.

PART II

CHAPTERS 8 TO 12

THE EXTENSION OF THE CHURCH TO JUDÆA, SAMARIA AND SYRIA

Circa A.D. 33–47

"*Ye shall be my witnesses . . . in all Judæa and Samaria.*"

ACTS 1[8].

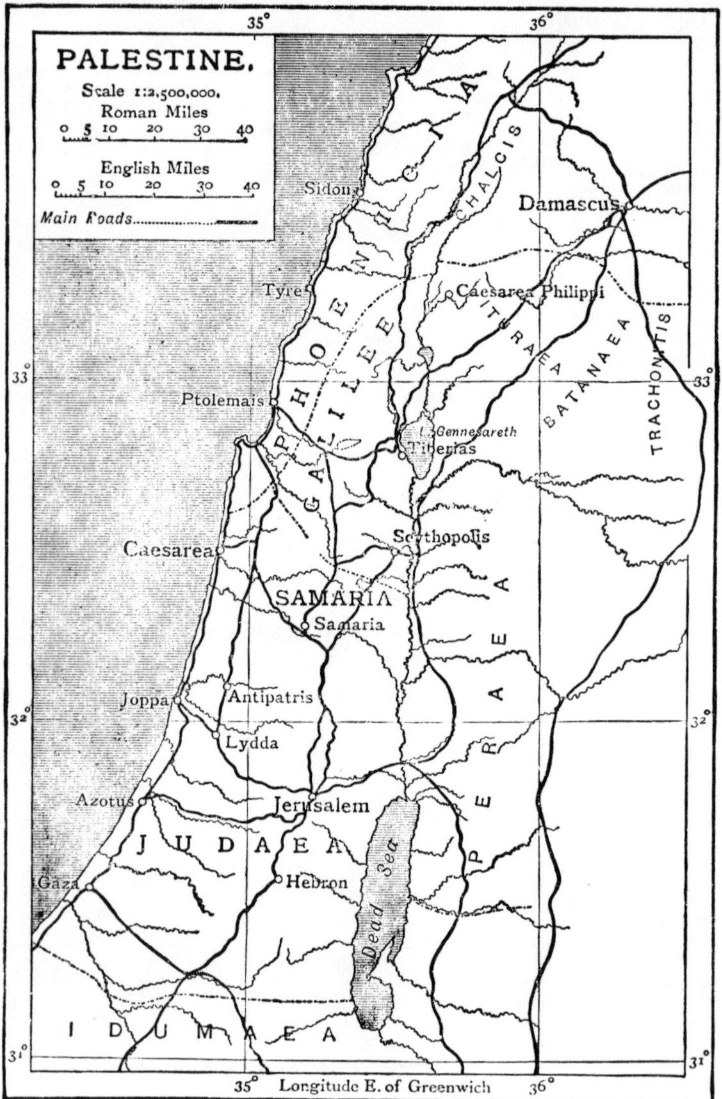

Emery Walker sc.

PART II

CHAPTERS 8 TO 12

THE EXTENSION OF THE CHURCH TO JUDÆA, SAMARIA AND SYRIA

Circa A.D. 33–47

The Christian Dispersion. Philip's Mission to Samaria.

1bAnd there arose on that day a great persecution against
the church which was in Jerusalem; and they were all scattered
abroad throughout the regions of Judæa and Samaria, except
the apostles. 2And devout men buried Stephen, and made great
lamentation over him. 3But Saul laid waste the church, entering
into every house, and haling men and women committed them
to prison.
4They therefore that were scattered abroad went about preaching the word. 5And Philip went down to the city of Samaria,
and proclaimed unto them the Christ. 6And the multitudes
gave heed with one accord unto the things that were spoken by
Philip, when they heard, and saw the signs which he did. 7For
from many of those which had unclean spirits, they came out,
crying with a loud voice: and many that were palsied, and

---

1 The first Christian dispersion marks an important step in the development of the Church. The Gospel teaching now spreads to "all Judæa and Samaria," and the second part of our Lord's prophecy (1^8) is fulfilled. Judæa is here used in the Roman sense of all Palestine except Samaria.

The attitude of the alien population of Samaria towards Christian teaching was a strange mixture of enthusiasm and disbelief. We read in St. John's Gospel (ch. 4) of our Lord's visit when "many . . . believed on him," and "he abode there two days." Two years later the Samaritan village refused to receive Him, "because his face was as though he were going to Jerusalem" (Lk. 9^{53}). The work of Philip described in this chapter seems to have been highly successful.

that were lame, were healed. 8And there was much joy in
that city.

9But there was a certain man, Simon by name, which before-
time in the city used sorcery, and amazed the people of Samaria,
giving out that himself was some great one: 10to whom they
all gave heed, from the least to the greatest, saying, This man
is that power of God which is called Great. 11And they gave heed
to him, because that of long time he had amazed them with his
sorceries. 12But when they believed Philip preaching good tidings
concerning the kingdom of God and the name of Jesus Christ,
they were baptized, both men and women. 13And Simon also
himself believed: and being baptized, he continued with Philip;
and beholding signs and great miracles wrought, he was amazed.

14Now when the apostles which were at Jerusalem heard that
Samaria had received the word of God, they sent unto them
Peter and John: 15who, when they were come down, prayed
for them, that they might receive the Holy Ghost: 16for as yet
he was fallen upon none of them: only they had been baptized
into the name of the Lord Jesus. 17Then laid they their hands
on them, and they received the Holy Ghost. 18Now when Simon
saw that through the laying on of the apostles' hands the Holy

---

9 In this incident we have the first encounter of Christianity with sorcery and superstition (cf. 13^{6}). Magicians of the type of **Simon** were common at this time; they sought by the use of jugglery and the "black arts" to establish a reputation as supernatural beings, and the Samaritans evidently regarded Simon as the incarnation of supreme divine power. Though converted and baptized (*v.* 13), it is doubtful if he became a sincere Christian disciple; he was struck with amazement at the "signs and great miracles" wrought by Philip (*v.* 13), and desired to add new powers to his repertoire of magic (*v.* 18). According to tradition he became hostile to St. Peter, followed him to Rome to oppose his teaching, and originated the Gnostic heresy.

14 The two senior Apostles are sent to investigate the report of Philip's wonderful success and to confirm the converts by the laying on of hands. No doubt this was the custom whenever possible, though it was not essential for the gift of the Holy Spirit, which might even precede baptism, as we see from 10^{44}. The rite of Confirmation as a special ceremony for the conferment of the Holy Spirit was a later development of this Apostolic custom.

18 From the conduct of Simon originates the word "simony," for the attempt to secure office or preferment in the Church by mercenary means.

Ghost was given, he offered them money, [19]saying, Give me also
this power, that on whomsoever I lay my hands, he may receive
the Holy Ghost. [20]But Peter said unto him, Thy silver perish
with thee, because thou hast thought to obtain the gift of God
with money. [21]Thou hast neither part nor lot in this matter:
for thy heart is not right before God. [22]Repent therefore of this
thy wickedness, and pray the Lord, if perhaps the thought of
thy heart shall be forgiven thee. [23]For I see that thou art in
the gall of bitterness and in the bond of iniquity. [24]And Simon
answered and said, Pray ye for me to the Lord, that none of the
things which ye have spoken come upon me.

[25]They therefore, when they had testified and spoken the word
of the Lord, returned to Jerusalem, and preached the gospel to
many villages of the Samaritans.

The Ethiopian Eunuch.

[26]But an angel of the Lord spake unto Philip, saying, Arise,
and go toward the south unto the way that goeth down from
Jerusalem unto Gaza: the same is desert. [27]And he arose and
went: and behold, a man of Ethiopia, a eunuch of great authority
under Candace, queen of the Ethiopians, who was over all her
treasure, who had come to Jerusalem for to worship; [28]and he
was returning and sitting in his chariot, and was reading the

---

23 The reading of the margin is preferable, ". . . wilt become a gall (or a gall root) of bitterness, and a bond of iniquity." St. Peter prophesies that he will become a bitter opponent of Christianity and a leader of heretical factions, a prophecy which seems to have been fulfilled later.

26 **the same is desert** refers probably not to the road, but to the city of Gaza. The old city was two miles from the sea on the highway to Egypt; the southernmost of the five cities of the Philistines. It was destroyed by Alexander Jannæus in 96 B.C., and still lay in ruins, though a new city had been built by Gabinus on the coast.

27 **Ethiopia** was a district in the south of Egypt corresponding roughly to the modern Nubia and Abyssinia. It embraced several kingdoms, one of which (Meroe), according to Pliny, was at this time governed by a dynasty of queens under the title of **Candace** (cf. the Pharaohs, the Ptolemies, etc.).

The **eunuch** was no doubt of African nationality, but seems to have been a semi-proselyte.

prophet Isaiah. [29]And the Spirit said unto Philip, Go near, and
join thyself to this chariot. [30]And Philip ran to him and heard
him reading Isaiah the prophet, and said, Understandest thou
what thou readest? [31]And he said, How can I, except some one
shall guide me? And he besought Philip to come up and sit
with him. [32]Now the place of the scripture which he was reading
was this,

He was led as a sheep to the slaughter;
And as a lamb before his shearer is dumb,
So he openeth not his mouth:
[33]In his humiliation his judgement was taken away:
His generation who shall declare?
For his life is taken from the earth.

[34]And the eunuch answered Philip, and said, I pray thee, of
whom speaketh the prophet this? of himself, or of some other?
[35]And Philip opened his mouth, and beginning from this scripture,
preached unto him Jesus. [36]And as they went on the way, they
came unto a certain water; and the eunuch saith, Behold,
here is water; what doth hinder me to be baptized? [38]And he
commanded the chariot to stand still: and they both went down
into the water, both Philip and the eunuch; and he baptized
him. [39]And when they came up out of the water, the Spirit of
the Lord caught away Philip; and the eunuch saw him no more,
for he went on his way rejoicing. [40]But Philip was found at
Azotus: and passing through he preached the gospel to all the
cities, till he came to Cæsarea.

---

32 The quotation is from the Septuagint version of Is. 53[7] (the work of the second Isaiah). This picture of the suffering servant "despised and rejected" had probably not been recognised by the Jews as applicable to the Messiah; but it was a favourite proof-text amongst the early Christians, who used it as evidence that the sufferings of Jesus were the fulfilment of Old Testament Messianic prophecy.

37 This verse of the A.V. is omitted in the R.V. It is not found in the best MSS. and was probably interpolated during the second century.

40 **Azotus,** about twenty miles N.E. of Gaza, is the Old Testament Ashdod, another of the five Philistine cities.

to all the cities, probably including Lydda and Joppa, where St. Peter later (9[32]) found "saints" and disciples. Thence **he came to Cæsarea,** where he seems to have remained as an "evangelist," for he entertained St. Paul there some twenty years later (21[8]).

The Conversion of Saul.

[1]But Saul, yet breathing threatening and slaughter against 9
the disciples of the Lord, went unto the high priest, [2]and asked
of him letters to Damascus unto the synagogues, that if he found
any that were of the Way, whether men or women, he might
bring them bound to Jerusalem. [3]And as he journeyed, it came
to pass that he drew nigh unto Damascus: and suddenly there
shone round about him a light out of heaven: [4]and he fell upon
the earth, and heard a voice saying unto him, Saul, Saul, why
persecutest thou me? [5]And he said, Who art thou, Lord? And
he *said*, I am Jesus whom thou persecutest: [6]but rise, and enter
into the city, and it shall be told thee what thou must do. [7]And
the men that journeyed with him stood speechless, hearing the
voice, but beholding no man. [8]And Saul arose from the earth;
and when his eyes were opened, he saw nothing; and they led
him by the hand, and brought him into Damascus. [9]And he was
three days without sight, and did neither eat nor drink.
[10]Now there was a certain disciple at Damascus, named
Ananias; and the Lord said unto him in a vision, Ananias.
And he said, Behold, I *am here*, Lord. [11]And the Lord *said*

---

2 **Damascus,** the ancient capital of Syria, was intimately bound up with the history of the Jews. Under the Greek dynasty of the Seleucidae in the second century B.C. it had to take second place to Antioch, the new capital, but soon regained its prestige, and is at the present time a city containing nearly 200,000 inhabitants, while Antioch has barely one-seventh of that population. It always had a strong Jewish colony, and Josephus tells us that 10,000 Jews were massacred there during the Jewish war. Evidently Christianity had now obtained a firm footing there, the Christians being still attached to the synagogues.

3 On two occasions (22[4] and 26[12]) St. Paul himself relates the full story of his conversion; the narratives should be compared with that given here (see also Gal. 1[16]).

7 The details of the three narratives differ here; probably the whole party heard the **voice,** but the actual words spoken were meant only for Saul, and were not distinguished by the rest of the company. Similarly it is probable that all saw the "light" (*v.* 3), but to Saul alone was vouchsafed the vision of Jesus which he includes amongst the appearances of the risen Lord (1 Cor. 15[8]).

11 **the street** is still so called, and can be clearly distinguished in modern photographs of the city.

unto him, Arise, and go to the street which is called Straight, and inquire in the house of Judas for one named Saul, a man of Tarsus: for behold, he prayeth; [12]and he hath seen a man named Ananias coming in, and laying his hands on him, that he might receive his sight. [13]But Ananias answered, Lord, I have heard from many of this man, how much evil he did to thy saints at Jerusalem: [14]and here he hath authority from the chief priests to bind all that call upon thy name. [15]But the Lord said unto him, Go thy way: for he is a chosen vessel unto me, to bear my name before the Gentiles and kings, and the children of Israel: [16]for I will shew him how many things he must suffer for my name's sake. [17]And Ananias departed, and entered into the house; and laying his hands on him said, Brother Saul, the Lord, *even* Jesus, who appeared unto thee in the way which thou camest, hath sent me, that thou mayest receive thy sight, and be filled with the Holy Ghost. [18]And straightway there fell from his eyes as it were scales, and he received his sight; and he arose and was baptized; [19]and he took food and was strengthened.

And he was certain days with the disciples which were at Damascus. [20]And straightway in the synagogues he proclaimed Jesus, that he is the Son of God. [21]And all that heard him were amazed, and said, Is not this he that in Jerusalem made havock of them which called on this name? and he had come hither for this intent, that he might bring them bound before the chief priests. [22]But Saul increased the more in strength, and confounded the Jews which dwelt at Damascus, proving that this is the Christ.

---

15 **chosen vessel:** lit. as in the margin, "vessel of election." Saul's mission is to Jews as well as Gentiles, and we are hardly justified in attaching any special significance to the order in which they are placed. The corresponding passage in 26^{17} reads "the people . . . and the Gentiles."

17 Here the gift of the Holy Spirit accompanies the laying on of hands and precedes baptism, as in the case of Cornelius and his household (10^{44}).

19 From St. Paul's own account of his movements during this period (Gal. 1^{16-24}) we learn that the **certain days** covered a period of three years (perhaps one year and parts of two others), a portion of which was spent in retirement in Arabia, i.e. Arabia Petræa, the district S.E. of Damascus.

Saul's First Visit to the Church at Jerusalem.

23And when many days were fulfilled, the Jews took counsel
together to kill him: 24but their plot became known to Saul.
And they watched the gates also day and night that they might
kill him: 25but his disciples took him by night, and let him down
through the wall, lowering him in a basket.

26And when he was come to Jerusalem, he assayed to join
himself to the disciples: and they were all afraid of him, not
believing that he was a disciple. 27But Barnabas took him, and
brought him to the apostles, and declared unto them how he
had seen the Lord in the way, and that he had spoken to him,
and how at Damascus he had preached boldly in the name
of Jesus. 28And he was with them going in and going out at
Jerusalem, 29preaching boldly in the name of the Lord: and he
spake and disputed against the Grecian Jews; but they went
about to kill him. 30And when the brethren knew it, they brought
him down to Cæsarea, and sent him forth to Tarsus.

31So the church throughout all Judæa and Galilee and Samaria
had peace, being edified; and, walking in the fear of the Lord
and in the comfort of the Holy Ghost, was multiplied.

St. Peter's Mission in Judæa.

32And it came to pass, as Peter went throughout all parts, he
came down also to the saints which dwelt at Lydda. 33And there

---

25 In 2 Cor. 11[32] St. Paul tells us that "the governor under Aretas the king guarded the city of the Damascenes, in order to take me." Aretas was the Arab king of Petra, to whom the Romans seem to have deputed some measure of jurisdiction over Damascus, and the Jews of Damascus probably enlisted his help to prevent Saul's escape.

27 Another variation from Gal. 1, in which St. Paul states that he saw only St. Peter and "James the Lord's brother." No mention is there made of the "disputing" with the Hellenists and the subsequent plot against his life (*v.* 29).

31 The only reference in the Acts to the "building up" (edification) of the Christian Church in **Galilee.**

32 **Lydda** (the Lod of the Old Testament) was a large village ten miles S.E. of Joppa on the Jerusalem road, on the border of the plain of **Sharon** (*v.* 35), which extended along the coast from Mt. Carmel to Joppa, and was noted for the beauty of its flowers, especially the rose (narcissus or crocus) of Sharon (cf. Song of Solomon 2[1]).

he found a certain man named Æneas, which had kept his bed
eight years; for he was palsied. [34]And Peter said unto him,
Æneas, Jesus Christ healeth thee: arise, and make thy bed.
And straightway he arose. [35]And all that dwelt at Lydda and in
Sharon saw him, and they turned to the Lord.

[36]Now there was at Joppa a certain disciple named Tabitha,
which by interpretation is called Dorcas: this woman was full
of good works and almsdeeds which she did. [37]And it came to
pass in those days, that she fell sick, and died: and when they
had washed her, they laid her in an upper chamber. [38]And as
Lydda was nigh unto Joppa, the disciples, hearing that Peter
was there, sent two men unto him, intreating him, Delay not to
come on unto us. [39]And Peter arose and went with them. And
when he was come, they brought him into the upper chamber:
and all the widows stood by him weeping, and shewing the coats
and garments which Dorcas made, while she was with them.
[40]But Peter put them all forth, and kneeled down, and prayed;
and turning to the body, he said, Tabitha, arise. And she opened
her eyes; and when she saw Peter, she sat up. [41]And he gave
her his hand, and raised her up; and calling the saints and
widows, he presented her alive. [42]And it became known through-
out all Joppa: and many believed on the Lord. [43]And it came
to pass, that he abode many days in Joppa with one Simon
a tanner.

Conversion of the Gentile Cornelius.

[1]Now *there was* a certain man in Cæsarea, Cornelius by name,
10 a centurion of the band called the Italian band, a devout man,

---

36 **Joppa** (modern Jaffa) was the seaport of Jerusalem, the only seaport of which the Jews had complete possession.

Tabitha is the Aramaic, **Dorcas** the Greek, for a gazelle. The latter name is perpetuated in the modern charitable organisations known as "Dorcas Societies."

40 In performing the miracle **St. Peter** seems to have followed very closely the method of his Master in the similar circumstances of the raising of Jairus' daughter, of which he was one of the few witnesses.

1 The incident of Cornelius is related at such length and with so many indications of Divine guidance, that St. Luke evidently intends it to be regarded as marking a new epoch in the history of Christian

[2]and one that feared God with all his house, who gave much
alms to the people, and prayed to God alway. [3]He saw in a
vision openly, as it were about the ninth hour of the day, an
angel of God coming in unto him, and saying to him, Cornelius.
[4]And he, fastening his eyes upon him, and being affrighted, said,
What is it, Lord? And he said unto him, Thy prayers and thine
alms are gone up for a memorial before God. [5]And now send men
to Joppa, and fetch one Simon, who is surnamed Peter: [6]he
lodgeth with one Simon a tanner, whose house is by the sea
side. [7]And when the angel that spake unto him was departed,
he called two of his household-servants, and a devout soldier of
them that waited on him continually; [8]and having rehearsed
all things unto them, he sent them to Joppa.

---

development by the recognition of the right of Gentiles to a place in the Kingdom. Nicolas of Antioch (6[5]) was a full proselyte; the Ethiopian eunuch (8[27]) was doubtless regarded as an exceptional case, but here the Divine will is made abundantly clear, as St. Peter himself claims when defending his action (11[17], 15[7]).

Cæsarea on the coast, some sixty miles north of Joppa, was originally a small town known as Strato's Tower, but was developed by Herod the Great into a magnificent city. He constructed a harbour, the remains of which may still be seen, and erected many splendid buildings including a palace for himself (23[35]). At the annexation of Judæa in A.D. 6, it was made the capital of the new Roman province, with the official residence of the procurator, and after the death of Agrippa I. in A.D. 44 it became a garrison town with five cohorts of infantry and a squadron of cavalry. A cohort was a tenth part of a Roman regiment or legion of 6000 men commanded by a tribune or *chiliarch* (e.g. Claudius Lysias, 21[31]), each cohort of six hundred men being divided into six centuries with a centurion in command.

The exact significance of the title **Italian band** (margin "cohort") has always presented a difficulty. It could not have been part of the regular Roman legions, for they were not distinguished by such titles, nor did they as a rule serve in the smaller provinces. Probably it was one of the auxiliary cohorts, composed of volunteers from the Roman citizens of Italy (not provincials). This explanation is supported by the recent discovery in Austria of an inscription which shows the presence of such a cohort ("the second Italian cohort of Roman citizens") in Syria in A.D. 69.

2 **a devout man and one that feared God**; the usual description of a "God-fearer," or semi-proselyte (see note on 2[10]).

3 **ninth hour.** One of the three hours of prayer (see note on 2[15]).

7 **a devout soldier**; probably also a "God-fearer."

[9]Now on the morrow, as they were on their journey, and
drew nigh unto the city, Peter went up upon the housetop to
pray, about the sixth hour: [10]and he became hungry, and
desired to eat: but while they made ready, he fell into a trance;
[11]and he beholdeth the heaven opened, and a certain vessel
descending, as it were a great sheet, let down by four corners
upon the earth: [12]wherein were all manner of four-footed beasts
and creeping things of the earth and fowls of the heaven. [13]And
there came a voice to him, Rise, Peter; kill and eat. [14]But
Peter said, Not so, Lord; for I have never eaten any thing that
is common and unclean. [15]And a voice *came* unto him again
the second time, What God hath cleansed, make not thou
common. [16]And this was done thrice: and straightway the
vessel was received up into heaven.

[17]Now while Peter was much perplexed in himself what the
vision which he had seen might mean, behold, the men that
were sent by Cornelius, having made inquiry for Simon's house,
stood before the gate, [18]and called and asked whether Simon,
which was surnamed Peter, were lodging there. [19]And while
Peter thought on the vision, the Spirit said unto him, Behold,
three men seek thee. [20]But arise, and get thee down, and go
with them, nothing doubting: for I have sent them. [21]And
Peter went down to the men, and said, Behold, I am he whom ye
seek: what is the cause wherefore ye are come? [22]And they
said, Cornelius a centurion, a righteous man and one that feareth
God, and well reported of by all the nation of the Jews, was
warned *of God* by a holy angel to send for thee into his house,
and to hear words from thee. [23]So he called them in and lodged
them.

---

9 **the housetop** or flat roof of the oriental house, reached by an outside staircase, was a favourite resort for prayer and meditation.

14–15 The law of Clean and Unclean Meats is laid down with minute detail in Lev. 11. In spite of our Lord's words which made all meats clean (Mk. 7[19]), the restrictions were still held to be rigidly binding. Here the Jewish ceremonial law is definitely repudiated, representing symbolically that the Gentiles were no longer to be regarded as "common or unclean"—all creation had been cleansed by the redeeming work of the Saviour.

20 **nothing doubting,** i.e. without hesitation. St. Peter in his own version (11[12]) uses the more definite phrase, "making no distinction," i.e. between Jew and Gentile.

And on the morrow he arose and went forth with them, and certain of the brethren from Joppa accompanied him. [24]And on the morrow they entered into Cæsarea. And Cornelius was waiting for them, having called together his kinsmen and his near friends. [25]And when it came to pass that Peter entered, Cornelius met him, and fell down at his feet, and worshipped him. [26]But Peter raised him up, saying, Stand up; I myself also am a man. [27]And as he talked with him, he went in, and findeth many come together: [28]and he said unto them, Ye yourselves know how that it is an unlawful thing for a man that is a Jew to join himself or come unto one of another nation; and *yet* unto me hath God shewed that I should not call any man common or unclean: [29]wherefore also I came without gainsaying, when I was sent for. I ask therefore with what intent ye sent for me. [30]And Cornelius said, Four days ago, until this hour, I was keeping the ninth hour of prayer in my house; and behold, a man stood before me in bright apparel, [31]and saith, Cornelius, thy prayer is heard, and thine alms are had in remembrance in the sight of God. [32]Send therefore to Joppa, and call unto thee Simon, who is surnamed Peter; he lodgeth in the house of Simon a tanner, by the sea side. [33]Forthwith therefore I sent to thee; and thou hast well done that thou art come. Now therefore we are all here present in the sight of God, to hear all things that have been commanded thee of the Lord. [34]And Peter opened his mouth, and said,

Of a truth I perceive that God is no respecter of persons: [35]but in every nation he that feareth him, and worketh righteousness, is acceptable to him. [36]The word which he sent unto the

---

25 Probably nothing more than an expression of deep homage to a heaven-sent messenger, and not to be compared with the idolatry at Lystra (14[11]). St. Peter, however, rejects this excessive reverence.

28 According to St. Paul (Gal. 2[12]) the same generous attitude was not adopted by St. Peter towards the Gentiles of Antioch.

34–43 The speech, addressed to Gentiles only, naturally differs considerably from St. Peter's earlier speeches in Jerusalem, being much more catholic in outlook. Thus Jesus is spoken of as Lord of all (*v.* 36); as Judge of the quick and the dead (42), and the Saviour of all that believe on Him (43). In the remarkable summary of His life and work He is portrayed as the great healer and conqueror of evil after the manner of the Petrine Gospel of St. Mark.

children of Israel, preaching good tidings of peace by Jesus Christ
(he is Lord of all)—[37]that saying ye yourselves know, which was
published throughout all Judæa, beginning from Galilee, after
the baptism which John preached ; [38]*even* Jesus of Nazareth, how
that God anointed him with the Holy Ghost and with power:
who went about doing good, and healing all that were oppressed
of the devil ; for God was with him. [39]And we are witnesses
of all things which he did both in the country of the Jews, and
in Jerusalem ; whom also they slew, hanging him on a tree.
[40]Him God raised up the third day, and gave him to be made
manifest, [41]not to all the people, but unto witnesses that were
chosen before of God, *even* to us, who did eat and drink with
him after he rose from the dead. [42]And he charged us to preach
unto the people, and to testify that this is he which is ordained
of God *to be* the Judge of quick and dead. [43]To him bear all the
prophets witness, that through his name every one that believeth
on him shall receive remission of sins.

[44]While Peter yet spake these words, the Holy Ghost fell on
all them which heard the word. [45]And they of the circumcision
which believed were amazed, as many as came with Peter,
because that on the Gentiles also was poured out the gift of the
Holy Ghost. [46]For they heard them speak with tongues, and
magnify God. Then answered Peter, [47]Can any man forbid the
water, that these should not be baptized, which have received
the Holy Ghost as well as we ? [48]And he commanded them to
be baptized in the name of Jesus Christ. Then prayed they him
to tarry certain days.

Controversy regarding St. Peter's Attitude to the Gentiles.

11 [1]Now the apostles and the brethren that were in Judæa heard
that the Gentiles also had received the word of God. [2]And when
Peter was come up to Jerusalem, they that were of the circum-

---

44 Here the Holy Spirit is given without any preliminary rite, and its presence is made evident by the gift of tongues ; baptism follows later (*v.* 48).

2 St. Peter's action in consorting and eating with Gentiles is called in question by the strictly Judaic Christians, though probably not by the Apostles themselves. The incident marks the opening of the

cision contended with him, saying, [3]Thou wentest in to men
uncircumcised, and didst eat with them. [4]But Peter began, and
expounded *the matter* unto them in order, saying, [5]I was in the
city of Joppa praying: and in a trance I saw a vision, a certain
vessel descending, as it were a great sheet let down from heaven
by four corners; and it came even unto me: [6]upon the which
when I had fastened mine eyes, I considered, and saw the four-
footed beasts of the earth and wild beasts and creeping things
and fowls of the heaven. [7]And I heard also a voice saying unto
me, Rise, Peter; kill and eat. [8]But I said, Not so, Lord: for
nothing common or unclean hath ever entered into my mouth.
[9]But a voice answered the second time out of heaven, What God
hath cleansed, make not thou common. [10]And this was done
thrice: and all were drawn up again into heaven. [11]And behold,
forthwith three men stood before the house in which we were,
having been sent from Cæsarea unto me. [12]And the Spirit bade
me go with them, making no distinction. And these six brethren
also accompanied me; and we entered into the man's house:
[13]and he told us how he had seen the angel standing in his house,
and saying, Send to Joppa, and fetch Simon, whose surname is
Peter; [14]who shall speak unto thee words, whereby thou shalt
be saved, thou and all thy house. [15]And as I began to speak,
the Holy Ghost fell on them, even as on us at the beginning.
[16]And I remembered the word of the Lord, how that he said,
John indeed baptized with water; but ye shall be baptized with
the Holy Ghost. [17]If then God gave unto them the like gift as
he did also unto us, when we believed on the Lord Jesus Christ,
who was I, that I could withstand God? [18]And when they heard
these things, they held their peace, and glorified God, saying,
Then to the Gentiles also hath God granted repentance unto life.

---

controversy with regard to the status of the Gentiles in the Church, and though St. Peter's action was ratified in this particular case, the principle involved did not meet with general acceptance as we see later (*c.* 15).

12 Apparently St. Peter, realising the critical nature of his visit to Cornelius, had brought **the six brethren** with him to Jerusalem as witnesses.

16 **the word of the Lord,** spoken to the Apostles before the Ascension (1[5]).

Foundation of the Church at Antioch.

[19]They therefore that were scattered abroad upon the tribulation that arose about Stephen travelled as far as Phœnicia, and Cyprus, and Antioch, speaking the word to none save only to Jews. [20]But there were some of them, men of Cyprus and Cyrene, who, when they were come to Antioch, spake unto the Greeks also, preaching the Lord Jesus. [21]And the hand of the Lord was with them: and a great number that believed turned unto the Lord. [22]And the report concerning them came to the ears of the church which was in Jerusalem: and they sent forth Barnabas as far as Antioch: [23]who, when he was come, and had seen the grace of God, was glad; and he exhorted them all, that with purpose of heart they would cleave unto the Lord: [24]for he was a good man, and full of the Holy Ghost and of faith: and much people was added unto the Lord. [25]And he went forth to Tarsus to seek for Saul: [26]and when he had found him, he brought him unto Antioch. And it came to pass, that even for a whole year

---

19 The brief summary given here of the stages by which Christianity was spread after the dispersion may be filled in as follows: From Jerusalem to the seaport Cæsarea, thence along the route of coasting vessels to Ptolemais, Tyre and Sidon (**Phœnicia**), where St. Paul finds Christian communities later ($21^{4, 7}$, 27^{3}). From these ports it travelled westward to **Cyprus** (perhaps through the influence of Barnabas), and still farther north to Seleucia, the port of **Antioch** and thence, to Antioch itself.

Antioch on the Orontes, fifteen miles from Seleucia, was at this time (*c.* A.D. 36) the chief city of the East, ranking after Alexandria as the third city of the Empire. Situated in the extreme north of Syria, almost on the Cilician border, it was the capital of the province of Syria-Cilicia, and the headquarters of the Roman procurator. It was one of the most cosmopolitan cities, with a mixed population of Syrians, Greeks, Romans and Jews. It now became the provincial metropolis of Christianity, and the chief centre of its missionary work.

20 **Greeks** here probably means Greek nationals, not Hellenists; the missionaries themselves were Hellenists. This is a further forward step in the spread of Christianity, anticipating to some extent the work of St. Paul.

22 **Barnabas,** the Cypriote Hellenist, is sent to further the work of his own countrymen, just as the senior Apostles visited Samaria during Philip's mission (8^{14}).

26 The people of Antioch were famous for their wit and use of epigram. For the new sect they coined the name **Christians,** followers

they were gathered together with the church, and taught much people; and that the disciples were called Christians first in Antioch.

The Relief Mission to Jerusalem.

[27]Now in these days there came down prophets from Jerusalem
unto Antioch. [28]And there stood up one of them named Agabus,
and signified by the Spirit that there should be a great famine
over all the world: which came to pass in the days of Claudius.
[29]And the disciples, every man according to his ability, deter-
mined to send relief unto the brethren that dwelt in Judæa:
[30]which also they did, sending it to the elders by the hand of
Barnabas and Saul.

---

of Christ, on the analogy of Pompeians, Herodians, etc. It often took the form Chrestians among heathen people, who confused the title Christ with a very similar, and better-known word Chrestus (sometimes used as a proper name), signifying "a good worthy fellow." Like many another nickname it was adopted later as an honourable title, though in the two passages in which it appears in the New Testament (Acts 26^{28}, 1 Pet. 4^{16}) it seems to be used as a term of contempt.

27 The **prophets** as successors of their Old Testament prototypes seem to have had some measure of Divine inspiration, which enabled them (as here) to foretell events, and reveal the wishes of God. No doubt they also took part in the work of teaching, and they rank next to the Apostles as witnesses of the life and work of Jesus. They are mentioned in connexion with teachers in 13^{1}, and **Agabus** reappears in 21^{10} at the house of Philip, whose four daughters are described as prophetesses.

28 According to Tacitus there were many famines in the reign of Claudius (A.D. 41–54). Josephus records one which reached its climax in A.D. 46, the probable date of the relief deputation.

30 **The elders** (presbyters) here mentioned for the first time were the leaders appointed to take charge of church organisation on the model of Jewish administration, not only in Jerusalem, but in the newly-founded Churches. In this passage they appear as responsible for the administration of relief in succession to "the Seven" who were now scattered. Probably about this time, owing to Herod's persecution, the Apostles had to leave Jerusalem, and the Church would then be in charge of the elders with St. James at their head. In provincial and foreign cities, where Christian worship was largely carried on in the form of household meetings, the masters of large houses would tend to take the lead in organisation, and thus perform the duties of elders.

Persecution of the Apostles by Herod Agrippa.

12 1 Now about that time Herod the king put forth his hands to
afflict certain of the church. 2 And he killed James the brother
of John with the sword. 3 And when he saw that it pleased the
Jews, he proceeded to seize Peter also. And *those* were the days
of unleavened bread. 4 And when he had taken him, he put him
in prison, and delivered him to four quaternions of soldiers to
guard him; intending after the Passover to bring him forth to
the people. 5 Peter therefore was kept in the prison: but prayer
was made earnestly of the church unto God for him. 6 And when
Herod was about to bring him forth, the same night Peter was
sleeping between two soldiers, bound with two chains: and

---

1 The events of this chapter are important as marking the conclusion of the "Acts of Peter" and preparing the way for the "Acts of Paul." Moreover, it records the final rejection by the Jews (this time through their king) of the Gospel message, and changes the scene to Antioch, which now becomes the chief centre of the missionary movement.

Herod, i.e. Herod Agrippa I., grandson of Herod the Great and nephew of the tetrarch Antipas. Educated at Rome, he found favour with the Emperors Caligula and Claudius; the former on his accession in A.D. 37 made him ruler of the united tetrarchies of his uncles, Antipas and Philip, with the title of King, and the latter, in A.D. 41, added the Roman province of Judæa to his domains. After his death in A.D. 44, the whole of Palestine again became a Roman province till A.D. 53, when his son, Agrippa II., regained the territory as a Jewish kingdom. He and his two sisters, Bernice and Drusilla, are mentioned in connexion with St. Paul's trials (24^{24}, 25^{13}).

2 **James the brother of John** was the first Apostle to suffer martyrdom. There may have been other victims, but the statement of Philippus of Side (A.D. 430), who quotes Papias, Bishop of Hierapolis in the early second century, as saying that "John the theologian" perished with his brother, is difficult to reconcile with the well-founded tradition of his long life at Ephesus.

3 **the days of unleavened bread** were the seven days following the Passover feast on Nisan 14 (March–April). The city would be thronged with Jews zealous for the Law, and Herod seized the opportunity to gain popularity by an exhibition of hatred against the "Nazarenes." He had, however, to conform to Jewish custom by deferring judgment till the Passover week was ended (*v.* 4).

4 **four quaternions,** i.e. four guards of four men, one for each watch. Two were in the cell chained to the prisoner (*v.* 6), the other two being on guard at the doors. The utmost precautions were taken to prevent a repetition of his former escape (5^{19}).

guards before the door kept the prison. 7 And behold, an angel of the Lord stood by him, and a light shined in the cell: and he smote Peter on the side, and awoke him, saying, Rise up quickly. And his chains fell off from his hands. 8 And the angel said unto him, Gird thyself, and bind on thy sandals. And he did so. And he saith unto him, Cast thy garment about thee, and follow me. 9 And he went out, and followed; and he wist not that it was true which was done by the angel, but thought he saw a vision. 10 And when they were past the first and the second ward, they came unto the iron gate that leadeth into the city; which opened to them of its own accord: and they went out, and passed on through one street; and straightway the angel departed from him. 11 And when Peter was come to himself, he said, Now I know of a truth, that the Lord hath sent forth his angel and delivered me out of the hand of Herod, and from all the expectation of the people of the Jews. 12 And when he had considered *the thing*, he came to the house of Mary the mother of John whose surname was Mark; where many were gathered together and were praying. 13 And when he knocked at the door of the gate, a maid came to answer, named Rhoda. 14 And when she knew Peter's voice, she opened not the gate for joy, but ran in, and told that Peter stood before the gate. 15 And they said unto her, Thou art mad. But she confidently affirmed that it was even so. And they said, It is his angel. 16 But Peter continued knocking: and when they had opened, they saw him, and were amazed. 17 But he, beckoning unto them with the hand to hold

---

7 **an angel of the Lord** appears as in 5^{19}. It has been suggested that the passages may be doublets.

12 **the house of Mary** was probably a recognised meeting-place for the early Christians (see note on 1^{13}). The early friendship of St. Peter and St. Mark was renewed later at Rome, where the Petrine Gospel of St. Mark was written.

15 It was a common belief among the Jews at this time that every person had his or her own guardian angel (the Roman *genius*), and our Lord seems to countenance the belief in His beautiful description of the heavenly guardians of "these little ones" (Mt. 18^{10}). Sometimes, as here, the guardian angel was assumed to take the form of his *protégé*.

17 **James,** the brother of our Lord, henceforward appears as the head of the Jerusalem Church, as we see from 15^{13} and 21^{18}. The departure of St. Peter recorded here probably marks the end of Apostolic work in the capital.

their peace, declared unto them how the Lord had brought him
forth out of the prison. And he said, Tell these things unto
James, and to the brethren. And he departed, and went to
another place. [18]Now as soon as it was day, there was no small
stir among the soldiers, what was become of Peter. [19]And when
Herod had sought for him, and found him not, he examined
the guards, and commanded that they should be put to death.
And he went down from Judæa to Cæsarea, and tarried there.

Death of Herod.

[20]Now he was highly displeased with them of Tyre and Sidon:
and they came with one accord to him, and, having made Blastus
the king's chamberlain their friend, they asked for peace,
because their country was fed from the king's country. [21]And
upon a set day Herod arrayed himself in royal apparel, and sat
on the throne, and made an oration unto them. [22]And the
people shouted, *saying*, The voice of a god, and not of a man.
[23]And immediately an angel of the Lord smote him, because he
gave not God the glory: and he was eaten of worms, and gave
up the ghost.

Return of the Relief Mission.

[24]But the word of God grew and multiplied.

[25]And Barnabas and Saul returned from Jerusalem, when
they had fulfilled their ministration, taking with them John
whose surname was Mark.

---

20 Why Herod was **displeased with them of Tyre and Sidon** is not known, but he retaliated by cutting off their corn supplies, which were largely imported from Galilee. As famine was threatened at the time this would be a very serious matter.

21 The **set day** according to Josephus was a magnificent festival given in honour of Claudius on his safe return from Britain. Clad in a gorgeous silver robe, he made his oration to the Phœnician deputation from his official seat in the amphitheatre, and accepted without demur his deification by the flattering populace. He was suddenly seized with internal pains and died after five days of terrible suffering.

25 **their ministration,** i.e. the relief mission of 11^{30}.

John Mark was the son of Mary (12^{12}) and cousin or nephew of Barnabas (Col. 4^{10}); probably a Hellenist, and therefore a suitable companion for their future Gentile missions.

QUESTIONS ON PART II

General

1. Trace the steps by which Christianity was extended beyond the limits of the Jewish nation during the period covered by these chapters.

2. From what sources do you think it likely that the author obtained his materials for the early narrative of the Acts ?

3. " The blood of the martyrs is the seed of the church." Show how this statement was fulfilled in the case of Stephen.

4. Chapters 1 to 12 of the Acts are frequently spoken of as " the acts of Peter." Justify the title.

Narrative

5. Give an account of the evangelisation of Samaria. What do you know of the former attitude of its inhabitants towards Christian teaching ?

6. Summarise briefly the events of Saul's life from the time that he was led into Damascus till the start of his first missionary journey.

7. Describe the miracles performed by St. Peter during his mission in Judæa.

8. Narrate the events leading up to the visit of St. Peter to Cornelius. How were they used by St. Peter to justify his action ?

9. Show how St. Peter's speech in the house of Cornelius was adapted to suit his audience. What results attended its conclusion ?

10. Relate the circumstances attending the death of Herod, and write what you know of this Herod.

11. Explain the following phrases, stating the connexion in which they occur :—thou art in the gall of bitterness and in the bond of iniquity—He was led as a sheep to the slaughter—a devout man, and one that feared God—the disciples were called Christians first in Antioch—Tell these things unto James, and to the brethren.

12. Write short notes on :—Candace ; the street . . . called Straight ; the Italian band ; Agabus ; Rhoda ; Blastus.

PART III

CHAPTERS 13 TO 15^{35}

ST. PAUL'S FIRST MISSIONARY JOURNEY AND THE CHRISTIAN COUNCIL OF JERUSALEM

Circa A.D. 47–49

"*Lo, we turn to the Gentiles.*"—ACTS 13^{46}.

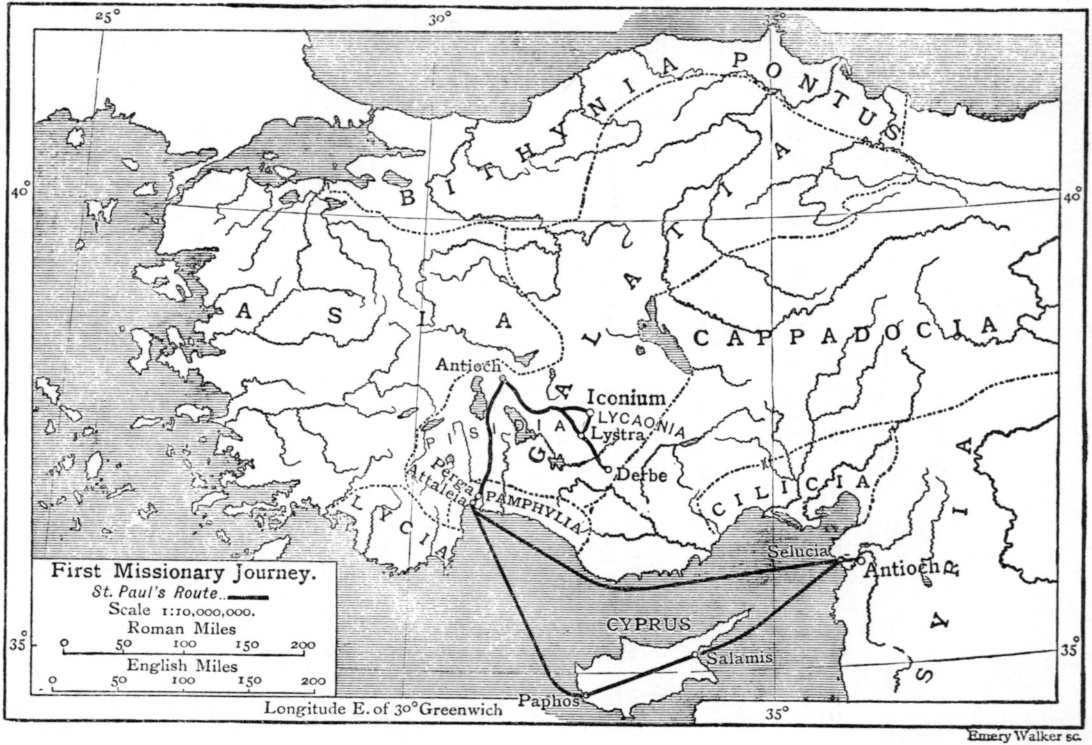

First Missionary Journey.
St. Paul's Route..
Scale 1:10,000,000.
Roman Miles
0 50 100 150 200
English Miles
0 50 100 150 200
Longitude E. of 30° Greenwich
25°
30°
35°
40°
BITHYNIA
PONTUS
GALATIA
ASIA
CAPPADOCIA
LYCAONIA
PISIDIA
PAMPHYLIA
LYCIA
CILICIA
SYRIA
CYPRUS
Antioch
Iconium
Lystra
Derbe
Perga
Attaleia
Seleucia
Salamis
Paphos
Emery Walker sc.

PART III

CHAPTERS 13 TO 15[35]

ST. PAUL'S FIRST MISSIONARY JOURNEY AND THE CHRISTIAN COUNCIL OF JERUSALEM

Circa A.D. 47–49

Consecration of the Missionaries for their Work.

[1]Now there were at Antioch, in the church that was *there*, 13
prophets and teachers, Barnabas, and Symeon that was called
Niger, and Lucius of Cyrene, and Manaen the foster-brother of
Herod the tetrarch, and Saul. [2]And as they ministered to the
Lord, and fasted, the Holy Ghost said, Separate me Barnabas
and Saul for the work whereunto I have called them. [3]Then,
when they had fasted and prayed and laid their hands on them,
they sent them away.

Visit to Cyprus. Elymas the Sorcerer.

[4]So they, being sent forth by the Holy Ghost, went down to

---

1 The detailed enumeration of the **prophets and teachers,** including three not mentioned elsewhere, favours the view that St. Luke was directly connected with Antioch and that the Acts was probably written there. Note that Barnabas and Saul are separated, and the latter placed at the end of the list.

St. Luke's knowledge of the household of Herod Antipas is shown on many occasions in his Gospel, e.g. the mention of Joanna. Here he describes **Manaen** (Hebrew, Menahem) as **foster-brother** (better, "playmate") **of the tetrarch.**

2 Note the extremely solemn nature of the commission for the new work: (i) the ministration and fasting of the Church, (ii) the selection of Barnabas and Saul by the Holy Spirit, (iii) prayer and fasting accompanied by the laying on of hands, and finally (iv) the sending forth by the Holy Spirit.

4 **Seleucia** was the port of Antioch, fifteen miles distant at the mouth of the Orontes.

Cyprus was no doubt chosen as being the native-place of Barnabas.

Seleucia; and from thence they sailed to Cyprus. [5]And when
they were at Salamis, they proclaimed the word of God in the
synagogues of the Jews: and they had also John as their attend-
ant. [6]And when they had gone through the whole island unto
Paphos, they found a certain sorcerer, a false prophet, a Jew,
whose name was Bar-Jesus; [7]which was with the proconsul,
Sergius Paulus, a man of understanding. The same called unto
him Barnabas and Saul, and sought to hear the word of God.
[8]But Elymas the sorcerer (for so is his name by interpretation)
withstood them, seeking to turn aside the proconsul from the
faith. [9]But Saul, who is also *called* Paul, filled with the Holy
Ghost, fastened his eyes on him, [10]and said, O full of all guile and
all villany, thou son of the devil, thou enemy of all righteous-
ness, wilt thou not cease to pervert the right ways of the Lord?
[11]And now, behold, the hand of the Lord is upon thee, and thou
shalt be blind, not seeing the sun for a season. And immediately
there fell on him a mist and a darkness; and he went about
seeking some to lead him by the hand. [12]Then the proconsul,

---

We know from 11[19] that dispersed Christians had visited the island, but had confined their preaching to the Jews. Mnason of Cyprus is described in 21[16] as "an early disciple."

5 The word for **attendant** is the same as that used for the synagogue attendant (*chazzan*) in Lk. 4[20], and it is in connexion with the preaching in the synagogue that it is used here. Probably one of his chief duties would be the baptizing of converts.

6 **Paphos** (modern Baffo), at the extreme west of the island, was celebrated for its temple of Aphrodite.

Bar-Jesus (son of Jesus) was the Jewish name; **Elymas,** an additional Greek title, perhaps connected with an Arabic word meaning "wise." He was another *magus* of the type of Simon of Samaria (8[19]).

7 St. Luke uses the accurate title **proconsul.** Cyprus had been constituted a Senatorial province by Augustus in 22 B.C. Such provinces were governed by a proconsul acting for the senate, in contradistinction to the Imperial provinces (like Judæa), where the Emperor's direct representative had the title of procurator. Cyprus had previously belonged to this class. The name of a proconsul called **Paulus** has been found on an inscription discovered at Soloi in Northern Cyprus.

9 **Saul** the Jew now becomes **Paul** the Roman citizen, and the Jewish name is dropped. Probably it is a mere coincidence that his Roman name was the same as that of the proconsul. Henceforward, too (except in 15[12] in Jewish surroundings), the order of precedence changes to "Paul and Barnabas."

when he saw what was done, believed, being astonished at the teaching of the Lord.

Antioch of Pisidia.

13Now Paul and his company set sail from Paphos, and came
to Perga in Pamphylia: and John departed from them and
returned to Jerusalem. 14But they, passing through from Perga,
came to Antioch of Pisidia; and they went into the synagogue
on the sabbath day, and sat down. 15And after the reading of
the law and the prophets the rulers of the synagogue sent unto
them, saying, Brethren, if ye have any word of exhortation for
the people, say on. 16And Paul stood up, and beckoning with
the hand said,

Men of Israel, and ye that fear God, hearken. 17The God of
this people Israel chose our fathers, and exalted the people when

---

13 **Perga,** the capital of Pamphylia, was on the Cestrus, eight miles inland from the port of Attalia. The reason for John Mark's departure can only be surmised; that St. Paul considered it a serious matter is obvious from the "sharp contention" to which it gave rise (15^{38}). Perhaps he was unable to keep pace with the rapid development of St. Paul's plans for Gentile evangelisation, involving an extension of his journey into the interior of Asia Minor.

14 There is no mention of preaching in Pamphylia. A suggested explanation is based on St. Paul's statement in his letter to the Galatians (4^{13}) that it was "because of an infirmity of the flesh" that he first preached to them, and on his mention in 2 Cor. 12^{7} of "a thorn (or stake) in the flesh, a messenger of Satan to buffet me." It is supposed that in the low-lying, enervating district of Pamphylia he was attacked (or threatened) by illness, perhaps malaria, to escape which he made for the higher ground and more bracing climate of Antioch. The "infirmity of the flesh" may have affected his eyesight, for there are many references in his letters and in the Acts which are best explained by the supposition that his sight was weak, e.g. Acts 23^{5}, Gal. 4^{15}, 6^{11}.

Antioch of Pisidia was actually in the S.E. corner of Phrygia on the Pisidian border. It was the chief city of the *regio* or district of Phrygia, capital of the province of South Galatia, and (like Philippi) had the status of a Roman colony.

17 The speech, addressed to a mixed audience of Jews, proselytes and "God-fearers," opens, like Stephen's defence, with an historical introduction showing the guiding hand of Jehovah in the early history of Israel up to the time of David. Of David's line came the Saviour, Jesus, recognised by St. John the Baptist as the Messiah; He was

they sojourned in the land of Egypt, and with a high arm led
he them forth out of it. [18]And for about the time of forty years
suffered he their manners in the wilderness. [19]And when he had
destroyed seven nations in the land of Canaan, he gave *them*
their land for an inheritance, for about four hundred and fifty
years: [20]and after these things he gave *them* judges until Samuel
the prophet. [21]And afterward they asked for a king: and God
gave unto them Saul the son of Kish, a man of the tribe of
Benjamin, for the space of forty years. [22]And when he had
removed him, he raised up David to be their king; to whom
also he bare witness, and said, I have found David the son of
Jesse, a man after my heart, who shall do all my will. [23]Of this
man's seed hath God according to promise brought unto Israel
a Saviour, Jesus; [24]when John had first preached before his
coming the baptism of repentance to all the people of Israel.
[25]And as John was fulfilling his course, he said, What suppose
ye that I am? I am not *he*. But behold, there cometh one
after me, the shoes of whose feet I am not worthy to unloose.

---

not received as such by the Jews, but rejected and slain; God raised Him from the dead, as the Apostles bear witness, like the prophets of old; through Him rather than the Law of Moses may be obtained justification and remission of sins. The address closes with a warning of the danger of rejecting the message now delivered to them.

For the origin of the **synagogues** see p. xxiii. They were plain rectangular buildings so sited that one end pointed to Jerusalem. The chief furniture was an ark or chest containing the copy of the Torah (or Pentateuch) and rolls of the Prophets; the "bema" (pulpit) for the reader and preacher; and a number of "chief seats" for the elders. The women were separated from the men, and sat behind a lattice. The service began with prayers, followed by the reading and translation into Aramaic (the spoken language) of a lesson from the Hebrew Torah. A passage was then read from the Prophets and an address given on it. Any distinguished visitor might be asked to take this part of the service, and it was at this point that St. Paul was invited to address the congregation.

The attendant (*chazzan*) was a kind of verger, who had charge of the ark and the building generally. He sometimes acted as teacher during the week in the synagogue school for children.

18 **suffered he their manners.** Better "treated them considerately." The margin has "bare he them as a nursing-father," with a reference to Deut. 1[31].

21 St. Paul, like his royal namesake, belonged to the **tribe of Benjamin.**

[26]Brethren, children of the stock of Abraham, and those among
you that fear God, to us is the word of this salvation sent forth.
[27]For they that dwell in Jerusalem, and their rulers, because they
knew him not, nor the voices of the prophets which are read
every sabbath, fulfilled *them* by condemning *him*. [28]And though
they found no cause of death *in him*, yet asked they of Pilate
that he should be slain. [29]And when they had fulfilled all things
that were written of him, they took him down from the tree,
and laid him in a tomb. [30]But God raised him from the dead:
[31]and he was seen for many days of them that came up with him
from Galilee to Jerusalem, who are now his witnesses unto the
people. [32]And we bring you good tidings of the promise made
unto the fathers, [33]how that God hath fulfilled the same unto our
children, in that he raised up Jesus; as also it is written in the
second psalm, Thou art my Son, this day have I begotten thee.
[34]And as concerning that he raised him up from the dead, now
no more to return to corruption, he hath spoken on this wise, I
will give you the holy and sure *blessings* of David. [35]Because he
saith also in another *psalm*, Thou wilt not give thy Holy One
to see corruption. [36]For David, after he had in his own genera-
tion served the counsel of God, fell on sleep, and was laid unto
his fathers, and saw corruption: [37]but he whom God raised up
saw no corruption. [38]Be it known unto you therefore, brethren,
that through this man is proclaimed unto you remission of sins:
[39]and by him every one that believeth is justified from all things,

---

26 **to us** (A.V. "to you") probably refers to the Jews of the Dispersion, as opposed to the Palestinian Jews, who are denounced in the next verse for their ignorance and neglect of the prophetic scriptures.

29 Either St. Paul was unacquainted at this time with the details of our Lord's burial by Joseph and Nicodemus, or the source from which the speech is derived made a mistake, which St. Luke has not corrected. The burial is fully described in his Gospel (23[53]).

33 **raised up** may refer here either to the Incarnation or the Resurrection. The former seems more appropriate in view of the quotation from Ps. 2. In the following verse we have the Resurrection mentioned, again with an appropriate quotation (Is. 55[3]).

39 **justified** = "set right"; "put on the right basis." We have here the germ of St. Paul's teaching on justification by faith and not by the Law, which he brings out fully in the Epistles to the Romans and the Galatians (see Gal. 2[16]).

from which ye could not be justified by the law of Moses. [40]Beware therefore, lest that come upon *you*, which is spoken in the prophets;

[41]Behold, ye despisers, and wonder, and perish;
For I work a work in your days,
A work which ye shall in no wise believe, if one declare it unto you.

[42]And as they went out, they besought that these words might be spoken to them the next sabbath. [43]Now when the synagogue broke up, many of the Jews and of the devout proselytes followed Paul and Barnabas: who, speaking to them, urged them to continue in the grace of God.

Inclusion of the Gentiles in the Missionary Work.

[44]And the next sabbath almost the whole city was gathered together to hear the word of God. [45]But when the Jews saw the multitudes, they were filled with jealousy, and contradicted the things which were spoken by Paul, and blasphemed. [46]And Paul and Barnabas spake out boldly, and said, It was necessary that the word of God should first be spoken to you. Seeing ye thrust it from you, and judge yourselves unworthy of eternal life, lo, we turn to the Gentiles. [47]For so hath the Lord commanded us, *saying*,

---

43 **devout proselytes**=proselytes of the devout or God-fearing class, i.e. "God-fearers."

45 **the multitudes** were doubtless largely composed of Gentiles, and perhaps the second address (not recorded here) dealt specially with the offer of salvation to Gentile as well as Jew. As a result, the exclusiveness of the stricter Jews shows itself in a jealous opposition to the teaching of St. Paul, who now definitely announces his intention to "turn to the Gentiles." Here it may have only local significance (it is repeated at Corinth, 18^{6}), but the incident is clearly intended by St. Luke to mark the opening of "a door of faith unto the Gentiles" (14^{27}).

47 Quoted from Is. 49^{6}, where it is used of the "servant of the Lord" who was to restore the "preserved of Israel" and become "a light to the Gentiles." Later it came to be taken as prophetic of the Messiah, in which sense it is used by Simeon in the Nunc Dimittis (Lk. 2^{32}). Here it is used by the Apostles themselves as authority for the important step they are taking.

I have set thee for a light of the Gentiles,
That thou shouldest be for salvation unto the uttermost part
of the earth.
[48]And as the Gentiles heard this, they were glad, and glorified
the word of God: and as many as were ordained to eternal life
believed. [49]And the word of the Lord was spread abroad through-
out all the region. [50]But the Jews urged on the devout women of
honourable estate, and the chief men of the city, and stirred up
a persecution against Paul and Barnabas, and cast them out of
their borders. [51]But they shook off the dust of their feet against
them, and came unto Iconium. [52]And the disciples were filled
with joy and with the Holy Ghost.

Iconium.

[1]And it came to pass in Iconium, that they entered together 14
into the synagogue of the Jews, and so spake, that a great multi-
tude both of Jews and of Greeks believed. [2]But the Jews that
were disobedient stirred up the souls of the Gentiles, and made
them evil affected against the brethren. [3]Long time therefore
they tarried *there* speaking boldly in the Lord, which bare witness
unto the word of his grace, granting signs and wonders to be done
by their hands. [4]But the multitude of the city was divided;

---

48 **ordained to** = "disposed to"; "prepared for by their own human endeavour." There is no suggestion of predestination by Divine decree as opposed to the free-will of man.

50 The mention of the **devout women** is another example of St. Luke's accurate knowledge of local conditions. Unlike other parts of the Roman Empire, Asia Minor was noted for the high esteem in which its women were held, many of them holding high office in the cities.

51 They act in accordance with our Lord's injunction to the Twelve (Mt. 10[14]), and the Seventy (Lk. 10[11]).

1 **Iconium** (modern Konieh) was 90 miles S.E. of Antioch, but in the same *regio* of the province of Galatia; formerly the chief city of a group of Lycaonian towns, it had at this time been separated from them, and was governed by its own city magistrates. It is now a town of 60,000 inhabitants and the seat of a Greek Archbishopric.

entered . . . into the synagogue. In spite of St. Paul's declaration at Antioch, he begins his work among the Jews. The Greeks here mentioned would probably be proselytes.

and part held with the Jews, and part with the apostles. [5]And
when there was made an onset both of the Gentiles and of the
Jews with their rulers, to entreat them shamefully, and to stone
them, [6]they became aware of it, and fled unto the cities of
Lycaonia, Lystra and Derbe, and the region round about: [7]and
there they preached the gospel.

Lystra; the Attempt on St. Paul's Life.

[8]And at Lystra there sat a certain man, impotent in his feet,
a cripple from his mother's womb, who never had walked. [9]The
same heard Paul speaking: who, fastening his eyes upon him,
and seeing that he had faith to be made whole, [10]said with a loud
voice, Stand upright on thy feet. And he leaped up and walked.
[11]And when the multitudes saw what Paul had done, they lifted
up their voice, saying in the speech of Lycaonia, The gods are
come down to us in the likeness of men. [12]And they called
Barnabas, Jupiter; and Paul, Mercury, because he was the chief
speaker. [13]And the priest of Jupiter whose *temple* was before
the city, brought oxen and garlands unto the gates, and would

---

6 They pass from Phrygian Galatia into the next *regio* of Lycaonia. **Lystra** was about 20 miles S.W. of Iconium, and, like Antioch, a Roman colony with strong Roman influence; it was probably the home of Timothy (16[1]). **Derbe** was fifteen miles further S.E., the frontier city of Galatia on the Cilician border, about 150 miles from St. Paul's native city, Tarsus. Both Lystra and Derbe were military centres; there is no mention of a synagogue in either place. According to the "South Galatian theory" the three cities mentioned here formed, with Antioch, the Galatian church to which St. Paul addresses his Epistle.

9 **fastening his eyes,** A.V. "stedfastly beholding," is also used of St. Paul in 13[9] and 23[1], and has been taken as evidence of defective eyesight resulting from his temporary blindness at Damascus, or from his illness in Pamphylia (see note on 13[14]).

11 The bi-lingual natives in their excitement break out into their mother tongue. Ovid, in his *Metamorphoses*, relates a legend of the neighbourhood in which Zeus and Hermes (Jupiter and Mercury) visited two old peasants Philemon and Baucis **in the likeness of men.** Hermes was the messenger of the gods; hence the name is given to St. Paul as the younger and more eloquent.

13 Better, "the priest of Jupiter before-the-city," so called because of the position of the temple outside the city. An inscription bearing this title has been found in the district.

have done sacrifice with the multitudes. [14]But when the apostles,
Barnabas and Paul, heard of it, they rent their garments, and
sprang forth among the multitude, crying out and saying, [15]Sirs,
why do ye these things? We also are men of like passions with
you, and bring you good tidings, that ye should turn from these
vain things unto the living God, who made the heaven and the
earth and the sea, and all that in them is: [16]who in the genera-
tions gone by suffered all the nations to walk in their own ways.
[17]And yet he left not himself without witness, in that he did good,
and gave you from heaven rains and fruitful seasons, filling your
hearts with food and gladness. [18]And with these sayings scarce
restrained they the multitudes from doing sacrifice unto them.
[19]But there came Jews thither from Antioch and Iconium:
and having persuaded the multitudes, they stoned Paul, and
dragged him out of the city, supposing that he was dead. [20]But
as the disciples stood round about him, he rose up, and entered
into the city: and on the morrow he went forth with Barnabas
to Derbe.

Return to Syrian Antioch.

[21]And when they had preached the gospel to that city, and had
made many disciples, they returned to Lystra, and to Iconium,
and to Antioch, [22]confirming the souls of the disciples, exhorting
them to continue in the faith, and that through many tribulations
we must enter into the kingdom of God. [23]And when they had
appointed for them elders in every church, and had prayed with
fasting, they commended them to the Lord, on whom they had
believed. [24]And they passed through Pisidia, and came to
Pamphylia. [25]And when they had spoken the word in Perga,
they went down to Attalia; [26]and thence they sailed to Antioch,
from whence they had been committed to the grace of God for

15–17 This speech should be compared with that at Athens (17[22]), where St. Paul also addresses a pagan audience, though one of much higher culture and education. Here St. Paul preaches a "natural religion," and appeals to them to abandon idolatry, and turn to the living God, the maker of all things and the giver of all the material blessings of nature.

25 This time they undertake missionary work in Perga before proceeding to the port of Attalia (see note on 13[14]).

the work which they had fulfilled. [27]And when they were come, and had gathered the church together, they rehearsed all things that God had done with them, and how that he had opened a door of faith unto the Gentiles. [28]And they tarried no little time with the disciples.

Controversy regarding Circumcision.

15 [1]And certain men came down from Judæa and taught the brethren, *saying*, Except ye be circumcised after the custom of

---

1 In this chapter we have St. Luke's account of the Christian council called together to discuss the critical question of the attitude of Gentile converts to the Jewish law. The whole of the first part of the Acts leads up to this crisis. The charge against Stephen was that he had spoken disparagingly of the Temple and the Law; St. Paul, with his still more liberal ideals, had aroused the opposition of the Galatian Jews, which had resulted in his expulsion from their cities and the attempt upon his life at Lystra; now the whole question rises in an acute form at home.

It seems probable that since the dispersion after Stephen's death the Church had been recruited from, and largely influenced by, the strictly orthodox Jews, and we hear for the first time in *v.* 5 of the "Pharisees who believed." The isolated case of Cornelius, backed by the authority of St. Peter, had been condoned, but the steady influx of Gentiles, many of them non-(or only semi-)proselytes, threatened to swamp orthodox Judaism, and could not be tolerated. A bold attack is made on the new movement in its own stronghold, Antioch, with the uncompromising assertion that only through circumcision and obedience of the Mosaic Law can salvation be attained. The only entrance to the Way of Christianity is by the gate of Judaism. St. Paul could not accept complete obedience to Jewish law as a *sine qua non*. Not by circumcision and meticulous observance of the Law could the Gentile world be evangelised, but by repentance and faith, which alone could bring remission of sins (13^{39}). Only on these lines could there be any hope of a universal Church of Christ.

The result, according to the Acts, seems to be the complete admission of St. Paul's claim, qualified by the admonition that the simple observances generally required of proselytes should be kept, and safeguarded by the recognition (*v.* 21) that the Law of Moses would continue to be the basis of the synagogue worship We learn, however, from St. Paul's Epistles that a considerable minority of his countrymen were not satisfied with the decision, and continued to oppose his idea of a Universal Church.

The **certain men** were probably Christian Pharisees who claimed the authority of the Jerusalem Church for their teaching. This is denied by St. James (*v.* 24).

Moses, ye cannot be saved. [2]And when Paul and Barnabas had no small dissension and questioning with them, *the brethren* appointed that Paul and Barnabas, and certain other of them, should go up to Jerusalem unto the apostles and elders about this question. [3]They therefore, being brought on their way by the church, passed through both Phœnicia and Samaria, declaring the conversion of the Gentiles: and they caused great joy unto all the brethren. [4]And when they were come to Jerusalem, they were received of the church and the apostles and the elders, and they rehearsed all things that God had done with them. [5]But there rose up certain of the sect of the Pharisees who believed, saying, It is needful to circumcise them, and to charge them to keep the law of Moses.

Meeting of the Christian Council.

[6]And the apostles and the elders were gathered together to consider of this matter. [7]And when there had been much questioning, Peter rose up, and said unto them,

Brethren, ye know how that a good while ago God made choice among you, that by my mouth the Gentiles should hear the word of the gospel, and believe. [8]And God, which knoweth the heart, bare them witness, giving them the Holy Ghost, even as he did unto us; [9]and he made no distinction between us and them,

---

2 **certain other of them** may have included Titus, whose name figures largely in St. Paul's account of the controversy (Gal. 2[1]) though his name is never mentioned in the Acts (see note on 16[3]).

3 **Phœnicia and Samaria** shared in the **great joy** at the conversion of the Gentiles, but there is no mention of Judæa. The omission seems deliberate.

4 **they were received,** i.e. publicly by the Jerusalem Church, and St. Paul and Barnabas gave a summary of their missionary work. The Pharisaic Christians, however, maintain their ground, and thus a formal meeting becomes necessary (*v.* 6) to debate the matter. In Gal. 2 St. Paul mentions only a private discussion with "them who were of repute."

7 Probably St. Peter refers to the conversion of Cornelius and the subsequent ratification of his action by the Apostles at Jerusalem (11[2]).

a good while ago, lit. "in the days of the beginning." This seems to point to a very early date for the conversion of Cornelius, but is hardly a justification for referring back St. Peter's words to the Divine commission given to the Apostles (Lk. 24[47], Mt. 28[18]).

cleansing their hearts by faith. [10]Now therefore why tempt ye
God, that ye should put a yoke upon the neck of the disciples,
which neither our fathers nor we were able to bear? [11]But we
believe that we shall be saved through the grace of the Lord
Jesus, in like manner as they.

[12]And all the multitude kept silence; and they hearkened
unto Barnabas and Paul rehearsing what signs and wonders
God had wrought among the Gentiles by them. [13]And after
they had held their peace, James answered, saying,

Brethren, hearken unto me: [14]Symeon hath rehearsed how
first God did visit the Gentiles, to take out of them a people
for his name. [15]And to this agree the words of the prophets;
as it is written,

[16]After these things I will return,
And I will build again the tabernacle of David, which is fallen;
And I will build again the ruins thereof,
And I will set it up:
[17]That the residue of men may seek after the Lord,
And all the Gentiles, upon whom my name is called,
[18]Saith the Lord, who maketh these things known from the
beginning of the world.

[19]Wherefore my judgement is, that we trouble not them which
from among the Gentiles turn to God; [20]but that we write unto
them, that they abstain from the pollutions of idols, and from
fornication, and from what is strangled, and from blood. [21]For
Moses from generations of old hath in every city them that
preach him, being read in the synagogues every sabbath.

---

19 Evidently the summing up of the president, St. James, now head of the Church at Jerusalem.

20 **pollutions of idols,** i.e. things sacrificed to idols, as in *v.* 29 and 21[25]. They were to abstain from eating meat which had been polluted by having been offered in sacrifice to idols.

what is strangled and **blood** may be taken together. This was a prohibition from eating any form of meat from which the blood had not been drained, as enjoined in Lev. 17[11], on the ground that "the life (margin, "soul") of the flesh is in the blood." These restrictions as to eating, if followed, would remove the chief difficulty in the way of intercourse between Jew and Gentile in the Christian community.

21 Added by St. James to show the reasonableness of the decision. The Law of Moses was well known even to Gentiles through the synagogue worship, and they would not consider it a hardship to be

The Decree and its Promulgation.

[22]Then it seemed good to the apostles and the elders, with the whole church, to choose men out of their company, and send them to Antioch with Paul and Barnabas; *namely*, Judas called Barsabbas, and Silas, chief men among the brethren: [23]and they wrote *thus* by them, The apostles and the elder brethren unto the brethren which are of the Gentiles in Antioch and Syria and Cilicia, greeting: [24]Forasmuch as we have heard that certain which went out from us have troubled you with words, subverting your souls; to whom we gave no commandment; [25]it seemed good unto us, having come to one accord, to choose out men and send them unto you with our beloved Barnabas and Paul, [26]men that have hazarded their lives for the name of our Lord Jesus Christ. [27]We have sent therefore Judas and Silas, who themselves also shall tell you the same things by word of mouth. [28]For it seemed good to the Holy Ghost, and to us, to lay upon you no greater burden than these necessary things; [29]that ye abstain from things sacrificed to idols, and from blood, and from things strangled, and from fornication; from which if ye keep yourselves, it shall be well with you. Fare ye well.

[30]So they, when they were dismissed, came down to Antioch; and having gathered the multitude together, they delivered the epistle. [31]And when they had read it, they rejoiced for the consolation. [32]And Judas and Silas, being themselves also prophets, exhorted the brethren with many words, and confirmed them. [33]And after they had spent some time *there*, they

---

asked to carry out these simple regulations. On the other hand the stricter Judaic party might rest assured that there was no fear of the Mosaic Law falling into disuse as long as the synagogue services continued.

22 **Judas called Barsabbas** may have been the brother of Joseph Barsabbas (1[23]), and probably represented the Hebrew section. **Silas** on the other hand was probably a Hellenist; he appears later as St. Paul's missionary companion (*v.* 40).

23 The letter is sent only to **Syria and Cilicia.** St. Paul delivers the decree to South Galatia (16[4]), and in 21[25] St. James regards it as applicable to all "the Gentiles who have believed."

were dismissed in peace from the brethren unto those that had
sent them forth. [35]But Paul and Barnabas tarried in Antioch,
teaching and preaching the word of the Lord, with many others
also.

---

34 This verse, omitted from the R.V., is added in the margin, "but it seemed good unto Silas to abide there." It is not found in the best MSS., and is doubtless an interpolation explaining the presence of Silas at Antioch for the start of the second missionary journey (*v.* 40).

QUESTIONS ON PART III

General

1. "But they, passing through from Perga, came to Antioch of Pisidia." Assuming the Epistle to the Galatians to be addressed to the south Galatian churches, what light does it throw upon St. Paul's movements at this period ?

2. Write what you know of the origin of the synagogues and of their use. What form did the synagogue worship take ?

3. What evidence has been adduced from these chapters as to the native place of the author ?

Narrative

4. Compare the attitude of Elymas towards Christianity with that of Simon of Samaria.

5. Summarise St. Paul's speech at Pisidian Antioch. In what respects does it (*a*) resemble, (*b*) differ from, Stephen's defence ?

6. Give an account of the events at Lystra during St. Paul's first visit. What do you know of the character of its inhabitants ?

7. Relate the events which led up to the meeting of the Council of Jerusalem. How far may its decision be regarded as a compromise ?

8. Mention any passages quoted from the Old Testament in these chapters, stating by whom, and for what purpose, they were used.

9. Explain the following phrases, giving the connexion in which they occur :—after the reading of the law and the prophets —lo, we turn to the Gentiles—the devout women of honourable estate—they rehearsed . . . how that he had opened a door of faith to the Gentiles—For Moses . . . hath in every city them that preach him, being read in the synagogues every sabbath.

10. Write short notes on :—Manaen ; proconsul ; Antioch of Pisidia ; elders ; Silas.

PART IV

CHAPTERS 15[36] TO 18[22]

ST. PAUL'S SECOND MISSIONARY JOURNEY
EXTENSION OF CHRISTIANITY TO EUROPE

Circa A.D. 49–52

"*Come over into Macedonia and help us.*"—ACTS 16[9].

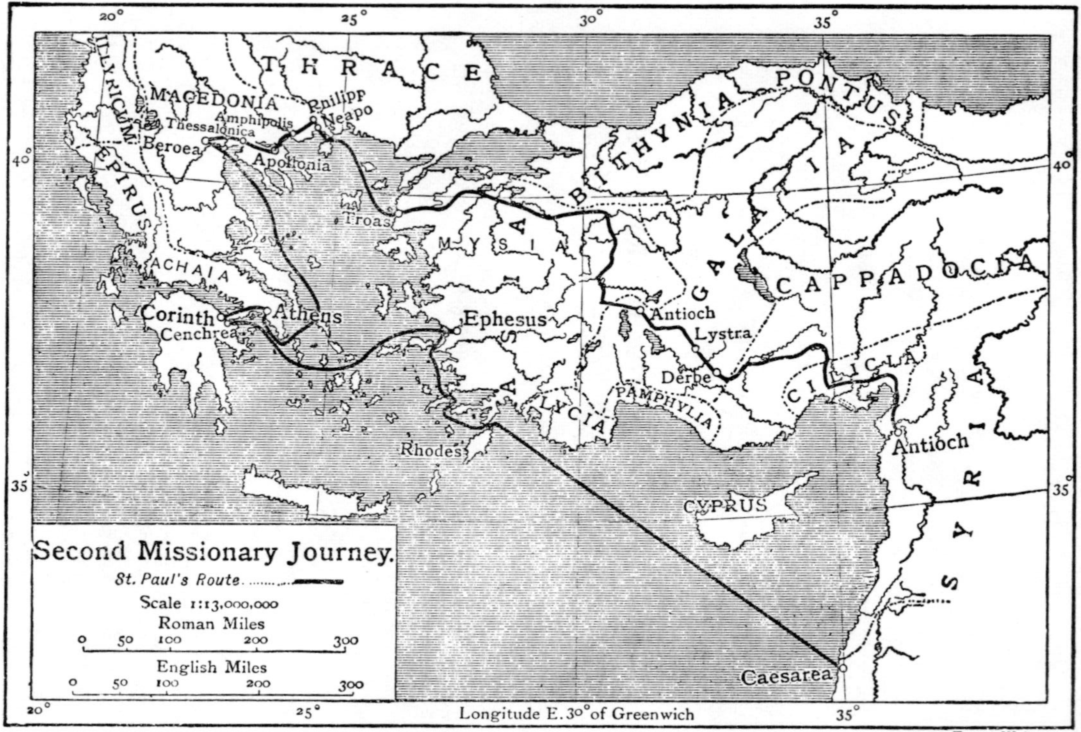

Emery Walker sc.

PART IV

CHAPTERS 15^{36} TO 18^{22}

ST. PAUL'S SECOND MISSIONARY JOURNEY EXTENSION OF CHRISTIANITY TO EUROPE

Circa A.D. 49–52

The Rupture between St. Paul and Barnabas.

36 And after some days Paul said unto Barnabas, Let us return
now and visit the brethren in every city wherein we proclaimed
the word of the Lord, *and see* how they fare. 37 And Barnabas
was minded to take with them John also, who was called Mark.
38 But Paul thought not good to take with them him who with-
drew from them from Pamphylia, and went not with them to
the work. 39 And there arose a sharp contention, so that they
parted asunder one from the other, and Barnabas took Mark
with him, and sailed away unto Cyprus; 40 but Paul chose Silas,
and went forth, being commended by the brethren to the grace

38–39 The reason for which Mark **withdrew from them** is discussed in the note on 13^{13}. The **sharp contention** may have been heightened by the behaviour of Barnabas at Syrian Antioch of which St. Paul speaks in Gal. 2^{13}. Both Barnabas and Mark here disappear from the pages of the Acts; the former probably remained at Cyprus, and there is only one further (not unfriendly) reference to him by St. Paul in his letters (1 Cor. 9^{6}). Mark, on the other hand, is frequently mentioned, and in the closing words of St. Paul's letter to Philemon (*v.* 24) is described as a fellow-worker at Rome, from which it is evident that there was a complete reconciliation.

40 **Silas** now takes the place of Barnabas as companion of St. Paul. He was probably a Hellenist, and his name is given the Greek form Silvanus in St. Paul's Epistles. Like John Mark he attached himself later to St. Peter (probably after St. Paul's death), who writes of him as "Silvanus our faithful brother" (1 Pet. 5^{12}). It appears from 16^{37} that, like St. Paul, he was a Roman citizen.

of the Lord. 41 And he went through Syria and Cilicia, confirming
the churches.

Visits to Derbe, Lystra and Troas.

16 1 And he came also to Derbe and to Lystra: and behold, a
certain disciple was there, named Timothy, the son of a Jewess
which believed; but his father was a Greek. 2 The same was
well reported of by the brethren that were at Lystra and Iconium.
3 Him would Paul have to go forth with him; and he took and
circumcised him because of the Jews that were in those parts:
for they all knew that his father was a Greek. 4 And as they
went on their way through the cities, they delivered them the
decrees for to keep, which had been ordained of the apostles
and elders that were at Jerusalem. 5 So the churches were
strengthened in the faith, and increased in number daily.
6 And they went through the region of Phrygia and Galatia,
having been forbidden of the Holy Ghost to speak the word in
Asia; 7 and when they were come over against Mysia, they
assayed to go into Bithynia; and the Spirit of Jesus suffered

---

1 **Timothy** probably lived at Lystra, and may have become a convert on the first missionary journey. From St. Paul's letters to him we learn that his grandmother was called Lois and his mother Eunice, and that he had been instructed in the scriptures "from a babe." He now took the place of Mark, and was St. Paul's companion for the greater part of his life, acting as his messenger to the churches in Macedonia and Greece, and later as the head of the Church at Ephesus. He joined St. Paul at Rome, and seems also to have been under arrest at one time, for Heb. 13[23] speaks of his being "set at liberty."

3 St. Paul thought it well to comply with the Law in this case, as Timothy was partly of Jewish parentage. This did not hold in the case of Titus, a man of entirely Gentile birth, whom St. Paul seems to have refused to circumcise (Gal. 2[3]).

6 **Phrygia and Galatia.** Better "the Phrygian and Galatian region," i.e. Phrygo-Galatia or southern Galatia, which includes the four cities previously visited. Possibly the Epistle to the Galatians had already been written and was followed up by a personal visit.

7 **the spirit of Jesus;** an expression not found elsewhere, although Gal. 4[6] has "God sent forth the Spirit of his Son," and there are parallels in Rom. 8[9], 2 Cor. 3[17] and Phil 1[19]. It signifies some definite revelation of God's will, perhaps by a vision of Jesus. We note how St. Paul's movements were Divinely guided at this period, (i) by the Holy Ghost (*v.* 6), (ii) by the Spirit of Jesus, (iii) by the vision of the man of Macedonia (*v.* 9).

them not ; [8]and passing by Mysia, they came down to Troas.
[9]And a vision appeared to Paul in the night ; There was a man
of Macedonia standing, beseeching him, and saying, Come over
into Macedonia, and help us. [10]And when he had seen the vision,
straightway we sought to go forth into Macedonia, concluding
that God had called us for to preach the gospel unto them.

Extension of the Mission to Europe. Crossing to Philippi.

[11]Setting sail therefore from Troas, we made a straight course
to Samothrace, and the day following to Neapolis ; [12]and from
thence to Philippi, which is a city of Macedonia, the first of the
district, a *Roman* colony : and we were in this city tarrying

---

8 **Troas,** on the coast opposite Tenedos, and S.W. of ancient Troy, was the chief port on the main route connecting Rome with the East ; a busy city and a Roman colony.

9 The interesting suggestion that **the man of Macedonia** was in some way connected with St. Luke is discussed elsewhere (see p. xi).

10 Here the " we passages " begin, though it must not be taken as positive evidence of the author's first companionship with St. Paul (see p. ix).

The Roman province of **Macedonia** embraced northern Greece to the southern limit of Thessaly. Its capital was Thessalonica, Amphipolis being the chief city of the *regio* in which Philippi was situated.

11 **Samothrace,** an island about half-way between the two ports, was a well-known landmark by reason of its elevation. **Neapolis** was the port of Philippi, eight miles from it, on the Strymonian gulf. The wind must have been favourable, for the crossing of one hundred and forty miles was completed in two days. The return journey of 20[6] took five days.

12 **Philippi** (so called after its founder Philip, father of Alexander the Great) was the scene of the triumph of Octavian (the future Augustus) over Brutus and Cassius in 42 B.C. It was now **a Roman colony** of the highest status, and it is perhaps for this reason that St. Luke calls it **the first of the district,** though officially Amphipolis was the chief city of the *regio.* If, as some think, St. Luke was a native of Philippi, local patriotism may have led him to exaggerate somewhat the importance of his own city. The suggested explanation that the phrase means " the first one comes to " seems to make it an unlikely and unnecessary geographical detail. Though typically Roman in government and customs, it was a cosmopolitan city and an important meeting-place of East and West : as such it would be a fertile seed-plot for Christian teaching.

certain days. 13And on the sabbath day we went forth without
the gate by a river side, where we supposed there was a place of
prayer; and we sat down, and spake unto the women which
were come together. 14And a certain woman named Lydia, a
seller of purple, of the city of Thyatira, one that worshipped God,
heard us: whose heart the Lord opened, to give heed unto the
things which were spoken by Paul. 15And when she was baptized,
and her household, she besought us, saying, If ye have judged
me to be faithful to the Lord, come into my house, and abide
there. And she constrained us.

16And it came to pass, as we were going to the place of prayer,
that a certain maid having a spirit of divination met us, which
brought her masters much gain by soothsaying. 17The same
following after Paul and us cried out, saying, These men are
servants of the Most High God, which proclaim unto you the
way of salvation. 18And this she did for many days. But Paul,
being sore troubled, turned and said to the spirit, I charge thee
in the name of Jesus Christ to come out of her. And it came out
that very hour.

Arrest and Imprisonment.

19But when her masters saw that the hope of their gain was
gone, they laid hold on Paul and Silas, and dragged them into

---

13 Evidently there were not enough Jews to form a synagogue, only a *proseuché* or "prayer-place," situated by the river side for the sake of ceremonial washings; merely a walled enclosure without any building. Apparently they found only women there; in Macedonia, as in South Galatia, **the women** enjoyed a much larger measure of freedom than in other parts of the Empire.

14 **Lydia** is evidently a place-name, for **Thyatira** was a city of Lydia in Asia Minor. It was famous as the centre of the Lydian purple-dyeing industry, and an inscription found there bears the words "the Dyers' guild." Lydia would be an agent for the purple-dyed goods, and a person of considerable means; probably a widow (as *v.* 15 speaks of her household), and a "God-fearer."

15 Her influence is sufficient, as in the case of the gaoler (*v.* 33), to bring about the conversion of her whole household.

16 **spirit of divination,** literally, as in the margin, "a spirit, a python." Python was the name of a monster serpent slain by Apollo at Delphi, and the priestess of his temple there was called Pythia; hence the word python came to be connected with the power of divine prediction.

the marketplace before the rulers, [20]and when they had brought
them unto the magistrates, they said, These men, being Jews, do
exceedingly trouble our city, [21]and set forth customs which it is
not lawful for us to receive, or to observe, being Romans. [22]And
the multitude rose up together against them: and the magis-
trates rent their garments off them, and commanded to beat them
with rods. [23]And when they had laid many stripes upon them,
they cast them into prison, charging the jailor to keep them
safely: [24]who, having received such a charge, cast them into the
inner prison, and made their feet fast in the stocks. [25]But about
midnight Paul and Silas were praying and singing hymns unto
God, and the prisoners were listening to them; [26]and suddenly
there was a great earthquake, so that the foundations of the
prison-house were shaken: and immediately all the doors were
opened; and every one's bands were loosed. [27]And the jailor
being roused out of sleep, and seeing the prison doors open, drew
his sword, and was about to kill himself, supposing that the
prisoners had escaped. [28]But Paul cried with a loud voice,
saying, Do thyself no harm: for we are all here. [29]And he called
for lights, and sprang in, and, trembling for fear, fell down before
Paul and Silas, [30]and brought them out, and said, Sirs, what must
I do to be saved? [31]And they said, Believe on the Lord Jesus,
and thou shalt be saved, thou and thy house. [32]And they spake
the word of the Lord unto him, with all that were in his house.
[33]And he took them the same hour of the night, and washed their
stripes; and was baptized, he and all his, immediately. [34]And
he brought them up into his house, and set meat before them,
and rejoiced greatly, with all his house, having believed in God.
[35]But when it was day, the magistrates sent the serjeants,

In the time of Plutarch a python apparently was a ventriloquist, and the girl may have been possessed of such powers.

20 **magistrates;** better, as in the margin, "prætors" (Greek *stratēgoi*), a much more dignified title than the ordinary *duoviri* for the two rulers of a Roman colony. Probably it is here used merely as a courtesy title.

22 An extraordinary miscarriage of justice. The high-handed action of these self-important local officials receives its just rebuke in *v.* 37, which quickly brings them to their senses (*v.* 38).

35 **the serjeants** were the "rod bearers" or *lictors* (margin) who attended the *prætors*, bearing the *fasces* or rods.

saying, Let those men go. [36]And the jailor reported the words to
Paul, *saying*, The magistrates have sent to let you go: now
therefore come forth, and go in peace. [37]But Paul said unto
them, They have beaten us publicly, uncondemned, men that are
Romans, and have cast us into prison; and do they now cast
us out privily? nay verily; but let them come themselves and
bring us out. [38]And the serjeants reported these words unto the
magistrates: and they feared, when they heard that they were
Romans; [39]and they came and besought them; and when they
had brought them out, they asked them to go away from the
city. [40]And they went out of the prison, and entered into *the
house of* Lydia: and when they had seen the brethren, they
comforted them, and departed.

The Riot at Thessalonica.

17 [1]Now when they had passed through Amphipolis and Apollonia,
they came to Thessalonica, where was a synagogue of the Jews:
[2]and Paul, as his custom was, went in unto them, and for three
sabbath days reasoned with them from the scriptures, [3]opening

---

37 Here for the first time St. Paul makes use of his Roman citizenship, and, as in the similar circumstances of 22[28], demands his privileges as a citizen. The treatment of the missionaries had been doubly illegal, for (i) they had not been condemned or even tried, (ii) the scourging of a Roman citizen was strictly forbidden.

1 Apparently St. Luke remained behind at Philippi, for the "we passage" concludes, to be resumed at the same place about six years later (20[5]). St. Paul and Silas now travel along the great *Via Egnatia* linking up the Hellespont and Adriatic; through **Amphipolis** and **Appolonia,** where there was no stay (probably because there were no synagogues) to **Thessalonica,** each stage being about thirty miles. The last-named (modern Saloniki) was the capital of the province of Macedonia and seat of the proconsul, thus ranking with Cæsarea, Syrian Antioch, Corinth and Ephesus. In addition, owing to its position on the coast and great trade route, it was a flourishing commercial city. The Romans had allowed it to remain a "free city" (a fact mentioned on its coins), with its own constitution which took the form of an assembly elected by popular franchise and ruled by five *politarchs* (the "rulers of the city" of *v.* 8). This title has been discovered on an arch-stone which is now in the British Museum. There was apparently only one synagogue, so that the Jewish colony cannot have been a very strong one.

3 A concise summary of St. Paul's teaching, showing that the true

and alleging, that it behoved the Christ to suffer, and to rise again from the dead; and that this Jesus, whom, *said he*, I proclaim unto you, is the Christ. [4]And some of them were persuaded, and consorted with Paul and Silas; and of the devout Greeks a great multitude, and of the chief women not a few. [5]But the Jews, being moved with jealousy, took unto them certain vile fellows of the rabble, and gathering a crowd, set the city on an uproar; and assaulting the house of Jason, they sought to bring them forth to the people. [6]And when they found them not, they dragged Jason and certain brethren before the rulers of the city, crying, These that have turned the world upside down are come hither also; [7]whom Jason hath received: and these all act contrary to the decrees of Cæsar, saying that there is another king, *one* Jesus. [8]And they troubled the multitude and the rulers of the city, when they heard these things. [9]And when they had taken security from Jason and the rest, they let them go.

Berœa.

[10]And the brethren immediately sent away Paul and Silas by night unto Berœa: who when they were come thither went into

---

Old Testament picture of the Messiah was of one who should suffer and be raised from the dead, and affirming that the prophecy had been fulfilled in Jesus.

4 The converts included a few Jews, a large number of "God-fearers," and many women of influence. Probably the stay lasted a good deal longer than the three weeks mentioned in *v.* 2, the preaching being mainly confined to Gentiles. We know from St. Paul's two letters to the Thessalonians that he thanked God for their "work of faith and labour of love" (1 Thess. 1[3]).

5 **being moved with jealousy;** probably on account of the large influx of Gentile Christians. The most depraved of the idlers of the marketplace are incited to riot, and an attempt is made to rush the house of **Jason,** and bring the missionaries, to whom he had given hospitality, before the popular assembly.

6 The same charge as at Philippi—the very serious one of subverting Roman authority.

9 **Jason** was made responsible for their appearance if called up again for trial, or perhaps for their departure from the city. Their expulsion is described by St. Paul as the work of Satan ("Satan hindered us," 1 Thess. 2[18]).

10 **Berœa** was about forty-five miles S.W. of Thessalonica. One

the synagogue of the Jews. [11]Now these were more noble than those in Thessalonica, in that they received the word with all readiness of mind, examining the scriptures daily, whether these things were so. [12]Many of them therefore believed; also of the Greek women of honourable estate, and of men, not a few. [13]But when the Jews of Thessalonica had knowledge that the word of God was proclaimed of Paul at Berœa also, they came thither likewise, stirring up and troubling the multitudes. [14]And then immediately the brethren sent forth Paul to go as far as to the sea: and Silas and Timothy abode there still. [15]But they that conducted Paul brought him as far as Athens: and receiving a commandment unto Silas and Timothy that they should come to him with all speed, they departed.

---

of the converts, Sopater, accompanied St. Paul on the third missionary journey (20^4); the name, in the form Sosipater, is found on the arch-stone mentioned in the note on 17^1.

11–12 more noble, i.e. "fair-minded"; "open to conviction." The converts are drawn from the same classes as at Thessalonica, the influential women receiving special mention. The opposition came, not from them, but from the old enemies of Thessalonica.

14 To escape the tumult St. Paul makes for the coast some twenty-five miles distant, intending perhaps to return by sea to Thessalonica (1 Thess. 2^{17}). He is persuaded, however, to leave Macedonia for Athens, whence he sends news of his whereabouts to Silas and Timothy. According to the Acts they rejoined him at Corinth (18^5), but 1 Thess. 3^2 states that Timothy (at any rate) was with him at Athens, and was sent from there to Thessalonica

15 Athens had at this time passed her golden age in which she had attained world-wide prominence as a centre of learning and culture; but the fame of her schools of philosophy remained, and many of the Roman youth visited the city to complete their education The spirit of the age is well shown by the parenthesis of *v.* 21, written perhaps with a little extra sting by St. Luke, who seems to have had an admiration for (if he was not actually a native of) the rival province of Macedonia. The Athenians would have every opportunity "to hear or tell some new thing" in the *Agora* or marketplace (*v.* 17), whither they resorted to hear the news of the day, forming an audience to which the philosophers could hold forth to their hearts' content. Here (and before the Areopagus) St. Paul makes use of his university training at Tarsus to engage in discussions with the Athenian philosophers.

Athens.

16Now while Paul waited for them at Athens, his spirit was
provoked within him, as he beheld the city full of idols. 17So
he reasoned in the synagogue with the Jews and the devout
persons, and in the marketplace every day with them that met
with him. 18And certain also of the Epicurean and Stoic philo-
sophers encountered him. And some said, What would this
babbler say? other some, He seemeth to be a setter forth of
strange gods: because he preached Jesus and the resurrection.
19And they took hold of him, and brought him unto the Areopagus,

---

18 The **Epicureans** were so-called after their founder Epicurus (342–270 B.C.), a contemporary of Euclid. Their philosophy was atheistic in the sense that they regarded the gods as living in a blissful state far removed from the concerns of men, who were left to work out their own destiny. Their supreme aim was the pursuit of happiness through sensible pleasure; not indeed ease-loving sensuality (our modern use of the name does them an injustice), but the pleasure which comes from the tranquillity of mind and freedom from want and pain brought about by self-control and avoidance of excess. This doctrine was valuable as an antidote to the fatalistic beliefs so prevalent during the period.

The **Stoics,** founded by Zeno of Citium, derived their name from the *stoa* (porch or colonnade) in which he taught at Athens. Their views tended more towards theism, though their god was not a personal deity, but a living principle manifested in nature, and in the soul of man as a part of nature; thus they were able to affirm "we are also his offspring" (*v.* 28). They held that true virtue was to be found in a return to the simplicity of nature and complete indifference to pain and pleasure, which were subordinated to the desire of freedom for the soul. Their philosophy has been called "the noblest creed devised by man without the aid of special revelation," and to some of the Stoic philosophers like Epictetus, Marcus Aurelius and Seneca, we owe lessons of the highest moral value.

babbler, lit. "seed-picker"; Athenian slang for one who picked up odds and ends which fell from a cart, from which it came to mean one who had picked up a crude smattering of second-hand knowledge.

strange gods; they seem to have understood St. Paul to refer to two gods, Jesus and Anastasis (the Resurrection).

19 **brought him unto the Areopagus.** A.V., Mars' Hill, an eminence north of the *Agora*. The name was also used for the council which sometimes met there and had a certain measure of control over matters of education and religion. This body determined to examine St. Paul's credentials as a lecturer, and summoned him to appear before the council (not necessarily on Mars' Hill) to give a discourse on this new doctrine.

saying, May we know what this new teaching is, which is spoken
by thee? 20 For thou bringest certain strange things to our ears:
we would know therefore what these things mean. 21 (Now all
the Athenians and the strangers sojourning there spent their
time in nothing else, but either to tell or to hear some new
thing.)

Address to the Areopagites.

22 And Paul stood in the midst of the Areopagus, and said,
Ye men of Athens, in all things I perceive that ye are some-
what superstitious. 23 For as I passed along, and observed the
objects of your worship, I found also an altar with this inscription,
TO AN UNKNOWN GOD. What therefore ye worship in ignorance,
this set I forth unto you. 24 The God that made the world and
all things therein, he, being Lord of heaven and earth, dwelleth
not in temples made with hands; 25 neither is he served by men's
hands, as though he needed any thing, seeing he himself giveth
to all life, and breath, and all things; 26 and he made of one
every nation of men for to dwell on all the face of the earth,
having determined *their* appointed seasons, and the bounds of
their habitation; 27 that they should seek God, if haply they
might feel after him, and find him, though he is not far from each
one of us: 28 for in him we live, and move, and have our being;

22–31 St. Paul's speech to educated pagans should be compared with the address to the rude heathen of Lystra (14[15]). After a complimentary reference to the "religiosity" of the Athenians, he proceeds to attack their system of ignorant idolatry, and expands their own Stoic idea of a "natural religion," but bases it upon an omnipotent and omnipresent God in whom "we live, and move, and have our being." Ignorance can no longer be pleaded; all must be judged one day, and the Judge has been specially ordained and given power and authority by His Resurrection from the dead.

22 **somewhat superstitious,** lit. "given to deity-worship"; the margin has "religious"; a courteous phrase, though there may be a touch of irony in the use of it here.

23 **to an** (margin, the) **unknown god;** quite a common dedication among the Greeks, though usually in the plural. The inscription has been found on an altar of the second century at Pergamum.

28 The quotation is from Aratus, a Stoic poet of Soli in Cilicia in

as certain even of your own poets have said, For we are also his
offspring. [29]Being then the offspring of God, we ought not to
think that the Godhead is like unto gold, or silver, or stone,
graven by art and device of man. [30]The times of ignorance
therefore God overlooked; but now he commandeth men that
they should all everywhere repent: [31]inasmuch as he hath
appointed a day, in the which he will judge the world in righteous-
ness by the man whom he hath ordained; whereof he hath given
assurance unto all men, in that he hath raised him from the dead.
[32]Now when they heard of the resurrection of the dead, some
mocked; but others said, We will hear thee concerning this yet
again. [33]Thus Paul went out from among them. [34]But certain
men clave unto him, and believed: among whom also was
Dionysius the Areopagite, and a woman named Damaris, and
others with them.

Establishment of the Church at Corinth.

[1]After these things he departed from Athens, and came to **18**
Corinth. [2]And he found a certain Jew named Aquila, a man of
Pontus by race, lately come from Italy, with his wife Priscilla,
because Claudius had commanded all the Jews to depart from
Rome: and he came unto them; [3]and because he was of the

---

the third century B.C. Another contemporary Stoic (Cleanthes) uses the phrase "for we are his (Zeus's) race."

34 A few converts were made, and St. Luke specially mentions the woman **Damaris** (no doubt a foreigner), but the appeal did not on the whole make much impression on the frivolous Athenians, and the idea of a resurrection from the dead met with derision.

1 **Corinth** was founded as a Roman colony in 46 B.C. on the site of the city destroyed one hundred years earlier by Mummius. It was the capital of the province of Achaia and seat of the proconsul, and by reason of its position on the direct route from Asia Minor to Italy, a busy commercial and cosmopolitan city. Its inhabitants were noted for their profligacy and luxury, though they exhibited the usual Greek curiosity in the search after wisdom (1 Cor. 1[20]).

2 **Aquila** and **Priscilla** were probably already Christians. The edict referred to was issued by Claudius A.D. 49–50 in consequence of disorders about one Chrestus (see note on 11[26]), i.e. probably disturbances between the Jews and Christians of Rome. It applied to all Jews but was not very strictly enforced.

3 Like every Jewish youth St. Paul had been taught a trade; in

same trade, he abode with them, and they wrought; for by their trade they were tent-makers. [4]And he reasoned in the synagogue every sabbath, and persuaded Jews and Greeks.

[5]But when Silas and Timothy came down from Macedonia, Paul was constrained by the word, testifying to the Jews that Jesus was the Christ. [6]And when they opposed themselves, and blasphemed, he shook out his raiment, and said unto them, Your blood *be* upon your own heads; I am clean: from henceforth I will go unto the Gentiles. [7]And he departed thence, and went into the house of a certain man named Titus Justus, one that worshipped God, whose house joined hard to the synagogue. [8]And Crispus, the ruler of the synagogue, believed in the Lord with all his house; and many of the Corinthians hearing believed, and were baptized. [9]And the Lord said unto Paul in the night by a vision, Be not afraid, but speak, and hold not thy peace: [10]for I am with thee, and no man shall set on thee to harm thee: for I have much people in this city. [11]And he dwelt *there* a year and six months, teaching the word of God among them.

[12]But when Gallio was proconsul of Achaia, the Jews with one

---

this case the making from goat's hair of a material used for tents, an industry much practised in Cilicia.

4–5 For **persuaded** the margin has "tried to persuade." We learn from 1 Cor. 2[3] that St. Paul was not in good health at the time, and apparently he did not throw his usual energy into the work. The arrival of his companions, however (*v.* 5), bringing good news of the Thessalonian Church, caused him **to be constrained by,** i.e. "absorbed in," **the word.**

6–8 As at Antioch (13[46]), St. Paul determines to give the Gentiles prior claim to the Gospel message, and moves to the house of a Gentile hard by the synagogue. **Titus Justus** was probably a Roman *colonus*, and may also have had the name Gaius which occurs in 1 Cor. 1[14] where **Crispus** is also mentioned.

8 **with all his house,** just as in the case of Lydia (16[15]) and the Philippian gaoler (16[34]).

11 **a year and six months,** probably A.D. 50–52, during which time the two letters to the Thessalonians, the earliest Pauline Epistles (except perhaps Galatians), were written.

12 **Gallio,** proconsul of Achaia *circa* A.D. 51–54, was a man of high learning and amiable character; brother of Seneca the Stoic philosopher, and uncle of the poet Lucan. He fell a victim (by compulsory suicide) to the savagery of Nero, and his name has been found on an inscription at Delphi.

accord rose up against Paul, and brought him before the judgement-seat, [13]saying, This man persuadeth men to worship God contrary to the law. [14]But when Paul was about to open his mouth, Gallio said unto the Jews, If indeed it were a matter of wrong or wicked villany, O ye Jews, reason would that I should bear with you: [15]but if they are questions about words and names and your own law, look to it yourselves; I am not minded to be a judge of these matters. [16]And he drave them from the judgement-seat. [17]And they all laid hold on Sosthenes, the ruler of the synagogue, and beat him before the judgement-seat. And Gallio cared for none of these things.

The Return Journey calling at Ephesus.

[18]And Paul, having tarried after this yet many days, took his leave of the brethren, and sailed thence for Syria, and with him Priscilla and Aquila; having shorn his head in Cenchreæ: for he had a vow. [19]And they came to Ephesus, and he left them there: but he himself entered into the synagogue, and reasoned with the Jews. [20]And when they asked him to abide a longer

---

13 **contrary to the law;** once more the Jews raise the cry that Christianity (as opposed to Judaism), is *religio illicita*. Gallio, however, refuses to be drawn into what he regards merely as a controversy about "words and names," and dismisses the charge. His attitude towards Christianity is one of sympathy rather than indifference.

17 **they all** probably refers to the Gentile bystanders (some MSS. have "all the Greeks"). Pleased at the rebuff of the Jews, and relying on the connivance of Gallio, they proceeded to wreak their vengeance on the leader **Sosthenes,** who had succeeded Crispus as ruler of the synagogue.

18 **having shorn his head,** i.e. undertaken the vow of a Nazirite (one separated or consecrated). The conditions of the vow are explicitly laid down in Num. 6, where it is enjoined (i) that no wine or strong drink was to be taken, (ii) that the hair was not to be cut, and (iii) that no dead body (not even that of a near relative) was to be approached. Usually the vow lasted a month, at the end of which the hair was cut off and sacrificially burnt at the Temple, but we have examples of lifelong Nazirites in Samson, Samuel and St. John the Baptist. Probably St. Paul had undertaken the vow in gratitude for his escape from his enemies, and considering that he was now within thirty days of its completion at the Temple, had his head shorn for the last time.

time, he consented not; [21]but taking his leave of them, and saying, I will return again unto you, if God will, he set sail from Ephesus. [22]And when he had landed at Cæsarea, he went up and saluted the church, and went down to Antioch.

---

19 For **Ephesus** see note on 19[1]. His haste is accounted for by the necessity of redeeming his vow at Jerusalem.

22 **saluted the church,** i.e. the Mother Church at Jerusalem.

QUESTIONS ON PART IV

General

1. "Barnabas took Mark with him, and sailed away unto Cyprus." Write what you know of the subsequent history of these two men.

2. Discuss the reasons for connecting St. Luke with the "man of Macedonia."

3. What do you know of the origin and tenets of (*a*) the Stoics, (*b*) the Epicureans ?

Narrative

4. State the cause of the dissension between St. Paul and Barnabas. How did it affect their subsequent missionary work ?

5. Summarise concisely the events which took place at Philippi during St. Paul's first visit.

6. On what occasions do we read in the Acts of the conversion of a whole household ? Briefly narrate the circumstances in each case.

7. Give an account of the riot at Thessalonica.

8. Give a summary of St. Paul's address before the Areopagus, and compare it with that given to the uneducated pagans of Lystra.

9. Trace the stages of St. Paul's missionary work in Corinth. From whom, and with what result, did he meet with opposition ?

10. What examples are recorded in these chapters of the Divine help or guidance of the missionaries ? Give the circumstances in each case.

11. Explain the following phrases, giving the connexion in which they occur :—they delivered them the decrees for to keep—where we supposed there was a place of prayer—these were more noble than those in Thessalonica—For we are also his offspring—having shorn his head in Cenchreæ, for he had a vow.

12. Write short notes on :—Timothy ; a Roman colony ; a spirit of divination ; magistrates ; serjeants ; Areopagus ; Damaris ; Sosthenes.

PART V

CHAPTERS 18^{23} TO 21^{16}.

ST. PAUL'S THIRD MISSIONARY JOURNEY

Circa A.D. 52–56

"*All they which dwelt in Asia heard the word of the Lord, both Jews and Greeks.*"—ACTS 19^{10}.

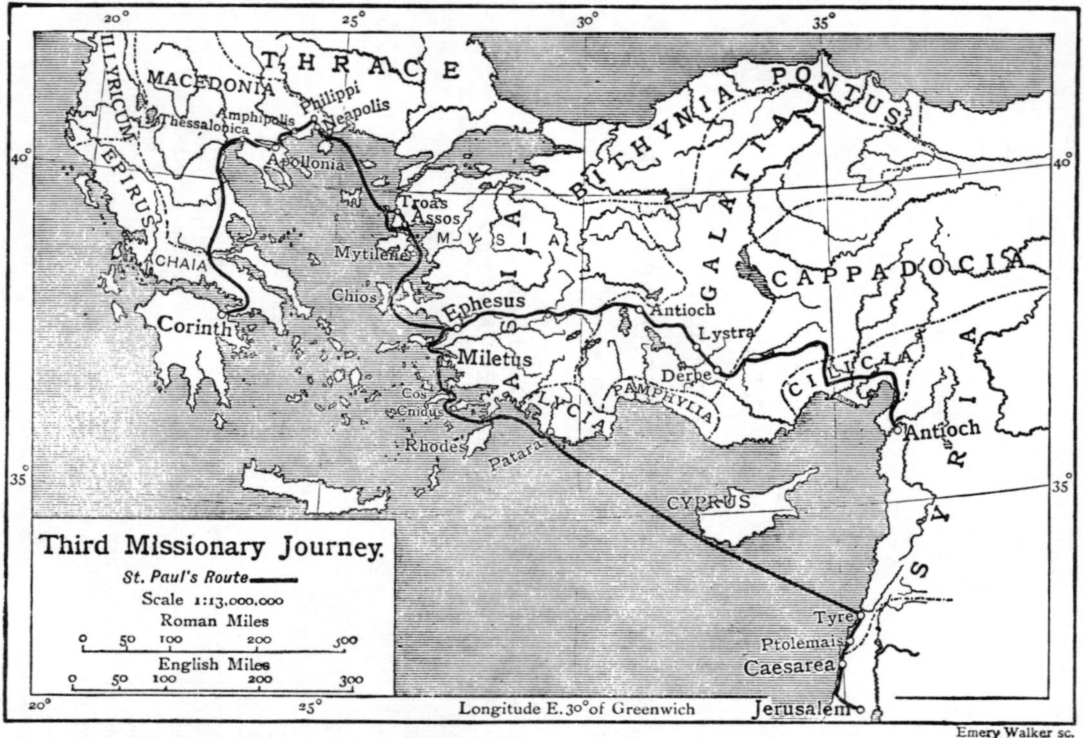

NOTE.—On this journey St. Paul's route from Antioch to Ephesus and his route in Macedonia and Achaia cannot be determined with certainty. See xviii. 23, xix. 1, xx. 1–6.

PART V

CHAPTERS 18^{23} TO 21^{16}

ST. PAUL'S THIRD MISSIONARY JOURNEY

Circa A.D. 52–56

Galatian Churches Revisited.

23 And having spent some time *there*, he departed, and went
through the region of Galatia and Phrygia in order, stablishing
all the disciples.

Apollos Instructed by Priscilla and Aquila.

24 Now a certain Jew named Apollos, an Alexandrian by race,
a learned man, came to Ephesus; and he was mighty in the
scriptures. 25 This man had been instructed in the way of the
Lord; and being fervent in spirit, he spake and taught carefully
the things concerning Jesus, knowing only the baptism of John:

---

23 For the region of Galatia and Phrygia see note on 16^{6}.

24 Apollos belonged to the dispersed Jews of Alexandria, where the old Judaism had been considerably affected by the influence of Greek philosophy, tending to emphasise the Divinely revealed nature of the Jewish religion rather than its dependence on the Law of Moses, and making much use of allegory. Philo (*circa* 20 B.C.–A.D. 50) was the chief exponent of this cult, in which Apollos would probably be brought up. Like the twelve men of 19^{1} he knew only "the baptism of John," so that disciples of John evidently still existed among the dispersed Jews. They would no doubt accept the Baptist's statement of the Messiah to come, and perhaps recognise the Messiahship of Jesus, but they knew nothing of His gift of salvation through the Holy Spirit (cf. 19^{2}), nor of the newly-founded Christian community. St. John's baptism of water was symbolic of repentance and preparation for One mightier to come. Christian baptism was the baptism of faith and fellowship with the Messiah, who had come in person, and whose Spirit had been ever present since the great Pentecostal outpouring.

[26]and he began to speak boldly in the synagogue. But when Priscilla and Aquila heard him, they took him unto them, and expounded unto him the way of God more carefully. [27]And when he was minded to pass over into Achaia, the brethren encouraged him, and wrote to the disciples to receive him: and when he was come, he helped them much which had believed through grace: [28]for he powerfully confuted the Jews, *and that* publicly, shewing by the scriptures that Jesus was the Christ.

St. Paul at Ephesus.

19 [1]And it came to pass, that, while Apollos was at Corinth, Paul
having passed through the upper country came to Ephesus, and
found certain disciples: [2]and he said unto them, Did ye receive
the Holy Ghost when ye believed? And they *said* unto him,
Nay, we did not so much as hear whether the Holy Ghost was
given. [3]And he said, Into what then were ye baptized? And
they said, Into John's baptism. [4]And Paul said, John baptized
with the baptism of repentance, saying unto the people, that
they should believe on him which should come after him, that is,
on Jesus. [5]And when they heard this, they were baptized into
the name of the Lord Jesus. [6]And when Paul had laid his hands
upon them, the Holy Ghost came on them; and they spake
with tongues, and prophesied. [7]And they were in all about
twelve men.

[8]And he entered into the synagogue, and spake boldly for the
space of three months, reasoning and persuading *as to* the things
concerning the kingdom of God. [9]But when some were hardened
and disobedient, speaking evil of the Way before the multitude,

---

1 **Ephesus** was the chief city of the important senatorial province of Asia, whose proconsul was a personage of the highest rank, usually chosen from the ex-consuls of Rome. It was a "free city" with its own assembly, thoroughly cosmopolitan in character. Its temple of Diana (Artemis) was one of the sights of the world, and some of its relics are now in the British Museum.

3 For **John's baptism** see note on 18^{24}.

6 The **Holy Ghost came on them,** not at baptism, but with the laying on of hands (see note on 2^{38}). It was accompanied also by the gift of *glossolalia* (cf. 2^{4}).

9 **the school of Tyrannus** would be a lecture-room in one of the

he departed from them, and separated the disciples, reasoning
daily in the school of Tyrannus. [10]And this continued for the
space of two years; so that all they which dwelt in Asia heard
the word of the Lord, both Jews and Greeks. [11]And God wrought
special miracles by the hands of Paul: [12]insomuch that unto
the sick were carried away from his body handkerchiefs or aprons,
and the diseases departed from them, and the evil spirits went
out. [13]But certain also of the strolling Jews, exorcists, took
upon them to name over them which had the evil spirits the
name of the Lord Jesus, saying, I adjure you by Jesus whom
Paul preacheth. [14]And there were seven sons of one Sceva, a
Jew, a chief priest, which did this. [15]And the evil spirit answered
and said unto them, Jesus I know, and Paul I know; but who
are ye? [16]And the man in whom the evil spirit was leaped on
them, and mastered both of them, and prevailed against them,
so that they fled out of that house naked and wounded. [17]And
this became known to all, both Jews and Greeks, that dwelt at
Ephesus; and fear fell upon them all, and the name of the Lord
Jesus was magnified. [18]Many also of them that had believed
came, confessing, and declaring their deeds. [19]And not a few of
them that practised curious arts brought their books together,
and burned them in the sight of all: and they counted the price
of them, and found it fifty thousand pieces of silver. [20]So
mightily grew the word of the Lord and prevailed.

---

gymnasia. Some MSS. add "from the fifth to the tenth hour," i.e. after business hours, during which St. Paul probably worked at his own trade (see 20[34]).

10 **two years,** during which 1 Corinthians was written, and perhaps a visit paid to Corinth. No doubt the neighbouring churches of Colossæ, Laodicea and Hierapolis were founded at this time, though not by St. Paul himself (Col. 2[1]), and probably also the "seven churches of Asia" (Rev. 1[4]).

13 Exorcism was a recognised profession among the Jews, and we know from the Gospels (Lk. 11[19]) that it was practised by the "sons of the Pharisees." These travelling exorcists must have been men of high standing, for they numbered amongst them the **seven sons of Sceva** who belonged to the select band of chief priests.

19 The **curious** (i.e. "magical," as in the margin) **arts** flourished at Ephesus, and certain forms of incantation were known as "Ephesian letters." **Their books** (valued at about £1800) would be records of the magical incantations and formulæ.

21 Now after these things were ended, Paul purposed in the
spirit, when he had passed through Macedonia and Achaia, to
go to Jerusalem, saying, After I have been there, I must also see
Rome. 22 And having sent into Macedonia two of them that
ministered unto him, Timothy and Erastus, he himself stayed
in Asia for a while.

Demetrius' Riot.

23 And about that time there arose no small stir concerning
the Way. 24 For a certain man named Demetrius, a silversmith,
which made silver shrines of Diana, brought no little business
unto the craftsmen; 25 whom he gathered together, with the work-
men of like occupation, and said, Sirs, ye know that by this
business we have our wealth. 26 And ye see and hear, that not
alone at Ephesus, but almost throughout all Asia, this Paul hath
persuaded and turned away much people, saying that they be
no gods, which are made with hands: 27 and not only is there
danger that this our trade come into disrepute; but also that the
temple of the great goddess Diana be made of no account, and
that she should even be deposed from her magnificence, whom
all Asia and the world worshippeth. 28 And when they heard
this, they were filled with wrath, and cried out, saying, Great *is*
Diana of the Ephesians. 29 And the city was filled with the
confusion: and they rushed with one accord into the theatre,

---

21 St. Paul's plans were again affected by Divine guidance. We learn from 2 Cor. 1^{15} that his stay at Ephesus was prolonged, and his plans changed accordingly. Here is mentioned for the first time his intended mission to Rome, though doubtless the idea of a visit to Italy (and even to Spain) had been maturing for some time (Rom. 15^{24}). But before this he wished to collect the contributions from the Churches of Achaia and Macedonia and deliver them at Jerusalem.

22 An **Erastus** is mentioned in Rom. 16^{23} as treasurer of Corinth, and in 2 Tim. 4^{20} we read "Erastus abode at Corinth." Probably the latter is the Erastus mentioned here; it is doubtful about the former.

24 As in 16^{19}, Christianity is opposed by reason of its interference with the livelihood of the citizens.

The **shrines** were small replicas of the statue of the goddess, representing her sitting in state beneath a canopy.

This **Diana** was not the virgin huntress, but the "Great Mother," worshipped throughout Asia Minor as the nature-deity of fertility.

29 The **theatre** was a huge amphitheatre excavated in the hillside,

having seized Gaius and Aristarchus, men of Macedonia, Paul's
companions in travel. 30 And when Paul was minded to enter in
unto the people, the disciples suffered him not. 31 And certain
also of the chief officers of Asia, being his friends, sent unto him,
and besought him not to adventure himself into the theatre.
32 Some therefore cried one thing, and some another: for the
assembly was in confusion; and the more part knew not where-
fore they were come together. 33 And they brought Alexander
out of the multitude, the Jews putting him forward. And
Alexander beckoned with the hand, and would have made a
defence unto the people. 34 But when they perceived that he
was a Jew, all with one voice about the space of two hours cried
out, Great *is* Diana of the Ephesians. 35 And when the townclerk
had quieted the multitude, he saith, Ye men of Ephesus, what

---

capable of holding 20,000 people, and used as a meeting-place for the assembly. Its outlines have been laid bare by modern excavation.

31 **chief officers of Asia,** lit. "Asiarchs," as in the margin. Each province had a common council composed of representatives from the different cities, which organised the public games and festivals, and supervised the public worship of Rome and the Emperor. The president of this council had the title of "ruler of the province" (Asiarch, Galatarch, etc.). It is not clear why we have the word used here in the plural; Asia had several wealthy cities, and each of these may have provided an Asiarch; if so, they seem to have assembled at Ephesus on this occasion for the great quinquennial festival of Diana. A more probable explanation is that the ex-Asiarchs retained the title after retirement, and formed some kind of college. Whoever they were, they befriended St. Paul, thus showing that on this occasion (as generally) Rome was on the side of the Gospel.

35 The **townclerk** ("recorder" or "chancellor") would be a high official of the city council in close touch with the proconsul. He denies that there had been any sacrilegious designs upon the goddess or her temple; refers the accusers to the law courts as the regular tribunal for their charge of rioting; and emphasises the danger of trouble with the Roman authorities on account of the irregularity of the proceedings. His few well-chosen words are sufficient to quell the mob, doubtless somewhat weary after their two hours' monotonous acclamation of Diana.

temple-keeper: lit. "temple-sweeper," "sacristan," but here used as a much more dignified title, "guardian" or "warden." Ephesus could claim the same title (*neōcoros*) in connexion with her Emperor worship in the Imperial temple. Ephesian coins show that the city possessed the wardenship of three Emperors as well as the goddess Diana.

man is there who knoweth not how that the city of the Ephesians
is temple-keeper of the great Diana, and of the *image* which
fell down from Jupiter? 36Seeing then that these things cannot
be gainsaid, ye ought to be quiet, and to do nothing rash. 37For
ye have brought *hither* these men, which are neither robbers
of temples nor blasphemers of our goddess. 38If therefore
Demetrius, and the craftsmen that are with him, have a matter
against any man, the courts are open, and there are proconsuls:
let them accuse one another. 39But if ye seek any thing about
other matters, it shall be settled in the regular assembly. 40For
indeed we are in danger to be accused concerning this day's riot,
there being no cause *for it*: and as touching it we shall not be
able to give account of this concourse. 41And when he had thus
spoken, he dismissed the assembly.

Movements in Macedonia and Greece.

20 1And after the uproar was ceased, Paul having sent for the
disciples and exhorted them, took leave of them, and departed
for to go into Macedonia. 2And when he had gone through those

---

38–39 **the courts are open,** and any charge of infringing the law should be brought before them; but if other principles are at stake the matter should be settled **in the regular assembly.** The local assembly met on fixed days, and extraordinary meetings could only be held by permission (rarely granted) of the proconsul. The case must be brought forward, as we should say, through the usual channels, due notice being given.

It is worthy of note that the proconsul took no part in the proceedings; we know from Tacitus' *Annals* that the holder of the office had been poisoned in the latter part of A.D. 54, and there was some delay in appointing his successor.

1–2 In these two verses St. Luke (who does not profess to be writing a biography) dismisses very briefly a period of great distress and perplexity in St. Paul's life. This was caused not only by his treatment at Ephesus, but by news of serious dissension and immorality in the Corinthian Church. As a consequence he writes his first letter to them and sends it probably by Titus (whose name is not mentioned in the Acts). From it (16[8]) we gather that St. Paul remained at Ephesus until Pentecost (probably A.D. 55 or 56), and then proceeded to Troas to hear the result. Failing to find Titus here, and "having no relief for the spirit," he reluctantly left, although "a door was opened unto me in the Lord" (2 Cor. 2[12]), and hastened across into Macedonia. Here at last (probably at Thessalonica) he met Titus

parts, and had given them much exhortation, he came into Greece.
[3]And when he had spent three months *there*, and a plot was laid
against him by the Jews, as he was about to set sail for Syria,
he determined to return through Macedonia. [4]And there accom-
panied him as far as Asia Sopater of Berœa, *the son* of Pyrrhus;
and of the Thessalonians, Aristarchus and Secundus; and
Gaius of Derbe, and Timothy; and of Asia, Tychicus and
Trophimus. [5]But these had gone before, and were waiting for
us at Troas. [6]And we sailed away from Philippi after the days

---

with cheering news which gave rise to the Second Epistle (or part of it). This he followed up with the personal visit mentioned here (*v.* 2), and during his three months' stay wrote the Epistle to the Romans, in the closing chapters of which he makes special mention of the contributions of the Church in Achaia for "the poor among the saints that are at Jerusalem" (15^{26}), a subject dear to his heart but scarcely referred to in the Acts.

3 Probably St. Paul's intention was to sail in a pilgrim ship carrying passengers to Jerusalem for the Passover. His "disappearance" from such a throng might easily escape notice. To escape the plot he returned secretly by land through Macedonia, keeping the Passover at Philippi.

4 **as far as Asia** should probably be omitted as in the margin. The companions mentioned were probably the "messengers of the churches" (2 Cor. 8^{23}) who accompanied St. Paul to Jerusalem with the alms contributed by their districts. Alternatively we may take the words to apply only to **Sopater,** who, not being a delegate, left them at Troas and returned home. He was probably a Gentile convert and therefore not the same as the Sosipater of Rom. 16^{21} (also at Corinth about this time), whom St. Paul describes as a kinsman, i.e. fellow-Jew.

Aristarchus has already been mentioned in connexion with the riot (19^{29}). He accompanied St. Paul to Rome (27^{2}), and is described in the Epistles as "fellow-worker" (Philem. *v.* 24) and "fellow-prisoner" (Col. 4^{10}).

Gaius and **Timothy** would be delegates of the South Galatian Churches.

Tychicus was probably an Ephesian. We learn from Eph. 6^{21} that he was with St. Paul during his first imprisonment, and was sent as a messenger to his native city. He again acted as a messenger to Ephesus during the second imprisonment (2 Tim. 4^{12}).

Trophimus played an important part in St. Paul's arrest at Jerusalem (21^{29}). He was a companion of St. Paul in his later days, but fell sick and had to remain at Miletus (2 Tim. 4^{20}).

6 **we sailed.** Here the "we passages" re-open; probably the author was with St. Paul throughout the rest of the events recorded in the

of unleavened bread, and came unto them to Troas in five days; where we tarried seven days.

Troas; the Raising of Eutychus.

[7]And upon the first day of the week, when we were gathered
together to break bread, Paul discoursed with them, intending
to depart on the morrow; and prolonged his speech until mid-
night. [8]And there were many lights in the upper chamber,
where we were gathered together. [9]And there sat in the window
a certain young man named Eutychus, borne down with deep
sleep; and as Paul discoursed yet longer, being borne down by
his sleep he fell down from the third story, and was taken up dead.
[10]And Paul went down, and fell on him, and embracing him said,
Make ye no ado; for his life is in him. [11]And when he was
gone up, and had broken the bread, and eaten, and had talked
with them a long while, even till break of day, so he departed.
[12]And they brought the lad alive, and were not a little comforted.
[13]But we, going before to the ship, set sail for Assos, there
intending to take in Paul: for so had he appointed, intending
himself to go by land. [14]And when he met us at Assos, we took
him in, and came to Mitylene. [15]And sailing from thence, we
came the following day over against Chios; and the next day
we touched at Samos; and the day after we came to Miletus.

Acts. Note that *v.* 5 excludes the possibility of Timothy's authorship of the Acts.

days of unleavened bread, i.e. the week following the Passover (see note on 12[3]), probably A.D. 56 or 57.

7 **the first day of the week,** which had now been adopted as the Lord's Day in commemoration of the Resurrection. 1 Cor. 16[2] (already written) mentions the first day of the week as a suitable time for presenting alms. In this case the Christians had assembled on the previous evening in the upper room of a private house for worship and for breaking of the bread (see note on 2[42]).

9 **Eutychus** means "fortunate"; there may be a touch of irony in the mention of his name here.

10 **fell on him** after the manner of Elijah (1 Kings 17[21]), and Elisha (2 Kings 4[34]).

13 **by land;** margin, "on foot." Desiring solitude after the strain of the previous night, St. Paul travels alone across the peninsula from north to south over twelve miles of hilly country.

[16]For Paul had determined to sail past Ephesus, that he might
not have to spend time in Asia; for he was hastening, if it were
possible for him, to be at Jerusalem the day of Pentecost.

Farewell Address to the Ephesian Elders at Miletus.

[17]And from Miletus he sent to Ephesus, and called to him the
elders of the church. [18]And when they were come to him, he
said unto them,

Ye yourselves know, from the first day that I set foot in Asia,
after what manner I was with you all the time, [19]serving the
Lord with all lowliness of mind, and with tears, and with trials
which befell me by the plots of the Jews: [20]how that I shrank
not from declaring unto you anything that was profitable, and
teaching you publicly, and from house to house, [21]testifying
both to Jews and to Greeks repentance toward God, and faith
toward our Lord Jesus Christ. [22]And now, behold, I go bound in
the spirit unto Jerusalem, not knowing the things that shall
befall me there: [23]save that the Holy Ghost testifieth unto me

---

17 In view of his treatment on the last visit, perhaps St. Paul wished to avoid Ephesus this time, but more probably the omission was due to the ship's calls. The elders are therefore asked to make the journey to Miletus—twenty-five miles by land over mountainous country to Priene, followed by a sea journey of twelve miles.

18–35 The address is interesting as being the only one given solely to officials of the Church. St. Paul opens with a pathetic justification of his conduct and ministry among them; speaks of his plans for the immediate future of "bonds and afflictions," and the more distant future when his course shall be accomplished. In bidding them farewell he urges them to carry out their Christian duties with zeal and sincerity, regardless of the ravages of "grievous wolves." Throughout the speech St. Paul seems to be answering two charges which had apparently been brought against him: (i) preaching "another Gospel" differing from that of the original Apostles, and (ii) using the contributions of the churches for his own benefit.

22 **bound in the spirit,** i.e. constrained by his own spirit, though the following verse shows that the Holy Spirit gave warning of danger ahead at Jerusalem; the warning is repeated more emphatically in 21⁴ and 21¹¹. There is no question of acting *contrary* to Divine guidance. On each occasion the Holy Spirit warns him (through his friends) of peril awaiting him at Jerusalem. His own spirit constrains him to face the consequences; perhaps he already saw that this might be the appointed method of reaching Rome, the goal of his missionary work.

in every city, saying that bonds and afflictions abide me. [24]But
I hold not my life of any account, as dear unto myself, so that
I may accomplish my course, and the ministry which I received
from the Lord Jesus, to testify the gospel of the grace of God.
[25]And now, behold, I know that ye all, among whom I went about
preaching the kingdom, shall see my face no more. [26]Wherefore
I testify unto you this day, that I am pure from the blood of
all men. [27]For I shrank not from declaring unto you the whole
counsel of God. [28]Take heed unto yourselves, and to all the flock,
in the which the Holy Ghost hath made you bishops, to feed
the church of God, which he purchased with his own blood.
[29]I know that after my departing grievous wolves shall enter
in among you, not sparing the flock; [30]and from among your
own selves shall men arise, speaking perverse things, to draw
away the disciples after them. [31]Wherefore watch ye, remember-
ing that by the space of three years I ceased not to admonish
every one night and day with tears. [32]And now I commend you
to God, and to the word of his grace, which is able to build *you*
up, and to give *you* the inheritance among all them that are
sanctified. [33]I coveted no man's silver, or gold, or apparel.
[34]Ye yourselves know that these hands ministered unto my
necessities, and to them that were with me. [35]In all things I
gave you an example, how that so labouring ye ought to help
the weak, and to remember the words of the Lord Jesus, how he
himself said, It is more blessed to give than to receive.

[36]And when he had thus spoken, he kneeled down, and prayed
with them all. [37]And they all wept sore, and fell on Paul's neck,
and kissed him, [38]sorrowing most of all for the word which he
had spoken, that they should behold his face no more. And
they brought him on his way unto the ship.

---

25 Whether this prediction was fulfilled or whether he revisited Asia after his release from imprisonment is a highly controversial question (see note on 28^{30}).

28 **with his own blood,** lit. "through the blood which was his own," i.e. the blood of Jesus his son.

29 **grievous wolves,** cf. Mt. 7^{15}, Jo. 10^{12}. Doubtless St. Paul is thinking of his Judaistic opponents in Galatia, Corinth, etc.

35 These **words of the Lord Jesus** are not found in our canonical Gospels, but they may be an authentic saying found elsewhere. Probably St. Paul is summing up our Lord's undoubted attitude on the subject (cf. Mt. 10^{8}).

The Return via *Tyre and Ptolemais.*

[1]And when it came to pass that we were parted from them, 21
and had set sail, we came with a straight course unto Cos, and
the next day unto Rhodes, and from thence unto Patara: [2]and
having found a ship crossing over unto Phœnicia, we went
aboard, and set sail. [3]And when we had come in sight of Cyprus,
leaving it on the left hand, we sailed unto Syria, and landed at
Tyre: for there the ship was to unlade her burden. [4]And having
found the disciples, we tarried there seven days: and these
said to Paul through the Spirit, that he should not set foot in
Jerusalem. [5]And when it came to pass that we had accomplished
the days, we departed and went on our journey; and they all,
with wives and children, brought us on our way, till we were
out of the city: and kneeling down on the beach, we prayed, [6]and
bade each other farewell; and we went on board the ship, but
they returned home again.

[7]And when we had finished the voyage from Tyre, we arrived
at Ptolemais; and we saluted the brethren, and abode with them
one day.

Visit to Philip at Cæsarea.

[8]And on the morrow we departed, and came unto Cæsarea:
and entering into the house of Philip the evangelist, who was

---

1 They begin the final stage of their journey in a small coasting vessel, but at Patara it is necessary to tranship to a larger vessel for the open sea voyage.

Cos was a small island (now Stanchio) at the entrance to the Archipelago; it had a temple of Æsculapius with a medical school attached.

Rhodes, an island at the S.W. extremity of Asia Minor, was famous for its temple of the sun, and for its huge statue of Apollo called the Colossus—one of the wonders of the world.

Patara was a seaport on the Lycian coast; its inhabitants were devoted to the worship of Apollo.

3 **Tyre,** a Phœnician city of great antiquity, figures largely in Old Testament history and was still an important mercantile centre and a "free city." Evidently the Christian community was a small one, for the disciples had to be sought out.

7 **Ptolemais,** modern Acre, the great city of the crusades, about thirty miles south of Tyre.

8 **Philip,** now that the duties of "the Seven" were no longer

one of the seven, we abode with him. 9Now this man had four
daughters, virgins, which did prophesy. 10And as we tarried
there many days, there came down from Judæa a certain prophet,
named Agabus. 11And coming to us, and taking Paul's girdle,
he bound his own feet and hands, and said, Thus saith the Holy
Ghost, So shall the Jews at Jerusalem bind the man that owneth
this girdle, and shall deliver him into the hands of the Gentiles.
12And when we heard these things, both we and they of that
place besought him not to go up to Jerusalem. 13Then Paul
answered, What do ye, weeping and breaking my heart? for I
am ready not to be bound only, but also to die at Jerusalem
for the name of the Lord Jesus. 14And when he would not be
persuaded, we ceased, saying, The will of the Lord be done.
15And after these days we took up our baggage, and went up
to Jerusalem. 16And there went with us also *certain* of the
disciples from Cæsarea, bringing *with them* one Mnason of Cyprus,
an early disciple, with whom we should lodge.

---

necessary, had settled at Cæsarea as an "evangelist," i.e. missionary teacher. In the Epistles the evangelists are ranked along with apostles and prophets (Eph. 4^{11}).

9 St. Luke again shows his interest in the ministry of women (cf. 1^{14}, 18^{26}, etc.) and in the gift of prophecy (cf. 11^{28}).

10 During the **many days** St. Luke doubtless obtained from Philip much of his information for the early part of the Acts (especially chap. 8), and perhaps for his Gospel.

11 The symbolic action of Agabus is strongly reminiscent of the Old Testament prophets, e.g. Ahijah (1 Kings 11^{30}), Zedekiah, the son of Chenaanah (1 Kings 22^{11}), etc. The warning is very definite this time; St. Paul is to be delivered bound to the Gentiles.

16 **bringing with them,** better "bringing us to him with whom we might lodge, one Mnason . . ." The distance to Jerusalem was sixty-four miles, and it would be necessary to spend a night *en route*; they were entertained (perhaps at Lydda) by **Mnason,** who, like Barnabas, was a Cypriote convert of early days. He may have been one of those dispersed after Stephen's death, some twenty-five years previously.

QUESTIONS ON PART V

General

1. Account for the uncertainty of St. Paul's movements during the period following the riot at Ephesus.

2. Write what you know of the "we passages," and explain their significance.

3. What are we told in the Acts of the conflict between Christianity and superstition, magic and exorcism. Why would you expect the author to be specially interested in such matters?

Narrative

4. Summarise the events of St. Paul's stay at Ephesus up to the outbreak of the riot.

5. State the two occasions on which Christianity was opposed because it interfered with the livelihood of certain sections of the community, and relate briefly the circumstances in each case.

6. By what arguments and threats did the townclerk of Ephesus quell the mob?

7. Give an account of St. Paul's second visit to Troas.

8. Give a summary of the address to the Ephesian elders at Miletus.

9. What warnings were given to St. Paul during this period of the "bonds and afflictions" which awaited him?

10. Explain the following phrases, stating the connexion in which they occur:—knowing only the baptism of John—I must also see Rome—temple-keeper of the great Diana—It is more blessed to give than to receive.

11. Write short notes on:—Apollos; school of Tyrannus; Sceva; chief officers of Asia; townclerk; Mnason.

PART VI

CHAPTERS 21^{17} TO 26^{32}

THE ARREST AND TRIALS OF ST. PAUL

Circa A.D. 56–58

"*Touching the hope and resurrection of the dead I am called in question.*"—ACTS 23[6].

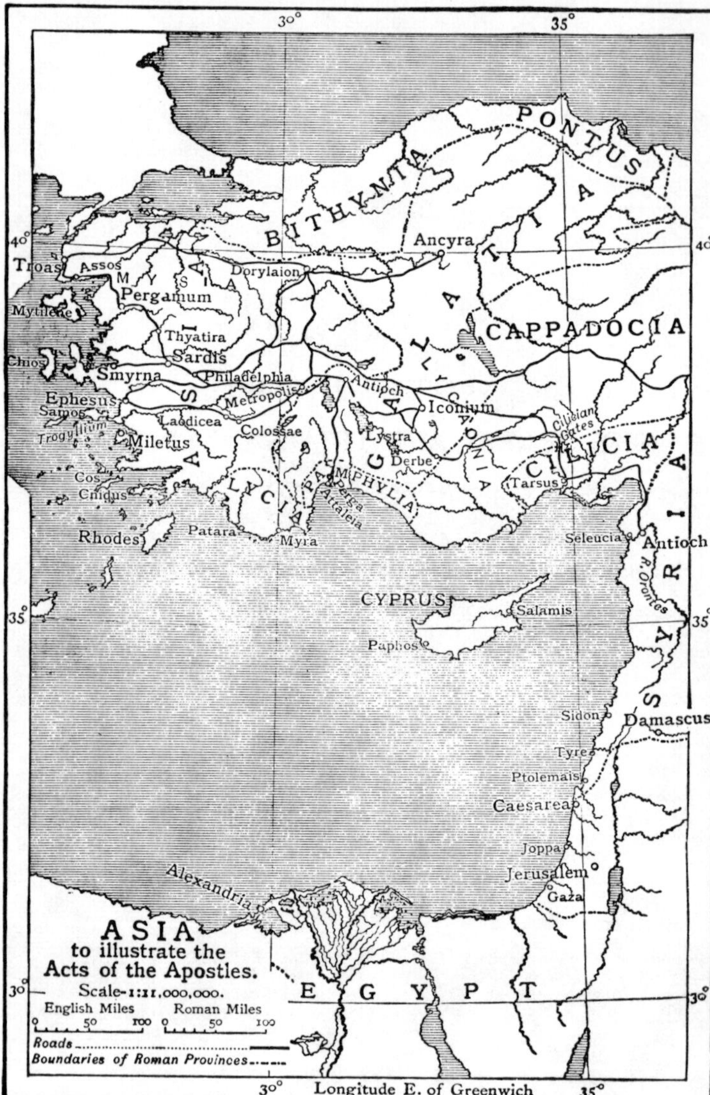

Emery Walker sc.

PART VI

CHAPTERS 21^{17} TO 26^{32}

THE ARREST AND TRIALS OF ST. PAUL

Circa A.D. 56–58

Interview with the Elders at Jerusalem.

17And when we were come to Jerusalem, the brethren received
us gladly. 18And the day following Paul went in with us unto
James; and all the elders were present. 19And when he had
saluted them, he rehearsed one by one the things which God
had wrought among the Gentiles by his ministry. 20And they,
when they heard it, glorified God; and they said unto him,
Thou seest, brother, how many thousands there are among the
Jews of them which have believed; and they are all zealous for
the law: 21and they have been informed concerning thee, that
thou teachest all the Jews which are among the Gentiles to
forsake Moses, telling them not to circumcise their children,

---

17–18 These verses record (i) the kindly reception by the Church as a whole, and (ii) the formal meeting with St. James and the elders on the following day. There is no mention of the Twelve, who were probably engaged in missionary work elsewhere. St. Paul no doubt presented the contributions from the Gentile churches in the presence of their delegates.

20 **thousands,** lit. "tens of thousands" or "myriads"; not meant to be taken literally, but it affords sufficient evidence of a large body of Jewish converts.

21 **informed** is much stronger in the Greek, "systematically taught," implying a regular campaign against St. Paul by his Judaic opponents, who put forward the slander that the Jews abroad had been taught that circumcision and the Mosaic Law were unnecessary for them. His action in the case of Timothy (16^3) was sufficient disproof of any such conduct. Amongst the Gentiles no doubt he had, in accordance with the decision of the Council of Jerusalem, explained that such restrictions did not apply to them.

neither to walk after the customs. [22]What is it therefore? they will certainly hear that thou art come. [23]Do therefore this that we say to thee: We have four men which have a vow on them; [24]these take, and purify thyself with them, and be at charges for them, that they may shave their heads: and all shall know that there is no truth in the things whereof they have been informed concerning thee; but that thou thyself also walkest orderly, keeping the law. [25]But as touching the Gentiles which have believed, we wrote, giving judgement that they should keep themselves from things sacrificed to idols, and from blood, and from what is strangled, and from fornication.

The Riot in the Temple Area. Rescue by the Roman Soldiers.

[26]Then Paul took the men, and the next day purifying himself with them went into the temple, declaring the fulfilment of the days of purification, until the offering was offered for every one of them.

[27]And when the seven days were almost completed, the Jews from Asia, when they saw him in the temple, stirred up all the multitude, and laid hands on him, [28]crying out, Men of Israel, help: This is the man, that teacheth all men everywhere against

---

23 The four men were probably in process of completing a Nazirite vow (see 18[18]). St. Paul is not asked to undertake the vow, but to join in the rite of purification in the Temple, and to bear the considerable expense of the final offerings on the completion of the vow. This was a recognised method of helping needy Jewish votaries; Agrippa I., when he came to Jerusalem in A.D. 41, is said to have earned a reputation for piety in this way.

Evidently St. Paul now had means of his own, and was no longer dependent on the labours of his hands and the gifts of converts as formerly (Phil. 4[10], 1 Thess. 2[9]). We have further evidence of this in the attitude shown to him by Felix (24[26]); in his appeal to Rome (a costly proceeding); and in his occupation of a hired house at Rome (28[30]). Perhaps he had been reconciled to his family, or he may have been supported by wealthy friends.

25 St. Paul's action is ratified, and the decree of 15[19] definitely made applicable to all Gentiles.

27 the Jews from Asia were no doubt St. Paul's old opponents from Ephesus, who would recognise him and also Trophimus (*v.* 29).

the people, and the law, and this place: and moreover he brought
Greeks also into the temple, and hath defiled this holy place.
29 For they had before seen with him in the city Trophimus the
Ephesian, whom they supposed that Paul had brought into the
temple. 30 And all the city was moved, and the people ran to-
gether: and they laid hold on Paul, and dragged him out of the
temple: and straightway the doors were shut. 31 And as they
were seeking to kill him, tidings came up to the chief captain of
the band, that all Jerusalem was in confusion. 32 And forthwith
he took soldiers and centurions, and ran down upon them:
and they, when they saw the chief captain and the soldiers, left
off beating Paul. 33 Then the chief captain came near, and laid
hold on him, and commanded him to be bound with two chains;
and inquired who he was, and what he had done. 34 And some
shouted one thing, some another, among the crowd: and when
he could not know the certainty for the uproar, he commanded
him to be brought into the castle. 35 And when he came upon the
stairs, so it was, that he was borne of the soldiers for the violence
of the crowd; 36 for the multitude of the people followed after,
crying, Away with him.

37 And as Paul was about to be brought into the castle, he saith
unto the chief captain, May I say something unto thee? And he

---

28 **hath defiled this holy place;** spoken of here as an accomplished fact. Before Felix (24[6]) the charge is amended to one of attempted profanation; the accusers had had time to modify their preconceived notions. The crime of polluting the Temple was a very serious one, for which the Romans allowed the death sentence.

30 St. Paul would be in the House of the Nazirites in the inner Temple court, which was surrounded by the court of the Gentiles open to all, the two courts being separated by "the middle wall of partition" (Eph. 2[14]). There were notices on this wall (one of which has been discovered), forbidding the entrance of Gentiles on pain of death. St. Paul is dragged into the outer court, and falls into the hands of the infuriated mob.

31 **the chief captain** or military tribune, Greek *chiliarch* (margin), was in charge of the Roman cohort (see 10[1]) stationed in the Tower of Antonia. This was on the hill Accra in the N.W. corner of the Temple area, connected with the outer court by a flight of stairs. The garrison was thus prepared to deal with any disturbances during the Jewish feasts, and as this was the season of Pentecost the riot in the court below would not be entirely unexpected.

said, Dost thou know Greek? 38 Art thou not then the Egyptian,
which before these days stirred up to sedition and led out into
the wilderness the four thousand men of the Assassins? 39 But
Paul said, I am a Jew, of Tarsus in Cilicia, a citizen of no mean
city: and I beseech thee, give me leave to speak unto the people.
40 And when he had given him leave, Paul, standing on the stairs,
beckoned with the hand unto the people; and when there was
made a great silence, he spake unto them in the Hebrew language,
saying,

The Speech from the "Stairs."

22 1 Brethren and fathers, hear ye the defence which I now make
unto you.
2 And when they heard that he spake unto them in the Hebrew
language, they were the more quiet: and he saith,
3 I am a Jew, born in Tarsus of Cilicia, but brought up in this
city, at the feet of Gamaliel, instructed according to the strict
manner of the law of our fathers, being zealous for God, even
as ye all are this day: 4 and I persecuted this Way unto the death,
binding and delivering into prisons both men and women. 5 As

---

38 **the Egyptian** is probably the impostor mentioned by Josephus, who led a large multitude of followers to the Mount of Olives with promises of supernatural assistance. They were defeated by Felix, the Roman procurator, with great slaughter, but the leader escaped.

the Assassins were the Sicarii or "dagger-men," a party of fanatics who founded a secret society ostensibly for patriotic purposes, and removed by the use of the dagger (*sica*) those who showed themselves in sympathy with Roman rule. About this time they seem to have indulged in murder and pillage indiscriminately.

39 St. Paul is justified in his use of the rhetorical figure of litotes, for Tarsus was the chief city of Cilicia, famous for its university and for the general culture of its citizens.

40 **in the Hebrew language**; not the classical Hebrew of the Old Testament, but Aramaic, the Syrian dialect adopted as the spoken dialect after the return from Babylon (see p. xxiv).

3–21 The speech is a straightforward attempt to conciliate his countrymen, and for that reason is spoken in their own dialect. He meets the charge of disloyalty to Judaism and the Temple by a recital of his early life and training as a strictly orthodox Jew. Nothing short of a direct vision of Jesus could have converted him, and only because of his rejection by his own nation had he been commissioned

also the high priest doth bear me witness, and all the estate of
the elders : from whom also I received letters unto the brethren,
and journeyed to Damascus, to bring them also which were there
unto Jerusalem in bonds, for to be punished. [6]And it came to
pass, that, as I made my journey, and drew nigh unto Damascus,
about noon, suddenly there shone from heaven a great light
round about me. [7]And I fell unto the ground, and heard a voice
saying unto me, Saul, Saul, why persecutest thou me ? [8]And I
answered, Who art thou, Lord ? And he said unto me, I am
Jesus of Nazareth, whom thou persecutest. [9]And they that were
with me beheld indeed the light, but they heard not the voice
of him that spake to me. [10]And I said, What shall I do, Lord ?
And the Lord said unto me, Arise, and go into Damascus ; and
there it shall be told thee of all things which are appointed for
thee to do. [11]And when I could not see for the glory of that light,
being led by the hand of them that were with me, I came into
Damascus. [12]And one Ananias, a devout man according to the
law, well reported of by all the Jews that dwelt there, [13]came unto
me, and standing by me said unto me, Brother Saul, receive
thy sight. And in that very hour I looked up on him. [14]And he
said, The God of our fathers hath appointed thee to know his
will, and to see the Righteous One, and to hear a voice from his
mouth. [15]For thou shalt be a witness for him unto all men of
what thou hast seen and heard. [16]And now why tarriest thou ?
arise, and be baptized, and wash away thy sins, calling on his
name. [17]And it came to pass, that, when I had returned to

---

by a second vision in the Temple to "depart . . . unto the Gentiles." The speech fails in its object, and at the mention of the despised Gentiles the fury of the mob breaks out afresh.

It is interesting to compare this account of his conversion with the later one of 26^{12}, and also with St. Luke's version in chap. 9, e.g. 9^{5}, 22^{8} and 26^{14} ; 9^{7} and 22^{9}, etc.

5 **estate of the elders,** i.e. the Sanhedrin ; their records would bear out his statement.

12 In his attempt at conciliation St. Paul emphasises the zeal of Ananias for the Law, and his instrumentality in carrying out the will of God, though strangely enough he does not mention the vision of Ananias, in which God instructs him to go to Saul (9^{10}).

17 The second vision at Jerusalem (three years later) is not mentioned either in Acts 9 or in Gal. 1. Perhaps it is introduced here by

Jerusalem, and while I prayed in the temple, I fell into a trance,
[18]and saw him saying unto me, Make haste, and get thee quickly
out of Jerusalem : because they will not receive of thee testimony
concerning me. [19]And I said, Lord, they themselves know that
I imprisoned and beat in every synagogue them that believed
on thee : [20]and when the blood of Stephen thy witness was shed,
I also was standing by, and consenting, and keeping the garments
of them that slew him. [21]And he said unto me, Depart : for I
will send thee forth far hence unto the Gentiles.

Imprisonment in the "Castle."

[22]And they gave him audience unto this word ; and they lifted
up their voice, and said, Away with such a fellow from the earth :
for it is not fit that he should live. [23]And as they cried out, and
threw off their garments, and cast dust into the air, [24]the chief
captain commanded him to be brought into the castle, bidding
that he should be examined by scourging, that he might know
for what cause they so shouted against him. [25]And when they
had tied him up with the thongs, Paul said unto the centurion
that stood by, Is it lawful for you to scourge a man that is a
Roman, and uncondemned ? [26]And when the centurion heard
it, he went to the chief captain, and told him, saying, What art
thou about to do ? for this man is a Roman. [27]And the chief
captain came, and said unto him, Tell me, art thou a Roman ?

St. Paul as evidence that, so far from any wish to profane the Temple, he had been accustomed to use it for prayer.

18 A strong plea, showing that his mission to the Gentiles was a direct command of God as his testimony would not be received by the Jews.

24 **examined by scourging.** Apparently Lysias, baffled as to the true cause of the disturbance, determines to get at the truth by torturing the captive into confession, a method frequently adopted in these (and in later) days.

25 The prisoner is **tied up with the thongs** in position for scourging, but the margin has "for the thongs," i.e. the scourge.

St. Paul, as at Philippi, claims his Roman citizenship with immediate effect. The punishment would have been doubly illegal (see note on 16[37]).

And he said, Yea. [28]And the chief captain answered, With a
great sum obtained I this citizenship. And Paul said, But I am
a Roman born. [29]They then which were about to examine him
straightway departed from him: and the chief captain also was
afraid, when he knew that he was a Roman, and because he had
bound him.

The Trial before the Sanhedrin.

[30]But on the morrow, desiring to know the certainty, wherefore
he was accused of the Jews, he loosed him, and commanded the
chief priests and all the council to come together, and brought
Paul down, and set him before them.
[1]And Paul, looking stedfastly on the council, said, Brethren, **23**
I have lived before God in all good conscience until this day.
[2]And the high priest Ananias commanded them that stood by
him to smite him on the mouth. [3]Then said Paul unto him, God
shall smite thee, thou whited wall: and sittest thou to judge
me according to the law, and commandest me to be smitten
contrary to the law? [4]And they that stood by said, Revilest
thou God's high priest? [5]And Paul said, I wist not, brethren,
that he was high priest: for it is written, Thou shalt not speak

---

28 The *chiliarch* was probably a Greek (Lysias), who had taken the name Claudius after purchasing his franchise, a frequent occurrence in the reign of Claudius; evidently he had paid dearly for it. St. Paul, on the other hand, inherited the freedom from his father, who either bought it, or had it conferred upon him for services rendered to the Empire.

1 Probably this was not an official meeting of the Sanhedrin, and St. Luke's account of the proceedings is very incomplete.
lived, lit. "lived the citizen life." St. Paul claims to be a loyal, God-fearing, Jewish patriot.

2 **Ananias,** son of Nebedæus, was appointed on the nomination of Herod Agrippa in A.D. 47. Unscrupulous and tyrannical, he was deposed in A.D. 58 or 59, and was later murdered by Zealots.

3 Cf. "whited sepulchres," Mt. 23[27]. It was the custom to whitewash the walls of sepulchres to prevent contact and consequent defilement. Hence the expression came to be used for a hypocrite—a man of fair exterior, but false within.

5 St. Paul did not recognise the High Priest; the trial was more or less informal, and perhaps he was not presiding, or not wearing his official robes. More probably the failure to identify Ananias was due

evil of a ruler of thy people. [6]But when Paul perceived that the one part were Sadducees, and the other Pharisees, he cried out in the council, Brethren, I am a Pharisee, a son of Pharisees: touching the hope and resurrection of the dead I am called in question. [7]And when he had so said, there arose a dissension between the Pharisees and Sadducees: and the assembly was divided. [8]For the Sadducees say that there is no resurrection, neither angel, nor spirit: but the Pharisees confess both. [9]And there arose a great clamour: and some of the scribes of the Pharisees' part stood up, and strove, saying, We find no evil in this man: and what if a spirit hath spoken to him, or an angel? [10]And when there arose a great dissension, the chief captain, fearing lest Paul should be torn in pieces by them, commanded the soldiers to go down and take him by force from among them, and bring him into the castle.

[11]And the night following the Lord stood by him, and said, Be of good cheer: for as thou hast testified concerning me at Jerusalem, so must thou bear witness also at Rome.

---

to St Paul's weak eyesight (see note on 14^{9}). His quotation from Ex. 22^{28} shows his knowledge of, and respect for, the Law.

6–7 Probably the trial was already in progress, and a difference of opinion had arisen between the Pharisees and the Sadducees, but St. Paul's action must not be regarded merely as a clever ruse. The Resurrection was indeed the basis on which his whole teaching was founded, and he was still hopeful that he might persuade at least one section of the Jews to accept Jesus as the risen Messiah; the Sadducees seemed beyond hope. St. Paul's argument is brought out more clearly in 26^{6-8}. He there speaks of the resurrection (in general) as part of the Messianic hope—the expectation of a golden age in which all true Israelites would rise again to enjoy the new life. So far the Pharisees would be with him, though they could not accept his doctrine that the Resurrection of Jesus was an accomplished fact, and therefore proclaimed Him Messiah. So far from undermining the influence of orthodox Jewish teaching, he was only applying the principle of the Messianic hope which was an essential part of Pharisaic belief. On this occasion his words had considerable effect on the Pharisees, but to the Sadducees they were *anathema*, hence the clamour which arose.

11 bear witness also at Rome. This promise may have influenced St. Paul in his decision to appeal to Cæsar. As we have already seen (19^{21}), a visit to Rome had long been in his thoughts. The *motif* of the rest of the Acts is the fulfilment of this promise, and with the arrival of St. Paul at Rome—the climax of the Apostolic mission—the narrative closes.

The Plot against St. Paul's Life. Removal to Cæsarea.

[12]And when it was day, the Jews banded together, and bound
themselves under a curse, saying that they would neither eat
nor drink till they had killed Paul. [13]And they were more than
forty which made this conspiracy. [14]And they came to the
chief priests and the elders, and said, We have bound ourselves
under a great curse, to taste nothing until we have killed Paul.
[15]Now therefore do ye with the council signify to the chief captain
that he bring him down unto you, as though ye would judge of
his case more exactly: and we, or ever he come near, are ready
to slay him. [16]But Paul's sister's son heard of their lying in
wait, and he came and entered into the castle, and told Paul.
[17]And Paul called unto him one of the centurions, and said, Bring
this young man unto the chief captain: for he hath something
to tell him. [18]So he took him, and brought him to the chief
captain, and saith, Paul the prisoner called me unto him, and
asked me to bring this young man unto thee, who hath something
to say to thee. [19]And the chief captain took him by the hand,
and going aside asked him privately, What is that thou hast to
tell me? [20]And he said, The Jews have agreed to ask thee to
bring down Paul to-morrow unto the council, as though thou
wouldest inquire somewhat more exactly concerning him. [21]Do
not thou therefore yield unto them: for there lie in wait for him
of them more than forty men, which have bound themselves
under a curse, neither to eat nor to drink till they have slain
him: and now are they ready, looking for the promise from thee.
[22]So the chief captain let the young man go, charging him, Tell
no man that thou hast signified these things to me. [23]And he
called unto him two of the centurions, and said, Make ready
two hundred soldiers to go as far as Cæsarea, and horsemen
threescore and ten, and spearmen two hundred, at the third

---

16 **and he came;** the margin has "having come in upon them," i.e. the youth had overheard the plot being arranged. This is the only mention of St. Paul's family; judging by the deferential treatment of the youth, his mother must have been a person of considerable influence—perhaps she had married into the priestly circle.

23 The size of the escort (470 men) shows the importance attached to the safety of the prisoner, and the serious view taken of the plot. The **spearmen** would be native lancers. No doubt Felix feared that

hour of the night: [24]and *he bade them* provide beasts, that they
might set Paul thereon, and bring him safe unto Felix the governor.
[25]And he wrote a letter after this form:

[26]Claudius Lysias unto the most excellent governor Felix,
greeting. [27]This man was seized by the Jews, and was about to
be slain of them, when I came upon them with the soldiers, and
rescued him, having learned that he was a Roman. [28]And desiring
to know the cause wherefore they accused him, I brought him
down unto their council: [29]whom I found to be accused about
questions of their law, but to have nothing laid to his charge
worthy of death or of bonds. [30]And when it was shewn to me
that there would be a plot against the man, I sent him to thee
forthwith, charging his accusers also to speak against him before
thee.

[31]So the soldiers, as it was commanded them, took Paul, and
brought him by night to Antipatris. [32]But on the morrow they
left the horsemen to go with him, and returned to the castle:
[33]and they, when they came to Cæsarea, and delivered the letter
to the governor, presented Paul also before him. [34]And when
he had read it, he asked of what province he was; and when he

---

if harm happened to the prisoner he would be accused of accepting bribes, a charge actually brought against his predecessor Cumanus on a similar occasion.

24 **Felix** was appointed procurator of Judæa by the Emperor Claudius A.D. 52 or 53. He was the brother of the freed-man Pallas, who enjoyed great favour with Claudius and his successor Nero. His wife was the Jewess Drusilla (24^{24}), daughter of Herod Agrippa I. Owing to his cruelty and misgovernment he was recalled by Nero A.D. 58 or 59, and only escaped punishment through the influence of his brother.

26 **most excellent**; the usual title of address for a high official; used of Theophilus (1^{1}) and Festus (26^{25}). The letter opens with the correct form of address, but curiously enough has no formal conclusion; it gives the writer a little more credit than he deserves (*v.* 27), but is otherwise a fair statement of the case. Such a letter of official information to a superior was known as an *elogium*.

31 **Antipatris**, about forty miles from Jerusalem, had been refounded by Herod the Great and named in honour of his father Antipater. The danger from enemies in Jerusalem was now over, and the infantry could safely be dispensed with.

34 **Cilicia** formed part of the province of Syria whose procurator was superior to Felix, so that Felix would try the case as his deputy.